KB237202

샘물 같은 평양말

샘물 같은 평양말

샘물 같은 평양말

박기석 지음

도서출판 역락

머
리
말

저는 해외에 살고 있는 동포라는 이유로 남과 북을 자유롭게 드나들 수 있는 특권이 있습니다. 그러나 저 같은 처지에 있지 않은 대부분의 사람들은 남과 북을 자유롭게 여행할 수 없는 것이 현실입니다.

우리 민족이 이렇게 서로 갈라져서 산지가 어언 반 백 년이 훨씬 넘다 보니 많은 문제점이 생겨나고 있습니다.

그 가운데서도 민족을 특징짓는 3가지 요소를 꼽을 때 우선시되는 〈언어〉의 문제가 심각해졌습니다. 우리는 본래 하나의 말을 사용하던 하나의 민족이요 한 겨레입니다. 그러나 지금은 입말(구어)과 글말(문어)에서 남과 북이 점점 사이가 벌어지고 있습니다. 이런 안타까운 현실을 보고 느끼던 필자는 나뉘어져 있는 겨레를 위하여 작은 일이나마 해야 한다는 책임감을 가지게 되었습니다. 그리하여 그 동안 남과 북의 언어를 부분적으로나마 비교 연구하게 되었습니다.

분단 이후 민족적 주체성을 고수하고 있는 북은 평양문화어를 기본으로 우리 말을 발전시켜왔으나 남은 외국식 문화를 적극적으로 받아들인 결과 모든 생활분야에서 특히 언어사용에 있어서 민족고유어가 아닌 혼잡한 말을 거침없이 쓰고 있습니다. 필자는 이런 현실적인 문제를 가슴에 안고 샘물 같이 오염되지 않고 맑고 순수한 우리 말을 어떻게 하든지 지켜내야 한다는 일념으로 이 책을 쓰게 되었습니다.

또한 앞으로 다가올 통일조국의 그 날을 생각하며 더 나아가서 175개국 이상에 흩어져 살고 있는 해외동포들 특히 우리 말을 점점 잊어가고 있는 해외동포 자녀들을 마음에 두고 이 책을 준비했습니다. 우리 민족을 응집할 수 있는 가장 힘 있는 도구는 우리의 말입니다. 우리 민족이라 할지라도 우리의 말을 잊어버리고 쓰지 않는다면 같은 민족이라고 하기 곤란합니다.

이 글을 쓰는데 저 스스로 한 것은 거의 없습니다. 수년에 걸쳐 저를 도와주고 가르쳐 주신 분들이 있었음을 밝혀 둡니다.

언어학박사 학위논문을 쓰는 동안은 김일성종합대학 문학대학에 계신 원사 교수 박사이신 김영황 선생의 뜨거운 관심과 책임감 있는 지도가 있었으며 또한 집필 기간에는 김일성종합대학 문학대학 교수 김영황, 양하석, 박길만 선생들의 지칠 줄 모르는 도움이 있었음을 밝혀두며 감사를 드립니다.

또한 제가 평양에 있는 김일성종합대학에서 연구할 수 있도록 길을 열어주시고 기회를 제공해 주신 조선민주주의인민공화국 외무성, 교육성 성원들을 비롯한 해외동포원호위원회 김관기 국장과 조경화 부국장 그리고 최길호 처장께도 감사를 드리며 김일성종합대학에 갈 때마다 여러 가지로 수고를 아끼지 않았던 대외사업처 리영희 선생께도 깊은 감사를 드립니다.

마지막으로 수년간의 저의 평양방문을 위하여 뒤에서 소리 없이 보살펴 주신 저의 어머니 손순희 여사와 아내 김숙희 그리고 사랑스러운 맏아들 만세, 둘째딸 찬미, 막내아들 의국이 와도 이 기쁨을 나누기 원합니다.

2009년 5월 1일
대동강변에서 박기석

위대한 수령 **김일성**동지께서는 다음과 같이 교시하시였다.

≪조선민족은 하나의 민족이며 한가지 말과 글을 가지고 있으며 같은 력사와 문화의 전통을 이어받았습니다.≫

(≪**김일성**전집≫ 제25권, 409페지)

언어는 민족을 이루는 중요한 징표의 하나로서 항상 민족과 운명을 같이 하면서 민족의 넋을 담아오고 키워온 민족의 귀중한 재부이다.

그리하여 그 어디에서 살든 민족성원이 민족자주의식을 가지고 민족으로서의 긍지를 간직하기 위해서는 민족어를 소중히 여기고 절대로 버리지 말아야 하는것이다.

박기석선생은 해외에 있는 동포자녀들의 모국어교육 문제에 크나큰 관심을 가지고 다년간 이 사업에 심혈을 기울여오신분이다.

오늘 북과 남이 일시적으로 갈라져있고 언어생활에서 일정한 차이가 존재하는것은 사실이지만 우리는 하나의 겨레이며 우리 말은 같은 뿌리에서 자라난 하나의 말이다.

선생은 가슴아픈 조국의 현실을 두고 해외동포 자녀들에게 하나의 우리 말을 가르쳐야 할 모국어교육에서 무엇을 기준으로 삼아야 하겠는가에 대해서 오래동안 고민하여온것으로 알고있다. 선생은 북과 남의 언어현실을 직접 목격하고 체험하는 과정에 모국어교육에서 기준으로 삼아야 할 우리 말은 주체성과 민족성이 살아있는 평양문화어라는것을 절감하고 다년간 연구를 거듭한 결과 몇해전에 박사론문 ≪민족어의 통일적발전을 위한 토대에 대한 연구≫(2007.8)를 제출하여 박사학위를 받은바 있었다.

그후 선생은 평양문화어에 대한 연구를 여러 각도에서 심화시킨 귀중한 열매로서 이번에 생큼한 저서 ≪샘물 같은 평양말≫을 내놓게 되였다.

이 책은 평양문화어의 형성과 발전과정에 대해서와 그 언어적인 특징을 여러 각도에서 자료적으로 분석하고있어 독자들은 이 책을 통하여 평양문화어에 대한 옳은 리해를 가지고 그와 관련한 다방면적인 지식을 얻게 되리라고 본다. 특히 평양문화어의 건설과정에 이룩한 구체적인 성과자료들을 대비적으로 제시한 점이 종래의 다른 책보다 이채를 띠는 이 책의 주요 특징으로 되리라고 믿으면서 널리 추천하는바이다.

2009년 5월 3월

조선민주주의인민공화국 과학원 원사

김일성종합대학 문학대학 교수

언어학박사 김영황

차 례

차 례

샘물 같은 평양말

제1장 평양문화어의 발전과정

1. 평양문화어의 개념과 형성의 기초
2. 평양문화어발전의 역사적 과정

평양문화어의 발전과정

　반만년의 유구한 역사를 통하여 하나의 우리 말을 간직하고 살아 온 우리 겨레가 일시적인 분열로 인한 고통 속에 몸부림치고 있는 오늘 남과 북의 언어생활에서는 일정한 격차가 날로 심화되어 가고 있다. 이 가슴 아픈 현실 앞에서 우리는 민족어의 장래 운명을 두고 걱정도 하여 보고 고민도 하여 보았으나 신통한 회답을 얻을 수가 없었다.

　하나의 우리 말, 하나의 우리 민족어는 어느 길로 갈 것인가? 일시적인 분열로 인한 남북의 언어적인 격차를 그대로 둔다면 민족어의 장래가 어떻게 되겠는가? 민족어의 통일적 발전을 위한 그 어떤 방책이 과연 없단 말인가?

　이런 심각한 고민과 모색을 거듭하고 있던 우리에게 한 줄기 서광이 비쳐 왔으니 그것이 바로 평양문화어이었던 것이다.

　평양문화어는 남북이 일시적으로 분열된 상황을 감안하여 민족어발전의 기지를 창설하고 그것을 잘 꾸려 나갈 수 있도록 이끌어 온 북의 탁월한 언어정책에 의해서 이루어진 우리 말의 참된 정화라고 할 수 있다. 다시 말하여 평양문화어는 우리 민족어의 우수한 요소를 집대성하고 여러 지방

의 전통적인 고유한 언어요소들을 흡수하여 발전시킨 우리 민족어의 전형
인 것이다.

1. 평양문화어의 개념과 형성의 기초

평양은 역사적으로 볼 때 오랫동안 민족어발전에서 중심지의 역할을 하
여 온 곳이다.

민족의 시조왕인 단군은 반만년전에 우리 나라 역사에서 첫 국가를 세우
고 평양을 수도로 정하였다. 이때로부터 평양은 단군조선의 정치, 경제,
문화의 중심지로 되었고 또한 우리 민족어의 형성과 발전에서 중심지로 되
어 왔다. 이리하여 오랜 역사적 기간 우리 말은 평양을 중심으로 하여 발
전하여 왔다고 할 수 있다.

단군조선 이래로 옛 도읍지이었던 평양은 고구려의 수도이기도 하였다.
삼국시대에 고구려는 차지하였던 판도로 보나 그 인구수로 보나 백제나 신
라보다 비할 바 없이 크고 국력이 강하였다. 특히 A.D. 427년에 수도를
평양으로 옮긴 후에는 북위 37도계선까지 영토를 넓혀 한때 동쪽으로는
태백산맥과 소백산맥의 교차점에서 신라와 대치하였고 서쪽으로는 진천과
천안 계선에서 백제와 국경을 접하게 됨으로써 당시 우리 민족의 역사에서
고구려의 영향력은 신라나 백제보다 컸었다고 할 수 있다.

강대한 봉건국가인 고구려는 정치, 경제, 문화면에서는 물론이고 민족어
의 발전에서도 그 영향력을 높임으로써 이 시기에 민족어발전의 중심지로
서의 평양의 지위와 역할은 더욱 높아지게 되고 확고해졌다.

국력이 강하여 동방의 천년강국으로 널리 알려졌던 고구려는 일찍이 한
자에 의한 차자법을 창안하고 그것을 백제와 신라에 보급함으로써 우리 민
족 모두가 동일한 표기수법과 표기수단에 의하여 고유어휘로 된 명사들을
자유롭게 적을 수 있게 함으로써 이두식표기 즉 차자법에 의한 문자생활의

본보기를 창조하였다. 고구려의 영향력은 백제와 신라에까지 미치어 삼국시대에 고구려를 중심으로 한 문자생활의 공통성이 이루어지고 있었다.

≪삼국사기≫나 ≪삼국유사≫, 그리고 일련의 금석문에 반영된 당시의 인명이나 지명의 차자표기는 삼국시대에 이루어진 문자생활의 공통성을 보여주고 있으며 그 차자표기를 통하여 추정할 수 있는 언어자료는 고구려를 중심으로 백제나 신라가 언어적으로 동일하였음을 확증하고 있다.

10세기 초에 고려가 국토를 통일하고 통일국가를 세움으로써 한때 고구려와 백제, 신라 등 지역적인 분할로 하여 통일적 발전에 지장을 받고 있었던 우리 말은 고려라는 하나의 국가 안에서 통일적 발전을 이룩하게 되었으며 이 때 고려의 수도 개경은 우리 민족어 발전의 중심지로 되었다.

고려는 고구려의 계승국으로서 고구려의 수도이었던 평양을 ≪우리 지맥의 근본≫으로, ≪만대왕업의 기지≫로 인정하고 이를 근거지로 하여 고구려의 전통을 계승할 것을 선포하였으며 고려사람들은 자기들이 고구려의 후예라는데 대한 긍지와 자부심을 가지고 있었다.

고려가 고구려의 계승으로 되는 것은 특히 언어생활 면에서 뚜렷이 나타나고 있었다. 고려의 수도인 개경은 삼국시대에 고구려의 영역에 속해 있던 곳으로서 5세기이후 고구려의 수도 평양으로부터 정치, 경제, 문화의 여러 면에서 부단히 영향을 받아 왔으며 언어생활면에서도 평양과 큰 차이가 없었다. 결국 민족어역사에서 고구려의 고유어 기본어휘들은 중도에 ≪소멸≫된 것이 아니라 고려로 계승되어 오랜 세월을 통하여 우리 말의 줄기로서 이어져 왔다고 할 수 있다. 그리고 그러한 언어유산은 어음체계나 문법구조의 부분에도 상당한 영향을 주어 고스란히 계승되었던 것이다.

이처럼 고려는 수도를 개경으로 정하게 됨으로써 언어생활의 중심지가 옛 고구려땅으로 되게 하였으며 언어생활 영역에서 고구려의 관습과 전통을 계승 발전시켜 나갈 수 있는 충분한 가능성을 가지게 되었는데 그것은 옛 고구려땅인 개경의 말이 고려시기 우리 말의 기초방언으로 된 것과 밀접히 관련되어 있었던 것이다.

기초방언이라고 하는 것은 민족공통어의 바탕으로 되는 방언으로서 방언들의 집결과 분산에서 기준으로 되는 정치, 경제, 문화의 중심지의 말이다. 이 기초방언은 민족구성원들의 언어생활의 공통성을 더욱 발전시키는 데서 기본공간으로 작용하는 것으로서 그것이 민족어 발전에 끼치는 영향은 대단히 큰 것이라고 할 수 있다.

한편 근 5백년간 존속되어 오던 고려가 14세기 말에 이씨 조선으로 교체되면서 봉건적인 중앙집권체제는 재편성되고 조선조 성립 후 수도가 개경에서 한양으로 옮겨짐으로써 봉건통치의 중심지가 옮겨지고 언어생활의 중심지도 자연스럽게 옮겨졌지만 민족어의 기초방언문제가 심각한 변화를 일으키지는 않았다. 즉 조선조의 성립과 수도의 이동으로 하여 고구려의 줄기를 이은 민족어의 기초가 동요된 것은 아니었으며 이 민족공통어는 조선조시기에 들어 와서도 큰 변동 없이 계승 발전되어 왔고 판도가 확장됨에 따라 압록강, 두만강 유역에 이르기까지 조선반도 전역에 걸쳐 통용영역을 오히려 넓혀 나갔던 것이다.

이렇듯 고구려와 고려를 거쳐 조선조시기에 이르기까지 평양의 언어적 영향은 컸으며 민족어 발전에서 평양말은 그 기본줄기로 되어 왔다고 할 수 있다. 따라서 평양문화어 형성의 역사적 기초는 뿌리 깊은 것으로서 그것은 일정한 역사성을 가지고 있는 것이다.

해방 후 북의 일관된 언어정책은 일찍이 항일무장투쟁 시기부터 토대를 세우고 언어분야에서 쌓은 업적이 그 역사적 뿌리로 된 것으로서 그것은 민족어의 전형인 문화어를 건설하고 발전시키기 위한 일반대중의 참여를 통해서 그 진리성이 검증되고 생활력이 높이 진보되었다.

더욱이 해방직후부터 여러 지방에서 활동하던 혁명가들과 애국적 지성인들이 평양을 찾아오게 되어 평양에서는 우리 민족공통어의 훌륭한 본보기가 마련될 수 있게 되었다. 다시 말해서 평양은 혁명가들과 애국적 지성인들이 결집된 곳이며 우리 민족의 찬란한 문화가 창조되고 발전되는 중심지로 된 것이니 평양은 결코 단순한 그 어떤 지방이나 지역의 중심이 아니라 당시 정치, 경제, 문화의 중심지로 된 것이다.

주체성이 살아 있는 민족어의 본보기는 북에서처럼 정치, 경제, 문화의 모든 분야에서 온갖 낡은 것들이 청산되고 일반대중의 창조적인 언어실천이 확고히 보장될 때에만 이룩될 수 있다.

주체성 있게 발전한 민족어의 본보기만이 바로 민족어의 통일적 발전을 위한 토대로, 모체로 될 수 있다.

평양을 중심으로 이룩된 민족어의 본보기는 일반 대중의 모든 아름다운 언어적 요소가 종합된 것이며 오랜 역사적 과정을 통해서 그것이 세련되고 풍성해진 것이다. 이러한 민족어의 본보기이란 지역적 폐쇄성을 완전히 벗어난 주체성 있는 민족어인 것이다. 따라서 평양문화어는 지역적 방언과는 본질적으로 다르며 폐쇄된 일부 전문지식인 계층의 말과도 전혀 다르며 주체적이고도 문화적인 민족어의 본보기라고 할 수 있다.

그리하여 우리 말의 주체성 있는 통일적 발전이란 결국은 평양문화어의 모습대로 민족어의 모든 요소들이 통일되어 가는 과정이라고 할 수 있다. 평양문화어는 평양에만 국한하여 분포되어 있는 말이 결코 아니다. 평양문화어는 북의 모든 곳, 모든 분야에서 일상적으로 널리 쓰이고 있는 말이며 우리 겨레가 살고 있는 전 세계 지역에서 써야 할 민족어의 본보기이다. 주체성 있게 통일적으로 발전된 민족어의 본보기인 평양문화어는 우리 겨레가 대내외적으로 써야 할 언어이다.

평양문화어가 어떤 말인가 하는 것을 옳게 해명하고 정확히 이해하는 것은 문화어의 특성과 우수성을 살리고 그것을 더욱 발전시켜 나가는데서 기초적이면서도 우선적인 문제의 하나이다.

평양문화어란 한마디로 말하여 역사적으로 오랜 뿌리를 가진 평양말에 기초하여 우리 말의 우수한 언어요소를 집대성한 언어로서 전체 우리 민족이 공통적으로 써야 할 규범적인 말이다. 이로부터 평양문화어의 개념을 두 가지 측면에서 정의할 수 있다고 본다. 하나는 평양문화어가 장구한 역사적 기간에 이루어진 우리 말 발전의 가장 높은 단계인 민족어의 본보기이라는 것이고 다른 하나는 평양말에 기초하여 우리 말의 우수한 언어요소가 집대성되어 이루어진 언어로서 우리 말의 규범으로 되는 언어라는 것이다.

평양문화어의 본질적 특성은 첫째로, 오랜 역사적 기간 발전하여 온 높은 수준의 민족어의 본보기라는 점에 있다. 언어는 인간이 만들어 낸 고귀한 창조물로서 효율적인 교제수단으로 오랜 역사적 기간을 거쳐 끊임없이 발전하여 왔다.

언어는 사회생활에서 필수적인 교제수단으로 사회 집단과 밀접히 연관되어 있다. 언어는 사회집단 내에서 구성원간의 사상교환을 위한 수단으로 그 과정을 통하여 해당 사회집단을 튼튼히 결합시키는 작용을 한다.

민족의 발생 발전과 더불어 형성되고 발전하여 온 민족어는 그것이 놓이게 되는 이러 저러한 구체적인 환경에 따라 자기의 일련의 특성을 가지게 된다.

사회현상으로서의 언어는 사회환경의 지배를 받으며 한편으로 사회환경에 일정한 영향을 미친다. 언어발전에 영향을 주는 요인에는 여러 가지가 있지만 그 가운데서 가장 큰 영향을 미치는 것은 사회환경이다. 사회의 진보, 국가의 형성과 발전 및 쇠퇴, 사회생활의 여러 측면들은 언어발전과 언어생활에 직접적인 영향을 주며 역사적 발전과정에서 해당 사회의 성격과 특성이 일정하게 반영된다. 사회제도가 얼마나 진보적인가, 민족을 단위로 하여 통일적으로 발전 하는가 그렇지 못한가, 또 언어에 대한 국가의 관심이 얼마나 높은가에 따라 언어의 구성요소와 발전에서는 변화가 일어나게 된다.

지난날 봉건사회에서 일반대중은 언어의 창조자임에 틀림이 없었지만 그들이 진정한 주인으로서의 지위를 차지하지 못함으로써 응당한 역할을 다할 수가 없었다.

언어발전에 대한 일반대중의 요구는 현대에 와서 비로소 원만히 실현된다. 일반대중이 모든 것의 주인으로 되고 사회의 모든 것이 일반대중에게 이끌리는 사회에서는 일반대중은 언어발전에서도 주인의 지위를 확고히 차지하고 언어발전의 기본동력으로서의 자기의 임무와 역할을 훌륭히 수행해 나갈 수 있다.

평양문화어는 이렇게 오랜 역사를 거쳐 민족과 더불어 끊임없이 발전하여 온 우리 민족어가 역사상 처음으로 일반대중의 자주적 요구와 창조적 능력에 맞게 발전한 새로운 역사적 단계의 민족어인 것이다.

돌이켜 보면 1443년 12월 세종대왕에 의한 ≪훈민정음≫의 창제와 정음자의 전파, 세조때 간경도감에서의 불경언해의 간행과 그 후 계속된 각종 언해본의 보급, 그리고 평민들에 의한 국문문학의 활발한 창작이 잇달았고 또 19세기말~20세기초에 근대문명이 들어오는 것과 때를 같이 하여 벌어진 국어국문운동과 언문일치운동 등이 우리 민족어의 발전에 일정한 영향을 준 것만은 부인할 수 없는 엄연한 역사적 사실이다. 그러나 당시 언어발전에 대한 일반대중의 관심은 상대적으로 높지 못하였으며 언어발전도 매우 느리게 자연발생적으로 진행되어 온 것이 사실이다.

그러나 일반대중이 국가와 사회의 진정한 주인으로 되고 국가와 사회생활 전반에서 주인으로서의 책임과 역할을 다할 수 있는 새로운 역사적 단계에서 일반대중은 언어발전에서 주인으로서의 자각을 가지고 그에 대하여 목적의식적으로 작용하게 된다. 그리하여 민족어발전에서는 새로운 역사적 시기가 도래하게 되는 것이다.

북에서는 해방 후 첫날부터 민족어발전의 합법칙성, 언어가 사회발전에 미치는 역할을 옳게 파악한 결과를 기초로 해서 올바른 언어정책을 내놓고 일반대중이 민족어 발전에 주동적으로 참여할 수 있게 하였다. 즉 주체의 언어사상과 언어이론에 입각하여 민족어의 주체적 발전이라는 기본방향을 확고히 세우고 언어체계와 언어생활의 모든 측면에서 주체성과 민족성을 철저히 지키면서 현대의 요구에 맞게 끊임없이 발전시키고 세련되게 다듬어 나갔던 것이다.

그리하여 평양문화어는 지난날 조선어학회(한글학회의 전신)에서 제정한 ≪표준어≫나 오늘날의 서울말과 본질적으로 다른 일련의 특성을 가지게 되었다.

평양문화어는 무엇보다 어휘구성에서 힘들고 까다로운 외래적 요소들인 한자어와 외래어를 고유어로 다듬는 어휘정리의 성과와 문자생활의 전면 개혁에 기초하고 있다. 출판물들과 공문서들에서 한글과 한자를 혼용하는 상황에서는 광범한 일반대중이 문자생활의 완전한 주인으로 될 수 없고 문맹을 퇴치하는 데서도 그것이 근본장애로 되는 것이 사실이다. 그러므로 한자사용의 폐지와 힘든 한자어를 정리하는 것은 일반대중의 언어생활을 민주화하며 우리 민족어를 자주적으로 발전시키는 데서도 매우 중요한 문제로 등장하게 되었다. 이와 함께 우리 글을 내려 쓰는 것으로부터 가로 쓰는데로 넘어 가는 과정에서 생기는 문제들을 바로 잡는 것도 대중들의 문자생활에서 신중한 문제로 제기되었다.

이로부터 북에서는 일찍이 이러한 여러 가지 문제를 포착하고 이것을 해결하는데 큰 힘을 넣고 발전시킨 말이 바로 평양문화어인 것이다.

해방직후 북에서는 일부 사람들이 비과학적인 ≪6자모≫를 새로 만들어 놓고 그것을 당장 문자생활에 적용하자고 주장하여 나선 일이 있었다. ≪6자모≫는 이른바 변격용언의 표기를 고착시킬 목적에서 만들어 낸 것으로서 아무런 이론적 타당성도 없는 비과학적인 문자이었으며 사람들의 문자생활에 오히려 혼란을 주고 불편을 끼치는 문자였다. 특히 ≪6자모≫를 받아 들여 문자개혁을 하게 된다면 남북의 겨레들이 서로 다른 문자생활을 하게 될 것이며 그렇게 되면 민족어의 통일적 발전에 장애를 주고 나라의 통일을 실현하는데서 커다란 난관이 조성될 뻔하였었다.

김일성주석은 이 점을 지적하여 ≪6자모≫의 비과학적인 본질, 반통일적인 정체를 밝히고 그것이 사람들의 문자생활에 적용되지 않도록 해당기관에 지시하였던 것이다.

평양문화어는 또한 사람들의 언어생활에 남아 있는 구시대의 유물을 걷어내고 그것을 새로운 생활양식에 맞게 개조한 말이기도 하다. 언어생활은 언어를 수단으로 하여 진행되는 사람들의 교제활동이며 사회생활의 한 분야이다. 그러므로 언어생활은 사람들의 모든 활동, 모든 사회생활과 관련되어 있으며 이로부터 언어생활에 남아 있는 구시대의 유물을 가시고 새로운 환경에 맞게 언어생활을 개조하는 것은 언어를 발전시키는데서 중요한 의의를 가진다. 언어생활에 남아있는 낡은 유물은 주로 힘든 한자어, 외래어들과 사투리나 군말, 저속하고 버릇없는 말들인 것만큼 이것을 가시어내는 것이 무엇보다도 중요하다.

평양문화어 형성의 기초를 다지는데서 중요한 것은 평범한 사람들이 쓰는 알기 쉬운 말, 고유어를 기본으로 하여 일반대중의 지향과 요구, 생활감정과 정서에 맞게 말을 하고 글을 쓰며 고상하고 예절 바르게 말을 하고 글을 올바르게 쓰는 문제였다. 평양문화어는 사람들 속에서 쓰이는 알기 쉬운 말에 기초하여 발전되었으며 입말과 글말이 한층 근접하고 방언의 수평화가 실현된 언어이다. 뿐만 아니라 평양문화어는 지난날의 낡고 뒤떨어진 언어규범 대신 과학적이며 대중적인 언어규범에 기초하고 있다. 언어규범은 민족어의 특징과 요구를 일반화하여 모든 사람들이 공동으로 지켜야 할 언어사용준칙을 규제하고 있다. 그러므로 언어규범에 맞지 않는 부정확한 말은 사회의 언어규범화를 확립하는데서 해로운 영향을 준다.

지난날의 우리 말 규범은 민족어의 특징과 요구를 정확히 일반화하지 못했을 뿐 아니라 말과 글의 주인인 일반대중의 지향과 요구를 전면적으로 반영하지 못하였던 것이다. 그러나 평양문화어는 민족어의 어휘, 어음, 문법을 비롯한 언어구조의 모든 특징과 그 변화 발전의 법칙을 정확히 일반화하고 일반대중의 지향과 요구에 맞게 사전을 편찬하고 문법규범을 만들며 발음법과 맞춤법, 띄어쓰기를 규제한 언어규범에 기초하고 있는 것이 중요한 특징이다.

북에서는 이러한 언어규범이 국가기관의 통일적인 일관적이고 지속적인 지도아래 작성, 공포됨으로써 모든 사람들이 공동으로 지키고 있는 언어사용준칙으로 되고 있다. 결국 평양문화어는 문자생활, 언어구조, 언어생활의 여러 측면에서 과학적이며 대중적인 원칙에 기초하고 있음으로 하여 오늘 우리 민족어의 본보기로서 이름 떨치며 더욱 더 개화 발전하고 있는 것이다.

북에서의 문화어 건설과정은 인류역사상 그 어디에서도 찾아 볼 수 없는 변혁과정이었으며 민족어의 본보기를 바로 세우는 과정이었다.

결론적으로 말하여 평양문화어는 사회의 주인인 일반대중의 의사를 집대성하고 민족어 발전의 법칙에 맞게 일반대중의 힘을 모아서 건설한 민족어의 본보기라고 말할 수 있다.

평양문화어의 본질적 특성은 둘째로, 평양말에 기초하여 우리 말의 우수한 언어요소가 집대성된 언어로서 우리 말의 유일한 규범이라는 점에 있다. 기준으로 삼아야 할 언어문제를 옳게 해결하는 것은 민족어 발전에서 해결하여야 할 중요한 문제이다. 이 문제를 옳게 해결하여야 하나의 기준에 토대하여 민족어를 통일적으로 발전시키고 언어생활에서 통일성을 보장할 수 있다.

민족어발전에서 기준으로 삼아야 할 언어에 관한 문제는 본질에 있어서 민족어 발전의 중심지와 관련된 문제이며 민족어 발전의 사회 정치적 및 언어적 거점을 설정하는 문제이다. 민족어 발전의 중심지, 민족어 발전의 사회정치적 및 언어적 거점을 마련하는 문제는 각 민족어의 경우에 공통적으로 제기되는 문제로서 모든 국가, 모든 민족들이 민족어 발전에서 큰 관심을 돌려야 할 중요한 문제이다. 이 문제는 모든 민족, 민족어 발전의 특성 그리고 매개 나라의 사회정치적 환경과 관련하여 서로 다른 내용으로 제기되며 서로 다른 각도에서 해결되기도 한다.

평양말은 우리 민족어의 우수한 요소들이 합쳐져 이루어진 말이며 서울말을 비롯하여 남쪽의 각지에서 전통적으로 써오던 좋은 민족어요소들까지 모두 흡수하여 발전시킨 말이다.

그리고 평양문화어는 구시대의 사대주의적 언어요소들이 말끔히 가시어지고 주체성과 민족성이 높이 발양됨으로써 우리의 민족어 발전에서 높은 수준에 이른 규범적인 말이다. 따라서 평양문화어는 사람들의 언어생활에서 유일한 기준이며 귀중한 본보기로 된다. 문화어에 기초하여서만 우리 민족어가 주체적으로 발전할 수 있고 사람들의 언어생활이 하나로 통일되어 나갈 수 있으며 지역적 및 사회적 방언들이 극복되고 온 나라에 하나의 언어생활기풍이 수립될 수 있다.

이와 같이 민족어의 본보기로서 일반대중의 언어생활에서 규범적인 언어로 발전된 평양문화어는 자기의 고유한 특성을 뚜렷이 지니고 있다.

2. 평양문화어발전의 역사적 과정

평양문화어의 발전과정을 개괄해 볼 때 그 특징은 첫째로, 주체적 입장에서 민족적 특성을 높이 발양시키는 원칙을 지켜 민족어를 발전시키도록 하였다는데 있다.

민족어를 발전시켜 나가는데서 주체적 입장을 지켜 나간다는 것은 민족어 발전에서 나서는 모든 문제들을 일반대중 자신이 주인이 되어 자주적으로, 창조적으로 풀어 나간다는 것이며 민족적 특성을 발양시킨다는 것은 민족어의 고유하고 우수한 특징들을 보존 발전시키고 그것을 적극 살려 나간다는 것을 말한다.

민족어를 발전시켜 나가는데서 주체성과 민족성을 시종일관하게 지키는 것은 민족어의 자주적 발전을 이룩하고 언어의 기능과 역할을 높이기 위한 결정적 여건이다. 언어가 실지로 민족국가를 단위로 하여 존재하고 발전하는 현실적 여건을 감안할 때 나라와 민족의 자주성을 떠난 민족어의 운명을 논할 수 없는 것이 사실이며 모든 민족어에는 역사적으로 형성되고 굳어진 고유한 특성이 있는 것만큼 민족성을 무시하여서는 민족의 이익에 맞게 민족어를 빨리 발전시킬 수 없는 것이 사실이다. 이처럼 주체성과 민족성을 고수하여야 언어가 대중의 자주적 요구와 이익에 걸맞게 발전하고 전체 민족구성원을 위하여 참답게 이바지할 수 있다.

북에서는 언어발전에서 주체성과 민족성을 고수하고 발전시키는 것이 가지는 의의와 중요성으로부터 출발하여 문화어 건설에서 주체성과 민족성을 튼튼히 고수하는 것을 초미의 문제로 내세우고 일관하게 추진시켜 나갔으며 이 과정에 지대한 성과를 이룩하고 귀중한 경험을 쌓았다.

평양문화어는 우선 일반대중의 지향과 생활감정에 맞게 다듬어진 가장 세련된 말이다. 문화어는 언어구조의 모든 고리, 모든 요소들이 일반대중의 자주적인 지향과 요구에 맞게 발전한 말이다.

평양문화어에서는 또한 발음과 표현, 단어의 뜻이 대중의 이익, 사상감정과 생활양식에 맞게 다듬어졌다. 문화어의 발음은 새 시대의 기상을 반영하여 씩씩하고 기백있게 변하였으며 문화어의 표현도 대중의 지향과 생활감정에 맞게 세련되고 단어의 뜻도 일층 정밀화되었다.

평양문화어는 또한 우리 말의 민족적 특성이 구현된 아름다운 말이다. 고유한 언어적 요소를 기본으로 하여 민족적 특색이 살아 있고 하나의 체계를 이루고 있는 언어이며 언어의 모든 요소가 민족어의 고유한 규칙과 법칙에 의하여 움직이며 발전하는 언어이다.

지난날 우리 말에는 적지 않은 외래적인 언어요소들이 들어 와 고유한 언어요소들을 좀 먹고 있었으며 개별적 고리에서는 고유한 말과 외래적인 요소에 의한 두 가지 체계까지 형성되어 있었다. 문화어에서는 어휘정리의 결과 이러한 불필요한 한자말과 외래어들이 고유어로 다듬어져 하나의 정연한 체계를 이루게 되었다. 또한 새로 생겨나거나 만들어지는 말들도 고유한 우리 말에 기초하여 만들도록 함으로써 문화어의 전반체계에서 고유어요소가 압도적 비중을 차지하게 되었다.

평양문화어는 어휘로부터 어음, 문법과 문체, 언어규범의 모든 구성요소들이 대중의 지향과 요구에 맞게 세련되고 풍성해졌으며 민족고유의 요소에 기초한 하나의 언어체계로 정립되었다. 복잡다단한 국제환경 속에서도 평양문화어가 이처럼 자주적으로 발전하고 있는 것은 자기의 주체성과 민족성을 확고히 고수하고 있기 때문이라고 할 수 있다.

평양문화어의 발전과정에서 찾아 볼 수 있는 특징은 둘째로, 평양문화어를 발전하는 시대적 요구에 상응하게 현대적으로 세련시키고 발전시켰다는데 있다. 일반대중이 역사창조의 주인으로 등장한 현시대에 와서 구시대로부터 물려받은 낡고 뒤떨어진 언어요소들은 민족어의 전반적 발전에 막대한 지장을 주는 것이 사실이다.

북에서는 해방 후에 줄곧 민족어의 체계 속에 남아 있는 온갖 낡고 뒤떨어진 언어요소들, 비속하고 비문화적인 언어요소들을 없애고 시대발전의 요구에 맞는 언어체계를 세우는 사업을 강력하게 추진시켜 왔다. 그 결과 오늘 문화어는 현대적 요구에 상응하게 세련되고 발전된 모습을 띠게 되었다.

먼저 눈에 띠는 것은 단어체계 내에서 낡고 뒤떨어진 것들이 빠져 나가거나 소극적인 단어부류에로 넘어가 그것이 특수한 경우에만 쓰이고 있는 반면에 새롭고 참신한 것, 아름다운 것들이 많이 보충되어 그것들이 적극적인 단어부류를 이루게 됨으로써 단어체계를 새롭게 갱신한 점이다.

단어의 의미도 시대적 감각에 맞게 정밀화되었다. 지난날에 전통적으로 써 오던 단어의 뜻에 새로 갈라진 뜻이 많이 보충되어 뜻의 폭이 넓어졌는가 하면 구시대의 정서를 반영한 의미들이 빠져 나감으로써 단어의 의미가

재정비되었다. 새로 만드는 단어들의 의미는 현시대의 정서와 생활감정을 반영하여 일층 세련되어 갔다.

단어뿐만 아니라 새로운 성구, 명구 등도 수많이 생겨나고 그 의미들이 정밀화되었다.

문체분야에서도 문체론적 수단과 수법들이 한층 풍부화되고 표현효과가 높아졌다. 발전하는 현실에 맞게 문체의 갈래들이 보다 다양해지고 새로운 기능문체들이 생겨나 문화어문체를 보다 풍성하게 하고 있다.

이와 함께 문화어의 규범도 일반대중이 쓰기 편리하게 보다 정밀하게 구체화되었다.

문화어가 시대 발전의 요구에 상응하게 현대적으로 세련되어 간 주요내용의 하나는 국제공통적인 요소를 그대로 살린 점이다.

언어는 본질상 사람들의 교제수단인 것으로 하여 국제적인 교류가 활발해짐에 따라 언어들 사이에서는 일정한 공통성이 생기기 마련이며 나라와 민족들 사이의 언어적 연계가 심화될수록 그러한 요소는 늘어나게 된다. 국제공통적인 언어요소들은 거의 모든 나라들에서 동일한 의미를 가지고 동일한 형식으로 이용된다.

그리하여 북에서는 문화어 건설에서 국제공용어를 비롯하여 세계적으로 공통되어 있는 것은 그대로 쓰도록 하였는데 그러한 국제공용어는 특히 과학 기술, 체육, 음악분야 같은 데 많다고 할 수 있다. 그 중 몇 가지만 실례를 들어 보면 다음과 같다.

> **예:** 컴퓨터. 소프트 웨어. 하드 웨어. 홈페이지. 폴더. 기가. 메가. 나노 메모리, 마우스, 피아노 바이올린. 첼로. 코너킥. 소프트 볼. 해비급. 라이트급, 월드컵 등.

평양문화어 발전이 가지고 있는 이상의 특징들은 각각 자체의 고유한 측면을 가지고 있으면서도 서로 밀접히 연관되어 있고 하나로 통일되어 있다.

민족적 특성을 살린다고 하여 현대성의 원칙을 지키지 않으면 복고주의에 빠질 수 있으며 현대성의 원칙을 지킨다고 하면서 민족적 특성을 무시하게 되면 민족어의 참다운 발전을 기대할 수 없다. 또한 주체성과 민족성을 구현한다고 하면서 국제공통적인 요소를 무시하면 언어발전에서 폐쇄성에 빠지게 되는 것은 물론 과학기술 발전을 더디게 하는 결과를 초래할 수 있다. 따라서 민족어를 참답게 발전시켜 나가자면 민족어에 대한 허무주의적 태도와 복고주의적 경향을 다 같이 배격하고 역사주의적 원칙과 현대성의 원칙을 올바로 결합시켜 나가야 한다.

주체성과 민족성, 현대성을 올바로 결합시킴으로써 오늘 평양문화어는 민족어발전의 전성기를 맞이하게 되었으며 보다 높은 단계에로 발전하게 되었다.

북의 일관된 언어정책은 언어발전에서 주체성과 민족성을 구현하고 현대성을 올바로 세워놓았을 뿐만 아니라 평양문화어가 더욱 발전하고 풍성해지도록 하였다. 한마디로 말해서 평양문화어는 정책적으로 특별한 관심을 가지고 밀고 나감으로 얻어진 훌륭한 결과물인 것이다.

사람들은 태곳적부터 식물계와 이러저러한 연관관계를 맺고 살아오면서 식물계의 여러 대상들을 살피고 이용하기 위하여 그에 대한 이름을 지어 불렀으며 그것을 귀중한 언어유산으로 남기었다. 우리 나라에는 식물이 2,000여 종 있고 그중 나무종류만 해도 600종에 달하는데 그것들은 모두 자기의 이름을 가지고 있다.

자연계의 식물은 인간세계와의 접촉에 따라 하나 둘 이름을 가지게 되었으며 사회의 발전과 더불어 학술적 연구대상으로 되면서 식물이름의 체계가 정립되기 시작하였다. 그러나 식물의 분류체계가 완성되고 학술용어가 확정된 것은 퍽 훗날의 일로서 먼 옛날에 사람들은 자기를 둘러 싼 식물계의 여러 대상들에 대하여 모양과 색깔, 꽃과 열매의 특징 등 여러 가지 실마리를 잡아서 식물의 이름을 지어 불렀으며 제 각기 지방별로 그리고 자기 식으로 이름을 지어 불렀던 것이다. 그리하여 식물이름에는 학술명도 있고 통용되는 별명도 있으며 지방적인 방언이름도 있는 등 복잡한 양상을 띠게 되었다.

또한 식물이름에는 먼 옛날부터 써오던 문화성이 없고 속되고 저속한 이름이 적지 않은 것도 사실이다. 이것은 언어의 문화성을 민족어 건설의 중요한 요구로 내세우고 있는 오늘날에 와서 극복하지 않으면 안 될 중요한 문제로 나서게 되었다.

문화성 있게 말을 하고 글을 쓰기 위해서는 비문화적인 단어와 표현을 쓰지 말아야 하는데 《백당나무, 쥐똥나무, 미치광이풀, 노루오줌, 쥐오줌풀, 닭의밑씻개, 며느리밑씻개, 사광이풀》 등 문화성이 없고 어감이 좋지 못한 이런 이름들은 응당 정리의 대상이 되지 않을 수 없다.

그리고 식물이름에는 이름짓는 실마리를 달리 한 별명들이 적지 않게 있어서 한 대상에 대한 이름이 여러 개 있는 것도 있다.

예를 들어서 밭이나 길가에 절로 나는 풀로서 마디는 굵고 여름에 남색 꽃이 피는 《닭의밑씻개》는 《닭개비, 닭의장풀, 닭의 씻개비, 달루개비》 등 여러 가지 딴 이름을 가지고 있는데 《계거초, 계장초》와 같은 한자말까지 계산한다면 참으로 많은 이름을 가지고 있다.

이와 같은 현상은 《며느리밑씻개, 미치광이풀》 등 여러 이름에서도 찾아 볼 수 있다. 《닭의밑씻개, 며느리밑씻개, 미치광이풀, 사광이풀》 등의 이름은 그야말로 듣기에도 거북하고 읽기에도 얼굴이 뜨거운 문화성이 없는 말마디들이다. 이런 이름들은 고상하고 문명한 사회를 건설하기 위하여 힘쓰고 있는 일반대중의 정서와 지향에 전혀 어울리지 않는다.

북에서는 이렇게 한 그루의 나무, 한포기의 풀이름에도 세심한 관심을 돌리어 산 좋고 물 맑은 자연 풍치에 어울리게 아름답고 문화성 있는 이름으로 민족어를 다듬어 나갔던 것이다.

우선 《개오동》이나 《백당나무, 박태기나무》와 같이 좋지 못한 단어들로 만들어진 나무이름을 다른 이름으로 부르도록 그 시정방향을 일정하게 밝혀주었다.

김일성주석은 평양식물원을 돌아보면서 그때까지 《개오동》이라고 하던 나무는 꽃도 좋고 향기로운 것인데 그것을 《개오동》이라고 하지 말고 《향오동》이라고 하는 것이 좋겠다고 지시한 사례도 있다. 사실 향오동은 나뭇잎이 크고 시원스럽게 생겼으며 나무갓도 아름다울 뿐 아니라 꽃이 향기롭기 때문에 원림식물로서 매우 가치 있는 나무이다. 나무의 재질도 좋아 가구재, 조각재, 악기재료로도 쓰며 열매는 이뇨약으로서 신장염과 부종에 쓰는 좋은 나무이다. 그런데 이런 나무에 《개》자를 붙인 것은 《개》라는 말이 가지는 부정적인 색채와 관련하여 잘된 것이라고 볼 수 없다.

《백당나무》도 꽃 모양이 곱고 정원수로 이용할 수 있는 좋은 나무인데 《백당》이라는 나쁜 말로 불러 왔다. 《백당》은 평안도방언에서 《백정》을 가리키는 말이다. 천하 몹쓸 놈을 가리켜 《인간백정》이라고 하는데 좋은 나무에 하필 나쁜 이름을 붙일 필요가 없는 것이다.

《박태기나무》라는 말도 꽃나무라는 인상을 주는 것이 아니고 무슨 사람의 이름을 붙인 것 같은 인상을 주기도 하고 단어구조가 쭉데기 나무와 같이 되어 있어 좋지 못한 인상을 주는 것이 사실이다.

《백당나무》는 꽃의 모양이 접시와 같다고 하여 그것을 《접시꽃나무》로 《박태기나무》는 구슬 같은 꽃이 많이 핀다고 하여 《구슬꽃나무》로 다듬어 쓰게 되었다.

문화성이 없는 식물명을 좋은 우리 말로 다듬어 쓴 실례는 《미치광이풀》은 《독뿌리풀》로, 《노루오줌》은 《노루풀》로 되고 《쥐오줌풀》은 《바구니나물》로, 《닭의밑씻개》는 《닭개비》로, 《며느리밑씻개》는 《가시덩굴여뀌》로 다듬어냄으로써 종래의 식물명이 가지고 있었던 비문화성이 깨끗이 가시어지게 되었다.

다음으로 한자말이나 외래어로 된 식물이름들도 그것이 비록 대중들속에서 어느 정도 보급되어 널리 쓰이는 것이라 하더라도 고유한 우리 말 이름으로 고쳐부르도록 방향을 바로 잡아 나갔다.

그래서 《황기》는 우리 말로 《단너삼》이라고 하였으며 한자말이나 외래어로 된 식물명인 《황하채》, 《크로바》 등은 고유한 우리 말 이름인 《원추리》, 《토끼풀》 등으로 다듬어 쓰게 되었다.

식물이름인 경우 지난날 한자말에 버릇되다 보니 고유한 우리 말 이름이 있음에도 불구하고 어려운 한자말로 부르던 것이 적지 않았는데 특히 약재로 쓰이는 식물이름은 모두 한자말로 되어 있었다. 《향부자, 작약, 대황, 인진, 길경》 등이 바로 그러한 실례로 되는데 사실상 우리 조상들은 먼 옛날부터 《향부자》는 《약방동사니》로, 《작약》은 《함박꽃》으로, 《대황》은 《입송구지》로, 《인진》은 《생당쑥》으로, 《길경》은 《도라지》로 불러왔던 것이다.

한자말이나 외래어로 되어 있던 식물이름 가운데서 원래부터 불러 오던 고유어가 있는 경우에 고유어로 부르도록 하는 것은 우리 말의 민족적 특성을 살리는 측면으로 보나 생활상 친숙한 우리 말을 살려 쓰는 측면으로 보나 너무나도 당연한 조치인 것이다. 우리 조상들은 자기를 둘러 싼 식물세계에서 한 그루의 나무나 한 포기의 풀에 대하여서도 무관심하지 않고 흙냄새가 풍기는 구수한 이름들을 많이 지어 불렀는데 그것을 살려 쓰는 것은 언어생활에서 주체성과 민족성을 구현하는 문제와 직접 연결되어 있는 것이다.

다음으로 처음 들어오는 식물들도 사람들의 사상감정과 구미에 맞게 좋은 이름을 지어 부르게 되었다.

오늘날 다른 나라들과의 경제문화교류가 그 어느 때보다도 활발해지고 있는 상황에서 새로 들어오는 식물만 보더라도 해마다 그 수가 늘어나고 있으며 북에 보급되는 다른 나라의 풀과 나무이름도 해마다 늘어나고 있다.

북에서는 처음 들어온 《유사초》, 《콤프레》와 《갈매보리수나무》의 이름을 새롭게 《기름골》, 《애국풀》, 《비타민나무》 등으로 지어 부르도록 하였는데. 《기름골》, 《애국풀》, 《비타민나무》라는 말은 식물의 경제 유익성과 그 풀에 담겨진 애국 지성을 실머리로 잡아 지은 이름으로서 우리 말의 순결성을 고수하는데서만이 아니라 사람들의 정서를 높이고 과학기술지식을 보급하는데도 좋은 영향을 주는 것이라고 할 수 있다.

이처럼 평양문화어는 사람들이 생활주변에서 늘 접촉하게 되는 식물이름을 지어 부르는 데서도 주체성과 민족성이 높이 드러나도록 세심히 가꾸어진 말이다.

평양문화어는 해방 후 새로 생긴 기관의 이름이나 건축물의 이름을 짓는 문제에 대해서도 깊은 관심을 돌리고 다듬어진 말이다.

사람들은 생활과정에 새로운 대상을 이름 지어 그것을 다른 대상과 구별하며 새로운 대상들에 대한 이름에 자기들의 지향과 요구, 이해관계를 담기도 한다. 그러므로 사람들의 언어생활에서는 고유명칭 문제가 필수적으로 제기된다. 특히 과학과 기술이 발전하고 사람들의 생활에 필요한 수많은 새 상품들이 쏟아져 나오며 시대를 대표하는 새로운 건축물들이 연이어 일어서고 있는 상황에서 그러한 대상들에 대한 이름을 잘 지어 부르는 것은 사람들의 언어생활수준을 높이는데서 중요한 의의를 가진다.

북에 있는 자료를 살펴보면 김일성주석이 직접 이름 짓기 사업에 깊이 관여하였다는 기록이 있다. 다음은 그 자료의 내용이다.

"김일성주석께서는 1945년 11월 새 조국 건설의 역군을 키우기 위한 학원의 터전을 잡아 주시면서 새로 창설되는 학원의 이름을 유서 깊은 평양의 이름을 따서 《평양학원》이라고 지어 주시었다. 뒤이어 같은 해 11월 22일 평안남도 대동군 내 중학교설립관계일군 및 교원들과 하신 담화에서 대동군에 새로 설립하는 중학교의 이름은 지명을 달지 말고 지덕체 (知德體)의 세 가지를 겸비한 인재를 육성하며 나라를 흥하게 한다는 뜻에 서 《삼흥중학교》라고 하도록 해주시었다. 삼흥중학교는 이 일대에서 유 명한 산인 용악산의 이름을 따서 용악중학교나 가까이에 있는 삼봉산의 이 름을 따서 삼봉중학교라고 할 수도 있었다. 그러나 주석께서는 자라나는 새 세대들이 깊은 지식과 고상한 도덕, 건장한 체력을 가진 나라의 훌륭한 역군이 되라는 염원을 담아 《삼흥중학교》라고 지어주신 것이다.

주석께서는 새로 지은 대극장건설을 현지에서 지도하시면서 극장이름을 일부 사람들이 제기하는 것처럼 오뻬라극장이라고 하지 말고 《대극장》이 라고 하는 것이 좋겠다고 가르치시었다. 이 극장에서는 가극만 하는 것이 아닌 것만큼 가극극장이라고 하는 것도 이치에 맞지 않는데 더욱이 《오뻬 라》라는 외래어까지 붙이는 것은 참으로 잘된 일이 아니라고 하시면서 《평 양대극장》이라고 이름을 지어주신 것이다.

또한 주석께서는 보통벌에 웅장한 문화회관을 지었을 때에도 그 이름을 《인민문화궁전》으로 달아 주시었으며 평양의 한복판인 남산재에 초대형 의 도서관을 건설할 때에도 그것은 단순한 도서관이 아니라 사람들이 누구 나 와서 공부할 수 있는 대규모의 학습터전인 것만큼 대학습당이라고 하는 것이 좋겠다고 하시면서 거기에 《인민대학습당》이라는 이름을 달도록 하시었다."

평양을 비롯한 현대적인 도시들의 거리이름과 지하철의 역이름, 다리이 름과 저수지이름을 시대적인 감각과 정서에 맞게 잘 지어 부르도록 하는 데에도 김일성주석의 노고가 깃들어 있다고 한다. 거리와 지하철역, 다리 등은 사람들의 일상생활에서 항상 접촉하게 되는 중요한 교통수단으로서 그 이름은 언어생활에서 자주 쓰이며 또한 그것이 어떻게 되어있는가 하는 것은 언어의 시대상을 보여 주는 것이기도 하다.

그리하여 평양시에만도 새 시대의 기상과 사람들의 지향을 반영한 ≪해방거리, 승리거리, 낙원거리, 통일거리, 천리마거리, 청년거리, 영웅거리≫와 같은 이름이 생겨났고 민족의 슬기로운 역사와 관련되어 있는 ≪문덕거리, 칠성문거리, 보통문거리≫와 같은 이름도 생겨나게 되었다. 그리고 평양에 처음으로 지하철이 개통되었을 때에는 ≪광복역, 개선역, 승리역, 건국역, 봉화역, 혁신역, 건설역, 낙원역≫ 등의 역이름도 생겨났다.

평양문화어는 사람의 이름짓기에 대해서도 깊은 관심과 특성을 가지고 있다. 인명은 사람들의 사회생활과 일상생활에서 중요한 의의를 가진다.

사람은 태어나 자기 이름을 가지게 되면서 사회성원으로 등록되며 사회생활 과정에 맺게 되는 그들의 관계도 이름이 없이 이루어질 수 없게 된다. 이름이 있기 때문에 이 사람과 저 사람을 구별하게 되며 어느 한 사람에 대한 일정한 표상을 가지게 된다. 사람이름은 또한 특수한 고유명사로서 민족어의 어휘구성과 밀접한 관계를 가진다. 사람이름은 민족어의 어휘구성 속에 있는 언어수단을 토대로 하여 짓기 마련이며 사람이름 자체도 민족어의 어휘구성 속에서 특수한 자리를 차지하는 것만큼 민족어의 풍부화에 일정하게 작용하게 된다.

우리 나라에서 사람이름은 본래 고유어로 지어 불렀으며 그것을 한자차자(漢字借字)의 방법으로 표기하는 습관이 오랫동안 존속되어 왔다. 예컨대 고구려의 ≪淵蓋蘇文(연개소문)≫은 ≪가소미≫의 차자표기이며 ≪乙支文德(을지문덕)≫은 ≪웃지글도≫의 차자표기로 되었다는 것에 대해서 학계에서 흔히 말하고 있다. 그 후 신라에서는 사람이름을 한자말로 짓는 관습이 생겨났으나 예로부터 물려받은 고유어 인명 관습은 고려를 거쳐 조선조시대까지 사람들 속에서 유지되어 왔다고 할 수 있다.

≪이조실록≫에 의하면 조선조 초기만 하여도 고유어로 된 이름이 상당한 정도로 쓰이고 있었음을 알 수 있다. 예를 들면 이성계의 소실태생인 숙신옹주의 이름은 ≪밋치≫이었으며 세종대왕도 ≪막동≫이라는 고유어

로 된 아명을 가지고 있었다. 문헌자료를 보면 초기만 하여도 고유어로 된 이름이 상당한 정도로 쓰이고 있었음을 알 수 있다. 예를 들면 이성계의 소실태생인 숙신옹주의 이름은 ≪밋치≫이었으며 세종대왕도 ≪막동≫이라는 고유어로 된 아명을 가지고 있었다. 문헌자료를 보면 하층의 노비와 여성들의 경우에는 한자로 된 성이 따로 없이 고유어로 된 이름만이 있었고 그밖에 양반계층의 경우에는 한자로 된 공식적인 성명이 있는 외에 고유어로 된 아명이 쓰이고 있었다.

그런데 그 후 한자말로 이름 짓는 것이 관습화되어 고유어 이름은 점차 사용범위가 줄어들게 되고 마치 한자말 이름을 지어야 점잖은 것으로 생각하게까지 되었다. 그리하여 지난날 우리 조상들은 형제간, 부자간 항렬을 따지고 한자의 획수까지 따지면서 까다롭게 이름을 붙인 관계로 오늘날의 견지에서는 한자로 지은 이름이 무슨 뜻을 나타내는지 도저히 알 수 없을 뿐 아니라 어감상 좋지 못한 느낌을 주는 것들도 적지 않게 되었다. 이것은 다 한자와 한문을 숭상하던 구시대 사고방식의 소산이라고 할 수 있다.

사람이름은 일반어휘와 같이 다듬어 쓸 수 없다. 이미 한자로 지은 이름을 특별한 이유 없이 고유어로 모두 바꿀 수는 없는 것이다. 그러나 새로 태어나는 어린이들의 이름을 처음부터 고유어로 지으면 하나, 둘 고유어 이름이 늘어나고 사회적으로 고유어로 이름을 짓는 기풍이 서게 된다. 이렇게 되면 사람들의 낡은 관습을 없애고 우리 말의 주체적 발전에 기여하게 될 것이다. 그렇지 않고 지난날과 마찬가지로 새로 태어나는 아이들의 이름을 짓는데서 ≪족보≫를 펴놓고 항렬을 따지며 좋은 뜻을 가진 한자와 한자의 획수를 따지는 것과 같은 낡은 관습을 되풀이 하게 된다면 구시대의 인습을 없앨 수 없을 뿐 아니라 이름 짓기도 힘들고 서로 엇비슷한 이름을 많이 만들어 내는 결과가 빚어질 것이다. 무진장한 아름다운 고유어의 원천에서 어린이들의 이름짓기 수단과 수법을 찾아보고 우리 식의 이름 짓는 실머리를 찾아 내여 좋은 이름을 짓는 것은 변화된 오늘의 현실적 요구인 것이다.

그리하여 북에서는 오늘날 사내애들의 이름에는 ≪세찬, 억척, 억세, 보람, 강철≫ 등과 같은 고유어 이름들이 많이 생겨나고 여자애들의 이름에도 ≪봄, 봄순, 함박, 새봄, 달래, 솔매, 달메, 꽃순, 설미, 시내, 여울, 별이≫와 같은 고유어 이름이 많이 생겨나게 되었다. 고유어를 수단으로 하여 지은 이름이라고 하여도 지난날 우리 조상들이 지었던 ≪마당쇠, 잣쇠, 굿쇠, 부엌녀, 고방녀, 서분이, 돌만이, 시라손, 먹새기, 곱동, 쇳동≫ 등과 같이 오늘의 시대감각에 맞지 않는 이름들은 자취를 감추어 버리고 밝고 아름다우며 참신한 이름들이 새롭게 태어나 어린이의 이름 짓기에서는 새로운 변화가 일어났다.

한편 북에서는 ≪화자, 영자, 옥자, 숙자, 말자≫와 같이 일제시대 잔재로 남아있는 ≪~자≫로 된 여자이름도 모두 고치여 달리 지어 부르도록 하였다.

이처럼 평양문화어는 주체의 언어사상과 이론을 지침으로 하여 끊임없이 발전 풍성하게 되고 민족어의 주체적 발전을 이룩하게 됨으로써 훌륭한 민족어의 본보기가 되었다.

평양문화어의 문풍에는 우리 말과 글을 주체적으로 발전시키기 위한 방향과 방도, 그 실현에서 나서는 모든 원칙적 문제들이 실천적 모범으로 구현되어 있다.

> 문풍은 ≪글≫의 풍격을 이르는 말인데 북에서는 이 말을 즐겨 쓰고 있기 때문에 그대로 쓰기로 한다.

평양문화어의 문풍은 일반대중이 누구나 쉽게 알 수 있는 가장 대중적이며 통속적인 문풍이다. 언어는 대중에 의하여 창조되고 발전되어 왔으며 대중에 의하여 쓰여 지고 있다. 일반대중을 떠나서 언어가 존재할 수 없는 것만큼 누구나 다 알기 쉬운 말과 글을 쓰는 것은 언어의 기본사명과 관련되는 문제라고 할 수 있다.

평양문화어의 문풍에서 특징의 하나로 되는 대중성과 통속성은 우선 고유한 우리 말을 적극 살려 쓰는데서 표현되고 있다. 고유어는 대중에 의하여 창조되고 그들의 언어생활과 깊이 연관되어 있는 대중적이며 통속적인 말이다.

이렇게 북에서는 고유어 말마디들을 일상적으로 적극 사용함으로써 말과 글에서 민족적인 정서와 향취를 돋구게 되었으며 말과 글을 일반대중에게 아주 알기 쉬운 것으로 만들었다.

그리하여 힘든 한자말과 외래어들을 고유한 우리 말로 다듬어 큰 변화가 일어났으며 일반대중의 슬기와 재능, 민족적 감정이 고스란히 깃들어 있는 성구와 속담들을 효과적으로 씀으로 문풍의 대중성과 통속성을 보장하게 되었다.

평양문화어는 어린 학생들이나 대학생들을 대상으로 하는 말과 글, 근로자들을 대상으로 하는 말과 글, 군인들을 대상으로 하는 말과 글, 지성인들을 대상으로 하는 말과 글에서 그 대상의 특성에 맞게 논리와 문장을 알기 쉽게 펴나가는 실천적 본보기를 보여 주고 있다. 그 대상을 고려하여 논리와 문장을 펴나가며 설정된 논리와 문장이 매우 간결하고도 명백하게 구성될 때만 알기 쉬운 것으로 되는 언어적 비결이 세워지는 것이다.

앞서 논술한 바와 같이 평양문화어의 문풍은 또한 정열과 기백에 넘치는 세련된 문풍이다. 언어의 높은 표현성과 호소성이 나타나야 말하고저 하는 모든 문제들을 효과적으로 표현하고 전달할 수 있으며 교제수단으로서의 언어의 사명과 역할을 제대로 수행할 수 있다. 그리고 이 문풍에는 진실하고 새롭고도 생명력 있는 생동한 언어표현과 표현수법이 널리 쓰이고 있어 높은 표현성이 보장되고 있는 특징도 있다.

참으로 평양문화어는 새로운 시대의 민족어건설에서 나서는 모든 요구들이 생동한 언어현실로 구현되어 있다. 문화어는 바로 이 문풍을 본보기로 하고 있으며 그것을 바탕으로 해서 발전한 우리 말이다.

평양문화어의 문풍을 본보기로 하여 주체성과 민족성을 튼튼히 지키면서 시대발전의 요구에 맞게 우리 말을 현대적으로 세련시키는 것, 이것이 민족어 건설에서 일관하게 견지하여 온 원칙이며 그 결과로 이루어진 귀중한 열매가 바로 평양문화어인 것이다.

제 2 장 고유어휘를 기본으로 하는 단어체계

1. 고유어휘는 민족어의 기본바탕
2. 어휘정리사업의 빛나는 실현

고유어휘를 기본으로 하는 단어체계

우리 말은 유구한 민족의 역사와 더불어 창조되고 발전하여 온 고유어휘를 기본으로 하는 단어체계에 토대하고 있다. 고유어휘는 그 민족이 대대로 창조하고 발전시키어 온 고유어와 표현구 및 성구 속담으로 이루어진다. 고유어휘는 다른 민족어의 침습을 받지 않고 민족자체의 슬기와 노력으로 어휘의 보물고를 풍부하게 만든 언어이므로 민족적 특성을 가장 뚜렷하게 가지고 있을 뿐 아니라 민족의 고유한 심리와 정서를 그대로 반영한 언어요소이다.

우리 말의 고유어휘는 어감이 풍부하고 섬세한 정서와 다양한 표현적 빛깔을 가지고 있으며 말소리의 울림이 아름답고 유창하기 때문에 표현력과 형상미를 돋구는데서 가장 활발히 쓰이는 어휘수단이다.

언어의 기본재료인 단어체계에서 고유어휘가 얼마만큼이나 차지하는가 하는 것은 언어의 민족성을 특징짓는 주요한 징표의 하나이다. 우리 국민의 일상 언어생활에서 기본흐름의 하나인 입말을 보면 고유어휘가 어디까지나 기본으로 되어 있다. 고유어휘는 민족어에서 기본을 이룬다.

1. 고유어휘는 민족어의 기본바탕

고유어휘가 민족어의 기본바탕으로 되는 것은 우선 사람들의 일상생활에서 언어교제 거의가 고유어휘에 기초하여 이루어지는 것과 관련 있다. 일상생활과 관련된 어휘는 거의 고유어로 이루어져 있다.

첫째로, 사람의 몸을 나타내는 고유어휘는 다음과 같다.

머리, (머리카락/머리칼, 귀밑머리, …), 이마, 눈, (눈섭, 눈시울, 눈두덩, 눈자위, 눈언저리, 눈동자, 눈초리, 눈퉁이, 눈까풀, 눈깔, 눈부리, 눈씨, 눈알, 눈방울, 눈곱, 눈물, 눈싸래기, …), 귀(귀바퀴, 귀구멍, 귀지, 귀통, 귀퉁이, 귀밥, 귀방울, 귀밑, 귀박죽, 귀등), 코(코등, 코구멍, 코대, 코물, 코날, 코밑, 코방울, 코살, 코잔등, 코허리, 코피, 코끝, 코딱지, 코빼기, …), 입(입술, 입귀, 입김, 입매, 입부리, 입아귀, …), 뺨(볼, …), 수염(콧수염, …), 턱(턱수가리), 이(이발, 이몸, 이뿌리, 앞이, 송곳이, 어금이), 혀(혀등, 혀바닥), 목젖, 목(목구멍), 뒤덜미, 울대, 어깨(어깨뼈, 어깨죽지, …), 가슴(가슴굽, 가슴도리, 가슴등뼈, 가슴살, 가슴통, 가슴통뼈, 가슴팍, 가슴패기, 가슴힘살, 가슴뼈, …) 등 (잔등, 뒤잔등, …), 허리, 옆구리, 겨드랑, 팔(팔굽, …), 손(손가락, 손등, 손톱눈, 손바닥, 손금, 손목, …), 배(배가죽, 배살, 배속, …), 갈비, 젖(젖꼭지, 젖가슴), 망태, 궁둥이(엉덩이, 궁뎅이, …), 볼기, 다리, 신다리(넙적다리, …), 무릎, 장딴지(장다리, …), 발(발등, 발바닥, 발가락(엄지발가락, 새끼발가락, …), 발톱(눈), 발목, 복사뼈, …)

둘째로, 늘 먹고 마시는 음식과 관련된 단어들에 고유어휘가 많다.

밥(흰쌀밥, 찰밥, 조밥, 기장밥, 강냉이밥, 밀밥, 수수밥, 보리밥, 감자밥, …) 떡(찰떡, 송편, 강낭떡, 밀가루떡, 콩떡, 깨떡, 수수떡, …) 엿, 지짐, 쌈(보쌈), 국수(농마국수, 밀국수, 국수떡, 국수꾸미, 국수사리, …) 묵(단묵, 록두묵, 깨묵, …) 지지개, 찌개, 술, 막걸리, 소금, 간, 고기(소고기, 돼지고기, 양고기, 염소고기, 말고기, 단고기, 토끼고기, 닭고기, 오리고기, 꿩고기, 불고기), 물고기, 게(꽃게, 자게, 털게) 성게, 조개, 굴, 젓(젓갈, 젓국, …), 골뱅이, 섭, 새우, 미역, 다시마, 김, 낙지, 무우, 배추, 시금치, 부루, 갓, 쑥갓, 시래기, 오가리, 나물, 채소, 사과, 배, 복숭아, 감, 밤, 딸기, 살구, 추리, 다래, 머루, 오이, 참외, 수박, 호박, 마늘, 파, 고추, 기름, 양념, 후추, 깨(참깨, 들깨), 김치(김장, 김치국, 김치밥, 김치말이, 김치보, 김치소, 김치주저리, 김치독, 김치돌, 김치국물, 짠지, …), 장아찌 등 음식과 관련된 고유어휘들을 볼 수 있다.

셋째로, 입는 옷과 쓰고 사는 집을 나타내는 고유어휘들도 적지 않다.

≪두루마기, 웃옷, 겉옷, 적삼, 갓, 웃도리, 아래도리, 속옷, 바지(바지주름), 저고리, 치마(치마주름, 치마고름, 치마끈, 치마자락, 치마꼬리, …) 동정, 깃≫ 등은 옷과 관련된 고유어휘이고 ≪지붕, 가마, 부엌, 마루, 구들, 구들골, 아궁이, 기둥, 굴뚝, 울바자, 마당, 터밭, 샘, 박우물, 우물, 김치움, 망돌, 방아, 절구, 독, 항아리, 술(숟가락), 절(저가락), 그릇, 접시, 박죽, 국자, 보시기, 자루≫ 등은 집과 관련된 고유어휘들이다. 그리고 흔히 집들에서 쓰는 노동도구를 나타내는 ≪칼, 도마, 도끼, 대패, 톱, 망치, 줄칼, 자귀, 보습, 가래, 후치, 바줄, 새끼, 가마니, 호미, 가래, 곡괭이, 쇠스랑, 못뽑이, 지레대, 송곳, 갈퀴, 괭이, 노, 배, 매생이, 돛, 닻, 달구지, 수레, 그물, 후리, 후리그물, 고삐, 자갈, …≫ 등도 고유어휘들이다. 그리고 ≪집, 지붕, 대들보, 주추돌, 서까래, 처마, 부엌, 부뚜막, 가

마, 솥, 아궁이, 굴뚝, 구들, 외양간, 구유, 이영, …≫ 등도 전형적인 고유어휘들이다.

또한 집안사람들과 친척을 나타내는 단어부류에서도 고유어휘가 가장 기초적인 층을 이루고 있다. ≪아버지(아빠), 어머니(엄마), 누나(누이)/언니, 오빠(오라비), 아들, 딸, 아주머니, 아주버니, 할아버지, 할머니, 큰아버지, 큰어머니, 작은아버지, 작은어머니, 아저씨(아재비, 아재), 조카, 아우, 며느리, 사위≫ 등 고유어휘들이 가장 가까운 집안사람들 사이에 널리 쓰인다는 것은 잘 알리어 진 사실이다.

넷째로, 사람이나 생명체의 움직임을 나타내는 동사에서 고유어휘가 기본적인 토대로 된다.

어느 한곳에서 다른 곳으로 움직이는 과정을 표현하는 동사들인 ≪가다, 오다, 보다, 듣다, 뛰다, 달리다, 기다, 오르다, 내리다≫ 등은 ≪오가다, 올라가다, 내리어오다, 들고뛰다, 내달리다, 기어오르다≫와 같은 것은 합성동사를 조성하는 토대로 될 뿐 아니라 ≪재미나는가 보다≫, ≪바보로 치다≫, ≪맛보다≫와 같이 보조적인 역할을 하거나 파생적인 의미로 쓰이는 단어들을 만들어 낸다. 이 부류에는 이 밖에도 ≪뜨다, 헤엄치다, 날다, 돌다, 숙이다, 들다, 놓다, 찧다, 막다, 치다, 박다, 끄다, 켜다, 열다, 기르다, 키우다, 울다, 웃다, 일하다, 켜다, 자르다, 찌르다, 뽑다, 패다, 찍다, 닦다, 쓸다, 비비다, 파다, 덮다, 빼다, 넣다, 넘다, 먹다, 마시다, 씹다, 깨다, 물다, 깨물다, 삼키다, 쓰다듬다, 쓰다, 헐다, 허물다, 짓다, 만들다, 빚다, 누르다, 앗다, 가르다, 붙이다, 떼다, 신다, 입다, 끼다, 업다, 솟다, 솟구치다, 잠기다, 앉다, 가라앉다, 맞다, 채다, 타다, 겨누다, 견주다, 주다, 받다, 서다, 눕다, 엎디다, 밀다, 당기다, 젓다, 적시다, 헹구다,

씻다, 빨다, 빌다, 문대다, 문지르다, 털다, 떨다, 뻗치다, 벗다, 빗다, 지르다, 테다, 뜯다, 떠들다, 불다, 지지다, 볶다, 쏘다, 지르다, 차다, 담다, 쏟다, 푸다, 신다, 쉬다, 서다, 기울다, 졸다, 자다, 서성거리다, 에돌다, 치근덕거리다, 지껄이다, 말하다, 걸치다, 걸다, 올리다, 내리우다, 마스다, 부시다, 들부시다, 이기다, 지다, 열다, 닫다, 듣다, 디디다, 묻다, 짓이기다, (휘)갈기다, 뭉개다, 짓뭉개다, 버티다, 흔들다, 번지다, 벌리다, 덤비다, 가르다, 부딪치다, 바뀌다, 바꾸다, 소리지르다, (내)동댕이치다, 몸부림치다, 깨다, 깨우다, 깨우치다, 조기다, 족치다, 마주치다, 집다, 뒤집다, 헤집다, 버르집다, 품다, 배다, 신다, 띠다, 풀다, 끄르다, 매다, 꽁지다, 튕기다, 피우다, …≫ 등은 대체로 고유어의 단일한 어근으로 된 동사들이다.

또한 동사는 가장 큰 집단을 이룬 것이 ≪하다≫, ≪되다≫형의 합성동사집단이다.

≪현대조선말사전≫(1981년판. 여기에는 약 13만여 개의 올림말이 올라 있다)의 동사를 조사한 데 의하면 상징어와 고유어의 동사어근 등과 결합된 ≪하다≫형 합성동사는 약 2730개로서 동사총수의 13.4%를 차지하고 그 밖의 고유어근과 결합된 ≪하다≫형 합성동사는 약 1666개로서 8.2%를 차지한다. 고유어와 한자어가 결합된 ≪하다≫형의 합성동사는 약 586개로서 2.9%이고 한자어와 결합된 ≪하다≫형 합성동사는 약 5198개로서 약 25.4%를 차지한다. 이리하여 ≪하다≫형 합성동사는 모두 약 1만 180개로서 동사전체의 49.9%를 차지한다. 즉 동사의 거의 절반이 ≪하다≫형의 동사로 이루어져 있는 것이다.

그 다음 자리를 차지한 것은 ≪되다≫형의 합성동사이다. 여기서 고유어와 결합된 ≪되다≫형의 동사는 25개이고 한자어와 결합된 ≪되다≫형의 동사는 2232개이며 이밖에 고유어와 한자어에 결합된 ≪되다≫형의 동사까지 합치어 결국 ≪되다≫형의 동사는 모두 2266개로서 동사전체의 11.1%

를 차지한다.

결국 ≪하다≫형과 ≪되다≫형의 합성동사는 모두 약 1만 2446개로서 동사총수의 약 60.9%나 된다.

이밖에 ≪지다≫, ≪받다≫, ≪당하다≫형의 동사도 역시 ≪하다≫, ≪되다≫와 함께 한자어동사의 고유어화에 이바지한다. 흔히 단어에서는 합성어의 경우 뒤에 놓이는 어근이나 접사가 품사규정에서 결정적 역할을 한다. 동사집단에서는 ≪하다≫를 비롯한 고유한 동사어근에 의하여 한자어동사의 고유어화가 이루어지게 된다.

다섯째로, 사물현상의 성질과 상태를 나타내는 형용사에서 고유어휘가 핵심적인 자리를 차지하고 있다.

우선 고유어근에 의하여 만들어진 형용사에는 어떤 성질이나 상태를 나타내는 ≪곱다, 밉다, 덥다, 춥다, 차다, 맵다, 시다, 짜다, 싱겁다, 더럽다, 슬프다, 즐겁다, 거세다, 질기다, 구슬프다, 검질기다, 건방지다, 점잖다, 좀되다, 생되다, 젊다, 어리다, 밝다, 어둡다, 맑다, 흐리다, 바쁘다, 세차다, 걸싸다, 둥그렇다, 길다, 짧다, 무겁다, 가볍다, 동그랗다, 작다, 많다, 적다, 크다, 외롭다, 세다, 드세다, 예쁘다, 어여쁘다, 넓다, 좁다, 비좁다, 드넓다, 말갛다, 아프다, 가쁘다, 숨가쁘다, 고프다, 좋다, 나쁘다, 달다, 쓰다, 떫다, 어지럽다, 우습다, 놀랍다, 간지럽다, 반드럽다, 매끄럽다, 어질다, 노엽다, 귀엽다, 슬기롭다, 미안쩍다, 객적다, 멋적다, 까다롭다, 달갑다, 숫스럽다, …≫ 등이 있는데 다 고유어휘로서 일상언어생활에서 아주 활발하게 쓰인다.

또한 색깔을 나타내는 ≪붉다, 푸르다, 희다, 검다, 누렇다≫ 등은 모음조화에 따라 ≪파랗다/퍼렇다, 발갛다/벌겋다, 하이얗다/허이옇다, 거멓다/가맣다, 누렇다/노랗다≫와 같이 매우 다양한 색깔과 그 변화된 상태를 섬세하게 나타낼 수 있다.

색깔어에서 ≪푸르다≫와 관련된 ≪검푸르다, 시퍼렇다, 새파랗다, 푸르누렇다, (새)까맣다, (시)꺼멓다, (시)누렇다, (새)노랗다, 누르스름하다, 노르끼레하다≫와 같이 색의 연하고 진한 정도에 따라 매우 다양하고 섬세하게 나타낼 수 있을 뿐 아니라 예컨대 ≪푸르다≫와 관련된 빛깔에 대하여 ≪푸르끼레하다, 푸르스럼하다, 푸르죽죽하다, 푸르족족하다, 푸르데데하다, 푸르청청하다, 퍼러퍼렇다, 퍼러죽죽하다, 퍼르스름하다, 퍼르데데하다, 푸르뎅뎅하다, 퍼르뎅뎅하다, 푸르딩딩하다, 푸르디 푸르다, 푸르등등하다, 푸르무레하다, 푸르싱싱하다, 푸르퉁퉁하다, 푸르께하다, 푸릇푸릇하다, 희푸르다, 희푸르스름하다, 희푸름하다, 희푸릇하다≫ 거의 40가지로 표현한다. 또 ≪노랗다≫와 관련하여 ≪노라발갛다, 노릇노릇하다, 노르스름하다, 노르끼레하다, 노리끼레하다, 노라반들반들하다, 노르무레하다, 노르불그레하다, 노르끄름하다, 노르끄레하다, 노르께하다, 노릿노릿하다, 노릇노릇하다, 노리께하다≫ 등이 있고 ≪누렇다≫와 관련하여 ≪누르칙칙하다, 누르컴컴하다, 누르퉁퉁하다, 누르팅팅하다, 누르무레하다, 누르불그레하다, 누르추근하다, 누르테테하다, 희누렇다, 희누르다, 누르푸름하다, 누르끄럼하다, 누르끄름하다, 누르끄레하다, 누르끼레하다, 누르께하다, 누르스름하다, 누릇하다, 누리끼레하다, 누릿누릿하다, 누릿하다, 검누렇다, 검누르다≫ 등 40여 개나 있다.

그리고 ≪검다≫와 관련하여 ≪거멓다, 검디검다, 거밋거밋하다, 거밋하다, 거무노릿하다, 거무데데하다, 거무뎅뎅하다, 거무룩하다, 거무스름하다, 거무레하다, 거무벌겋다, 거무숙숙하다, 거무숭하다, 거무스레하다, 거무슥하다, 거무접접하다, 거무죽죽하다, 거무직직하다, 거무축축하다, 거무충충하다, 거무칙칙하다, 거무퉁하다, 거무트름하다, 거무트레하다, 거무틱틱하다, 거무틱하다, 거무테테하다, 거무튀튀하다, 거무끄름하다, 거뭇하다, 거뭇거뭇하다, (시)꺼멓다, 꺼무죽죽하다, 꺼무스름하다, 꺼무직직하다, 꺼무축축하다, 꺼무틱틱하다, 꺼무끄름하다, 꺼뭇하다, 꺼뭇꺼뭇하다, (새)까맣다≫와 ≪까무대대하다, 까무댕댕하다, 까무레하다, 까무스름하다, 까뭇하다, 까뭇까뭇하다, 까무퇴퇴하다, 꺼무튀튀하다, 가무퇴퇴하다, 까무트름하다, 꺼무트름하다, 가무트름하다, 까무칙칙하다, 꺼무칙칙하다, 가무칙칙하다, 까무총총하다, 꺼무충충하다, 까무족족하다, 꺼무죽죽하다, 가무족족하다, 까무잡잡하다, 꺼무접접하다, 가무잡잡하다, 까무스레하다, 꺼무스레하다, 가무스레하다, 까무스름하다, 꺼무스름하다, 가무스름하다, 까무속속하다, 가무속속하다, 까무레하다, 까무댕댕하다, 꺼무뎅뎅하다, 가무댕댕하다, 까무대대하다, 꺼무데데하다, 가무대대하다, 꺼멓다, 까무촉촉하다, 꺼무축축하다, 가맣다, 거머무트룩하다, 거머무트름하다, 거머번드르하다, 거머직직하다, 거무죽죽하다, 거머충충하다, 거무충충하다, 거무데데하다, 가무대대하다, 꺼무데데하다, 거무뎅뎅하다, 가무댕댕하다, 꺼무뎅뎅하다, 가무레하다, 꺼무레하다, 거무숙숙하다, 가무속속하다, 꺼무숙숙하다, 거무스름하다, 가무스름하다, 꺼무스름하다, 가무스레하다, 꺼무스레하다, 꺼무슥하다, 가무잡잡하다, 꺼무접접하다, 거무죽죽하다, 가무족족하다, 꺼무죽죽하다, 거무축축하다, 꺼무축축하다, 거무충충하다, 꺼무충충하다, 거무칙칙하다, 가무칙칙하다, 꺼무칙칙하다, 거무트름하다, 거머무트름하다, 가무트름하다, 꺼무트름하다, 거무칙칙하다, 거무테테하다, 거무튀튀하다, 가무퇴퇴하다, 꺼무튀튀하다, …≫ 등이 있다. 이와 같이 검은 빛깔의 연하고 진한 정도가 모음조화와 자음조화에 따라 각이하게 표현될 수 있을 뿐 아니라 그 색깔이 고르롭게 된 것과 그렇지 못한 것, 윤기도는 것과 그렇지 못한 것, 보다 밝은 것과 어두운 것 등을 각이한 어근과 접미사 및 접두사를 붙여서 매우 다양하게 나타낼 수 있다. 여기에 초보적으로 올린 것만 해도 거의 130여 개나 된다.

또한 ≪붉다≫와 관련하여 ≪불깃불깃하다, 불깃하다, 불긋하다, 불긋불긋하다, 불그름하다, 불그럿하다, 불그뎅뎅하다, 불그데데하다, 불그레하다, 불그무레하다, 불그미미하다, 불그숙숙하다, 불그스름하다, 불그스레하다, 불그락락하다, 불그죽죽하다, 발갛다, 발가우리하다, 발그레하다, 발그무레하다, 발그속속하다, 발그스름하다, 발그무레하다, 발그속속하다, 발그스름하다, 발그스레하다, 발그족족하다, 발긋하다, 발긋발긋하다, 벌긋하다, 벌긋벌긋하다, 벌깃하다, 벌깃벌깃하다, 벌거스름하다, 벌거스레하다, 희불그레하다, 희불그무레하다, 희불그스름하다, 희불그스레하다, 희불긋하다, 희불기우레하다, 희불깃하다, 희붉다, 벌거시룽시룽하다, 벌거틱틱하다, 벌거우리하다, 벌거이드르르하다, 벌거이들이들하다, 벌겋다, 벌그데데하다, 벌그뎅뎅하다, 벌그스레하다, 벌그죽죽하다, 벌긋벌긋하다, 벌긋하다, 벌깃벌깃하다, 벌깃하다, 볼그대대하다, 볼그댕댕하다, 볼그름하다, 볼그레하다, 볼그무레하다, 볼그스름하다, 볼그스레하다, 볼그족족하다, 볼긋볼긋하다, 볼긋하다, (새)빨갛다, 빨가빨갛다, 빨가우리하다, 빨그스름하다, 빨그스레하다, 빨그족족하다, 빨긋빨긋하다, 빨깃하다, 빨깃빨깃하다, (시)뻘겋다, 뻘거뻘겋다, 뻘거우리하다, 뻘그데데하다, 뻘그뎅뎅하다, 뻘그스름하다, 뻘그스레하다, 뻘그죽죽하다, 뻘긋하다, 뻘긋뻘긋하다, 뻘깃하다, 뻘깃뻘깃하다, 뽈그스름하다, 뽈그족족하다, 뽈긋하다, 뽈긋뽈긋하다, 뽈깃하다, 뽈깃뽈깃하다, 뿔그스름하다, 뿔그죽죽하다, 뿔긋하다, 뿔긋뿔긋하다, 뿔깃하다, 뿔깃뿔깃하다, …》 등 90여 개나 된다.

《희다》는 《해스므레하다, 해슥하다, 해슥해슥하다, 해끄므레하다, 해끄스름하다, 해읍스름하다, 해끔하다, 해끔해끔하다, 해끗하다, 해끗해끗하다, 해뜩하다, 희뜩하다, 해뜩해뜩하다, 해쓱하다, 해쓱해쓱하다, 희말쓱하다, 희맑다, 희멀겋다, 희멀끔하다, 희멀쑥하다, 희무룩하다, 희무스름하다, 희미스름하다, 희밋하다, 희번드르르하다, 해반드르르하다, 헤번드르르하다, 희번들하다, 해반들하다, 헤번들하다, 희번주그레하다, 희번지르르하다, 해반지르르하다, 헤번즈르르하다, 희번하다, 희벗하다, 희부옇다, 희붐하다, 희스름하다, 희스레하다, 희스므레하다, 희슥하다, 희슥희슥하다, 희끄므레하다, 희끄스름하다, 희읍스름하다, 희끔하다, 희끔희끔하다, 희끗하다, 희끗희끗하다, 희뜩벌긋하다, 희뜩하다, 희뜩희뜩하다, 희뿌옇다, 희쓱하다, 희쓱희쓱하다, 희여멀끔하다, 희멀쑥하다, 희여멀쑥하다, 희여스름하다, 희읍스름하다, 희엿하다, 허여멀겋다, 허여멀끔하다, 허여멀쑥하다, 허옇다, 하야말갛다. 하야말끔하다, 하야말쑥하다, 하얗다, 새하얗다. 하이얗다, 허엽스레하다, …≫ 등 80여 개나 된다. 자연과 사회에서 색깔의 형태와 변화된 정도 및 상태는 물론 끝이 없지만 우리 말에서는 고유어에다가 접두접미사를 붙이거나 어근을 겹치어 놓는 수법, 거기에 다시 ≪하다≫를 붙이는 수법 등으로 매우 다양하게 표현할 뿐 아니라 모음조화와 자음조화를 이용하여서도 아주 섬세하게 나타낼 수 있는 풍부한 어휘구성의 토대를 마련할 수 있는 것이다.

우리 말 형용사의 약 80%는 ≪하다≫형으로 이루어져 있다. 어근 ≪하다≫가 들어가 이루어지는 형용사가 압도적 다수를 이루게 되는 것은 한자가 들어간 형용사를 고유어화하는데서도 큰 몫을 맡고 있다는 것을 잘 보여 주는 증거이다.

여섯째로, 우리 말에는 자연계의 짐승과 새와 같은 동물과 나무와 풀과 같은 식물을 가리키는 낱말도 그 기초에는 고유어가 깔리어 있다.

≪짐승≫과 ≪새≫는 ≪집짐승, 들짐승, 날짐승, 산짐승≫이라고 하는데 여기에는 ≪소, 말, 개, 토끼, 돼지, 염소, 원숭이, 승냥이, 이리, 여우, 곰, 너구리, 두더쥐, 쥐, 생쥐, 오소리, 코끼리, 사슴, 노루, 닭, 병아리, 오리, 게사니(거위), 기러기, 두루미, 제비, 까치, 까마귀, 종다리, 꿩(장끼, 까투리)참새, 박새, 콩새, 딱따구리, 뻐꾸기, 왜가리, 부엉이, 접동새(소쩍새), 매, 박쥐, 수리개, 독수리, 개구리, 두꺼비, 뱀, 모기, 나비, 부나비, 하루살이, 파리, 벌, 꿀벌, 매미, 벌레로서 굼벵이, 바퀴, 바구미, 개미, 불개미, 거미, 딱정벌레 등이 있다. 붉은 색깔을 특징으로 한 동물, 식

물만 보아도 ≪붉가재미, 붉나무, 붉나무벌레, 붉도미, 붉은가는배애기벌, 붉은가슴논종다리, 붉은가슴큰부리새, 붉은가슴풀모기, 붉은가슴흑거미, 붉은가슴알도요, 붉은가슴울타리새, 붉은가시딸기, 붉은가재미, 붉은강남콩, 붉은강도미, 붉은거북, 붉은고기, 붉은고깔버섯, 붉은그릇버섯, 붉은그물잎풀, 붉은금방울새, 붉은깃등불나비, 붉은갯도요, 붉은귀거부기, 붉은나도꽃사리버섯, 붉은나팔버섯, 붉은낙지버섯, 붉은노루삼, 붉은노루오좀, 좀노루풀, 붉은눈개구마리번티기, 붉은눈보가지, 붉은눈섭작은밤나비, 붉은능게, 붉은능예, 붉은달재, 붉은닭, 붉은도미, 붉은돌드레, 붉은돗칼치, 붉은등개구마리, 붉은등박새아재비, 붉은등수리, 붉은등진경이, 붉은등울타리새, 붉은등원숭이, 붉은대치, 붉은뒤날개밤나비, 붉은마름, 붉은맛, 붉은머리대가리, 붉은모서리색갓버섯, 붉은목농병아리, 붉은목다마지, 붉은목물까마귀, 붉은무늬그물버섯, 붉은무늬당그물버섯, 붉은무늬버섯, 붉은물병아리, 붉은물젖버섯, 붉은물까마귀, 붉은메기, 붉은메태기, 붉은바다거부기, 붉은바다지렁이, 붉은바리, 붉은바위꽃, 붉은박나비, 붉은발도요, 붉은발바다오리, 붉은발비단털원숭이, 붉은발조롱이, 붉은발꽉새, 붉은방울새, 붉은봄무우, 붉은배새매, 붉은티티, 붉은알락딱따구리, 붉은눈나비, 붉은살조개버섯, 붉은살치, 붉은소등에, 붉은조개버섯, 붉은젖버섯, 붉은줄작은밤나비, 붉은줄딱지조개, 붉은칼밤나비, 붉은큰부리새, 붉은허리쥐발귀, 붉은허리꿩, 붉은해파리, 붉은꼬리개구마리, 붉은꼬리저광이, 붉은꼭두오리, 붉은아귀, 붉은쐐기밤나비, 붉은뺨메새, 붉은딱따구리, 붉은뺨흰두루미, 붉은양지니, 붉은깨도요, 붉은어깨갯도요, 붉은얼굴원숭이, 붉은옆구리박새, 붉은오목날개밤나비, 붉은우릉성이, 붉은우데기, 붉은잎고기, …≫ 등 100가지가 훨씬 넘는다.

나무이름을 보아도 ≪참나무, 박달나무, 소나무, 수삼나무, 피나무, 뽕나무, 이깔, 닥나무, 참대, 버들, 느티나무, 비슬나무, 팽나무, 개암나무, 싸리나무, 방울나무, 조팝나무, 국수나무, 생열구나무, 다릅나무, 봇나무,

떡갈나무, 오리나무, 오동나무, 잣나무, 찔광나무, 자귀나무, 구슬꽃나무, 전나무, 분비나무, 향나무, 가문비, 벗나무, 양벗, 고로쇠, 노가지, 사시나무, 가래, 쪽가래, 신갈나무, 찔레나무, 구름나무, 단벗나무, 분지나무, 고로쇠나무, 기름밤나무, 대추나무, 메대추나무, 오갈피나무, 말채나무, 두릅나무, 엄나무, 철쭉나무, 들쭉나무, 개나리꽃나무, 물푸레나무, 들메나무, 검정알나무, 딱총나무, 접시꽃나무≫ 등 제일 흔한 나무이름들이 다 고유어휘이다.

과일을 보아도 ≪사과, 복숭아, 배, 참배, 돌배, 수박, 능금, 참외, 추리, 밤, 호두, 감, 살구, 고욤, 다래, 머루≫ 등 고유한 이름으로 되이어 있다.

풀과 채소이름에도 고유어휘가 많다. ≪조뱅이, 사라구, 길장구, 쑥, 잔디, 다시마, 고루메, 듬북, 풀색마름, 땅밥, 물이끼, 뿔이끼, 고사리, 쇠뜨기, 바위손, 고비, 네가래, 호프, 모시풀, 쐐기풀, 족두리풀, 겨우사리, 메밀, 여뀌, 고마리, 쪽, 싱아, 하수오, 근대, 능쟁이, 대싸리, 시금치, 비름, 땅콩, 차풀, 자귀풀, 왜싸리, 맨드래미, 돼지풀, 손잎풀, 꽃아욱, 봉숭아, 붉나무, 봇나무, 소태나무, 패랭이꽃, 으름덩굴, 노박덩굴, 새모래덩굴, 노란돌쩌귀풀, 할미꽃, 으아리, 승마, 참바구지(미나리아재비), 젖풀, 냉이, 꽃다지, 무우, 끈끈이주걱, 돌나물, 짚신나물, 오이풀딸기, 발딸기, 명석딸기, 뱀무, 딱지꽃, 담장이덩굴, 어저귀, 제비꽃, 두렁꽃, 마름, 구릿대, 미나리, 궁궁이, 기름나물, 참나물, 진달래, 봄맞이, 꽃꼬리품(까치수염), 나팔꽃, 지치, 꽃마리, 파리풀, 꿈풀, 방아풀, 들깨, 단삼, 불꽃, 담배, 애기나팔꽃, 꽈리, 가지, 깜또라지, 참깨, 질경이(길장구), 꼭두선이, 인동덩굴, 마타리, 돌외, 하늘타리, 호박, 박, 오이, 수세미오이, 도라지, 잔대, 초롱꽃, 더덕, 만삼, 쑥잎풀(누더기풀), 우웡, 쑥, 뺑쑥, 생당쑥, 참취, 삽주, 가막사리, 쑥갓, 엉겅퀴, 잔꽃풀, 해바라기, 씀바귀(사라구), 진득찰, 도꼬마리, 민들레, 부들, 둑새풀, 귀리, 구슬율무, 율무, 바랭이, 돌피, 보리, 벼, 찰벼, 기장, 갈, 조, 강아지풀, 수수, 밀, 강냉이, 줄, 기름골, 왕골, 약방

동사니, 창포닭개비, 은방울꽃, 원추리(넘나물), 비비추, 참나리, 둥굴레, 무릇(물구지), 박새, 둥글파, 달래, 마늘, 마, 범부채, 붓꽃, 생강.칡, 말굴레풀, 비수리, 전동싸리, 달구지풀, 토끼풀, 나비나물, 달맞이꽃, 뚝감자, 감자, 왕사라구, 마디풀, 털새, 오리새, 억새, 큰조아재비, 갈품, 왕께미풀, 아들메기, …≫ 등 대부분이 고유어휘이며 여기서 갈라진 수많은 파생어들이 있다.

일곱째로, 자연과 관련된 낱말에도 사람의 일상생활의 반영으로서 고유어로 된 용어들이 그 밑바탕에 깔리어 있다.

≪하늘, 땅, 바다, 흙, 모래, 돌, 바위, 나무, 풀, 수풀, 숲, 늪, 진펄, 시내, 내물, 내가, 두메, 골, 골짜기, 언덕, 둔덕, 고개, 벼랑, 이끼, 해, 달, 별, 밀물, 썰물, 짠물, 민물, 맹물, 달물, 불, 소금, 바람, 비, 눈, 구름, 안개, 실안개, 능개비, (눈비, 바람 등은 고유어들이 합쳐서 생긴 합성어들이다.), 실비, 이슬, 이슬비, 서리, (눈서리도 고유합성어이다)≫는 말할 것도 없고 ≪산≫, ≪강≫도 고유어화된 낱말이다. 때와 시간을 나타내는 고유어들에는 다음과 같은 것이 있다.

≪봄, 여름, 가을, 겨을, 아침, 낮, 점심, 저녁, 밤, 새벽≫, ≪이르다, 늦다, 때마침, 빠르다, 뜨다≫

여덟째로, 셈세기를 나타내는 낱말의 기초는 고유어휘이다.

≪하나, 둘, 셋, 넷, 다섯, 여섯, 일곱, 여덟, 아홉, 열, 스물, 서른, 마흔, 쉰, 예순, 일흔, 여든, 아흔, …≫

아홉째로, 가리킴을 나타내는 고유어휘는 다음과 같다.

사람을 나타내는 ≪나, 저, (제), 우리, 너, 너희, 이(분), 그(분), 저(분)≫, 자리를 나타내는 ≪여기, 거기, 저기≫ 등은 다 고유어이다.

열째로, ≪온, 모든, 온갖, 별의별≫도 고유어휘이다.

열한번째로, 부사에는 고유어휘가 많다.

행동과 상태를 수식하는 부사에는 ≪빨리, 천천히, 되우, 매우, 아주, 겨우, 재우, 너무, 도루, 얼추, 늦추, 가뭇없이, 값없이, 속절없이, 수없이, 밤낮없이, 턱없이, 갈피없이, 가량없이, 끊임 없이, 어김없이, 하염없이, 무랍없이, 아랑곳없이, 봄눈같이, 하늘같이, 벽력같이, 눈같이, 불같이, 하나같이, 꽃같이, 수정같이, 우두커니, 오도카니, 버젓이, 반드시, 반듯이, 꼭, 정말, 틀림없이, 가만히, 고요히, 자연히, 고이, 스스로, 저절로, 가으내, 봄내, 여름내, 겨우내, 겨우, 끝내, 끝끝내, 마침내, 드디여, 기껏, 마음껏, 이제껏, 한껏, 이리, 그리, 저리, 이다지, 그다지, 저다지, 요리, 고리, 조리, 다시금, 이따금, 때로, 가끔, 때때로, 다시금, 말없이, 때없이, 뜻밖에, 난데없이, 제아무리, 아무리, 모두, 모두다, 다, 좀, 더, 좀더, 그저, 그만, 그저그만, 더욱, 더더욱, 더욱더, 더더구나, 더군다나, 이래저래, 그만저만, 이제나저제나, 이만저만, 이제나저제나, 제아무리, 너나없이, 어디라없이, 나날이, 다달이, 집집이, 곳곳이≫ 등이 모두 고유어로 되어 있으며 특히 상징부사에 고유어가 많다. 예를 들면 ≪우락부락, 보들보들, 바들바들, 와당창, 울먹울먹, 졸금졸금, 자름자름, 뜨직뜨직, 서먹서먹, 모락모락, 주섬주섬, 부석부석, 하하, 호호, 히히, 와하하, 해해, 허허, 흐흐, 헤헤, 싱글벙글, 생글방글, 방글방글, 벙글벙글, 방실방실, 방싯방싯, 벙싯벙싯, 벙긋벙긋, 비들비들, 번들번들, 반들반들, 거끌거끌, 찔금찔금, 알락달락, 얼럭덜럭, 얼핏얼핏, 딸랑, 떨렁, 잘랑, 찰랑, 쨀랑, 왈랑절랑, 철썩,

처절썩, 찰싹, 출렁, 질쩍질쩍≫ 등이 모두 고유어이다.

상징부사는 거의나 고유어로 이루어 질 뿐만 아니라 그 수가 헤아릴 수 없이 많다.

기타 부사에는 ≪이윽고, 더불어, 앞서, 뒤미처, 해마다, 거퍼, 이어, 어째, 어찌다, 어쩌다가, 이를테면, 말하자면, 눈결에, 단김에, 단꺼번에, 뜻밖에, 단무릎에, 어떻든간에, 미리, 거무스레, 누르끼레, 희끄무레, 거무직, 거무튀튀, 거무칙칙, 푸르칙칙, 푸르죽죽, 거무끄름, 누르끄름, 희여스름, 거무데데, 불그데데, 발그대대, 푸르딩딩, 누르딩딩, 거밋거밋, 거뭇거뭇, 불깃불깃, 불긋불긋, 울긋불긋, 가무속속, 거무숙숙, 가무잡잡, 거무접접, 거무데, 가무대, 부르퉁, 보르통, 갑삭, 풀석, 겁석, 아리숭, 어리숭, 아리송, 어리숙, 늑스구레, 묵스그레, 자질구레, 구접지근, 노리치근, 늘치분, 좀처럼, 제일처럼, 모처럼, 저마다, 저저마다…≫ 등 고유어휘의 큰 집단이 부사에 들어 있다.

또한 감동사도 물론 고유어휘가 기본으로 되어 있다.

이 모든 것은 체언과 용언, 부사와 관형사 등 품사의 갈래에서 일상 생활어휘는 거의 고유어휘로 되어 있으며 고유어휘를 기본으로 하여 단어체계가 구성되어 있다는 것을 보여 준다.

고유어휘가 민족어의 기본 바탕으로 되는 것은 또한 사람들의 일상적인 언어교제에서 고유한 어휘로 이루어 진 성구 속담이나 관용구가 수많이 창조되고 그것이 활발하게 쓰이는 것과 관련된다.

성구 속담은 그것이 담고 있는 주제별 내용에 따라 가르면 거의 100가지로 나눌 수 있다. 몇 가지 주제에 따르는 성구 속담을 보아도 거의 고유어휘로 이루어 졌다는 것을 잘 알 수 있다.

➡ 참을성, 인내성, 강의성 :

우물을 파도 한 우물을 파라

첫술에 배 부를가

돌 뚫는 화살은 없어도 돌 파는 낙수는 있다

➡ 신중성, 침착성 :

얕은 내도 깊게 건너라

열번 재고 가위질은 한번 하라

물에 빠져도 정신만은 잃지 말라

새도 가지를 가리어 앉는다

➡ 진실성, 정직성 :

정성이 지극하면 돌위에도 꽃이 핀다

마음 잘 먹으면 북두칠성이 굽어 본다

입은 비뚤어도 말은 바른 대로 하라

➡ 겸손성 :

곡식이삭은 여물수록 고개를 숙인다

물이 깊을 수록 소리가 없다

지위가 높을 수록 마음을 낮추 먹어라

▶ 철저성, 치밀성 :

> 개미새끼 하나 얼씬 못한다
> 물 부어 샐 틈 없다
> 방망이가 가벼우면 주름이 잡힌다

▶ 부지런함 :

> 구르는 돌은 이끼가 안낀다
> 개미는 작아도 탑을 쌓는다
> 돌쩌귀에는 녹이 쓸지 않는다
> 부지런한 농사군에게는 나쁜 땅이 없다
> 사람은 얼굴이 고운 것이 아니라 일이 곱다

▶ 민첩성 :

> 게 눈 감추듯
> 번개불에 콩 닦아 먹겠다
> 쥐도 새도 모르게

▶ 대담성, 결단성 :

> 산에 가야 범을 잡는다
> 소뿔은 단김에 빼라
> 구데기 무서워 장 못 담글가

▶ 확신 :

남의 속에 있는 글도 배운다
손바닥에 장을 지지겠다

▶ 게으름 :

감나무밑에서 열매 떨어 지기를 기다린다
게으른 놈 밭고랑 세듯
차비삼년에 제떡이 쉰다

▶ 무관심 :

강건너 불보듯
소 닭 보듯

▶ 편견, 옹졸함 :

고운 사람 미운 데 없고 미운 사람 고운 데 없다
나무는 보는데 숲은 못본다
우물안의 개구리

▶ 표리부동(양면성) :

> 간에 가 붙고 염통에 가 붙는다
> 고양이 쥐 생각
> 속으로 호박씨 깐다

▶ 파렴치성 :

> 낯가죽이 발바닥만큼 두껍다
> 벼룩도 낯짝이 있다

▶ 어리석음 :

> 누워서 침 뱉기
> 설 자리 앉을 자리를 모른다
> 하루강아지 범 무서운 줄 모른다
> 바위에 닭알 치기
> 가랑잎으로 눈 가리고 야옹한다

이상에서 본 바와 같이 사람의 성격과 성품, 생활의 교훈과 진리, 사회와 조국, 세계관과 인생의 이치 등 많은 측면에서 얻어진 깊은 뜻을 생동한 언어로 훌륭히 형상한 성구 속담들은 민족어의 보물고를 풍부하게 하여 줄 뿐 아니라 사람들의 언어문화생활을 풍만하게 하여 주는데서 큰 역할을 맡고 있다.

우리 말의 성구 속담은 우선 사람들의 민족적인 인정세태와 생활풍속을 생동하게 나타내는 특징이 있다.

> 구데기 무서워 장 못 담글가
> 말 단 집에 가지 말고 장 단 집에 가라
> 급하기는 우물에 가서 숭늉 달라겠네
> 콩밭에 서슬 치겠다
> 콩으로 메주를 쑨대도 곧이 듣지 않는다

　우리 말의 성구 속담은 또한 매우 생동하고 직관성이 강한 형상적 표현으로 생활의 진리를 가르치어 준다.

> 물이 깊어야 고기가 모인다
> 빈 수레가 더 소리난다
> 벼는 익을수록 고개를 숙인다
> 꽃이 향기로우면 벌과 나비가 모인다
> 사람이 많으면 하늘을 이긴다

　우리 말의 성구 속담은 진실성과 겸손성, 확신성과 결단성과 같은 좋은 성품과 인간성을 적극 찬양하고 내세우며 교활성과 잔인성, 소심성과 나약성과 같은 나쁜 성질과 버릇을 비판하는 등 생활의 교훈과 진리를 안기어 준다.

> 담이 커야 범을 잡는다
> 큰 고기를 낚기 위하여 작은 미끼를 아끼지 말라

이 속담들은 생활의 교훈을 긍정적으로 평가한 데서부터 생기어 난 것들이다.

> 고양이 죽은 데 쥐 눈물
> 점잖은 개 부뚜막에 먼저 올라 간다
> 속곳 벗고 은가락지 낀다
> 속 검은 사람이 비단두루마기를 입는다
> 처삼촌무덤에 벌초하듯

이 속담들은 옳지 않은 사건들에서 얻어 지는 결론에 대하여 비평적인 측면에서 만들어진 것들이다.

우리 말의 성구 속담은 현실의 생동한 현상을 담고 있기 때문에 쉽게 이해되고 누구나 공감할 수 있게 표현되어 있다.

> 빈정대기는 칠팔월 개구리
> 가을에 중 싸대듯
> 한가랭에 두다리 넣는다
> 소 잃고 외양간 고친다
> 시어미역정에 개배때기 찬다
> 숭어가 뛰니까 망둥이도 뛴다

우리 말의 성구 속담은 직유, 은유, 환유와 과장법, 의인화 등 비유의 수법을 활발히 이용하여 만들어진 성구들이다.

소경 갓난아이 더듬듯 한다
여우 뒤웅박 쓰고 삼밭에 든듯
잰내비 밥 짓듯
석달장마끝에 해빛 본 것 같다
장님 파밭 들어 가듯
호박잎에 청개구리 뛰어 오르듯

위의 속담들은 직유에 기초하여 만들어진 것이다.

제 먹기는 싫고 개주기는 아깝다
밥 안먹어도 배가 부르다
범잡은 포수
삽살개도 하늘 볼 날이 있다

위의 속담들은 은유에 기초하여 만들어졌다.

어떤 성구 속담들은 물음의 형식을 띠고 표현됨으로써 표현적 효과를 높이게 된다.

국수 잘 하는 솜씨에 수제비 못 하냐
아니 땐 굴뚝에 연기 날까
기운이 세면 왕노릇 할까
사흘 굶은 범이 원님을 가리랴
까마귀 검기로 살도 검을까

> 승냥이가 양으로 될까
> 소금이 쉴까
> 곪은 염통이 그냥 나을까
> 약대 바늘구멍으로 나갈까
> 달고 치는데 아니 맞는 장고 있나

어떤 성구 속담은 명령형의 형식으로 이루어 짐으로써 요구성을 나타낸다.

> 돈 모아줄 생각말고 자식에게 글을 가르쳐라
> 이는 이로 갚고 눈은 눈으로 갚아라
> 물건을 모르거든 금새 보고 사라
> 다리야 날 살려라
> 서켠에 무지개 서면 개구장너머에 소 매지 말라

일부 성구 속담은 불완전알림의 형식으로 이루어져 있다.

> 가는 날이 장날
> 잘 되면 제탓 못 되면 조상탓
> 푸주간에 들어 가는 소 걸음
> 엎어 지면 코 닿을 데
> 설삶은 말대가리
> 저녁 굶은 시어미상
> 눈먼 사랑

접시에 밥도 담을 탓

걱정도 팔자

돈 다음에 나온 놈

새알 볶아 먹을 놈

울며 겨자 먹기

부지깽이가 뛰는 세월

수박 겉 핥기

우물안의 개구리

일부 성구 속담은 추측과 예측을 나타내는 형식을 취하고 나타난다.

돌쩌귀에 불 나겠다

정신은 처가에 간다 하고 외가에 가겠다

아래길도 못 가고 웃길도 못 가겠다

해가 서쪽에서 뜨겠다

입만 뾰족했으면 새소리도 하겠다

심술만 하여도 삼년 더 살겠다

앉은 자리에 풀도 안 나겠다

연장보습 다듬다가 쇠꼬치가 되겠다

참새 굴레 씌우겠다

이밖에도 성구 속담은 각이한 문장구조와 다양한 문체론적 수법으로 구성된다.

또한 관용구나 성구적 표현을 통해서도 고유어휘가 언어생활에서 기본 바탕을 이룬다고 말할 수 있다.

≪그도 그럴것이, 아닌게 아니라, 말은 바른대로, 아니나 다를가, 좋긴 좋은데, 웃긴 웃지만, 하면 할 수록≫과 같은 관용구들과 ≪무릎을 마주하고, 골을 싸매고, 팔을 부르걷고, 손을 끊다, 손발이 시리다, 손을 떼다, 몸을 잠그다, 뺑소니치다, 허리를 펴다, 깨 쏟아지게, 크긴 크다, …≫라든가 ≪춤을 추다, 꿈을 꾸다, 웃음을 웃다, 울음을 울다, …≫와 같은 성구적 표현들이 언어생활에서 적극 쓰이고 있다.

이 모든 것을 통하여 알 수 있는 바와 같이 우리 말은 고유어를 기본으로 하는 단어체계를 이루고 있으며 그것으로 하여 고유어휘에 기초한 단어파생이 끊임없이 이루어지고 있을 뿐 아니라 일상 언어생활과 교제에서 고유어휘가 가장 활발하게 쓰이는 어휘층으로 되어 있는 것이다.

8·15 해방 후 오늘에 이르기까지 북에서는 수십 년간 민족자주정신에 따라 살아오는 과정에서 사람들의 언어의식과 언어생활 관습에는 자기 민족어에 대한 커다란 긍지와 자부심이 마음속에 자리 잡게 되었으며 외래어 사용에서 그 어떤 고상하고 유식한 것을 느끼던 지난날의 낡은 관념은 없어지게 되었다. 뿐만 아니라 우리 말에 고유어휘층이 언어생활에서 더 많이 쓰이게 되었다.

2. 어휘정리사업의 빛나는 실현

세계의 어떤 언어든지 외래어가 흘러들어 가지 않은 언어란 없다. 다른 나라와 민족들 사이에 끊임없는 접촉과 경제 교류에 의하여 외래어가 흘러드는 것은 어느 정도 불가피하다.

한반도의 지리적 환경과 역사발전의 특수성으로 하여 주변 나라들과의 정치적 접촉과 경제문화적 교류과정에 이 나라들의 말들이 많이 들어오게 되었다.

그리하여 ≪우와기≫, ≪벤또≫와 같은 일본식 한자말도 있었고 ≪비지깨≫나 ≪커르망≫과 같은 러시아식 외래어도 뒤섞이어 있었다. 8·15 해방 후 사람들의 언어생활에서는 남북이 서로 다른 길을 걷게 되었다. 북에서는 될수록이면 민족의 넋이 깃든 고유어휘를 적극 살리면서 굳어진 한자어는 그대로 쓰고 어렵고 힘든 것은 다듬어 쓰며 외래어는 국제공용어에 한해서 그대로 쓰고 그렇지 못한 것은 할 수 있는 한 우리 말로 고치어 쓰는 방향으로 나가게 되었다. 그러나 남에서는 영어를 비롯한 외래어를 그냥 쓰다 보니 우리 말의 민족적 특성이 점차 사라지고 민족어가 없어질 위험에 처하게 되었다.

그리하여 북에서는 민족의 근본 징표의 하나인 언어가 민족적 고유성을 잃고 잡탕말이 될 수 있는 위험에 처하지 않게 하기 위하여 우리 말의 민족적 특성을 살리어 나가도록 어휘정리 방침을 내놓았다.

어휘정리에서는 단어체계를 고유어에 근거하여 하나의 체계로 만드는 원칙에서 ≪돈육≫, ≪돈사≫, ≪자돈≫, ≪모돈≫은 ≪돼지고기≫, ≪돼지우리≫, ≪새끼돼지≫, ≪엄지돼지≫로 하면 한자를 쓰지 않는 조건에서 이 고유어에 기초하여 만든 고유합성어를 통해서 그 뜻을 쉽게 알 수 있다. ≪뽕잎≫, ≪뽕밭≫, ≪뽕나무≫라고 하면 될 것을 ≪상엽≫, ≪상전≫, ≪상목≫이라고 하면 그 뜻이 잘 안기어 오지 않을 뿐 아니라 ≪상전≫은 이른바 ≪주인≫을 모신다고 할 때 쓰는 ≪상전≫과 헷갈릴 수 있는 것이다.

한자말에서도 특히 어렵고 까다로운 것들은 문맥이 주어져도 해득하기 힘든 경우가 적지 않았다. ≪다수년≫은 한자를 쓰지 않은 경우 ≪많은 해≫가 아니라 물이 많은 해임을 알기 어려울 것이고 ≪발사≫는 보통 총을 쏘는 것으로 생각되는데 ≪실뽑기≫라는 동음이의어와 헷갈릴 수 있고 더욱이 ≪축수란≫, ≪초초≫, ≪연가≫가 무엇인지 해석이 없이는 알기 힘든 한자말인 것이 틀림없다.

이러한 한자말은 사람들의 언어생활에 큰 지장을 줄 뿐만 아니라 민족어의 단어체계를 복잡하게 만드는 결과를 초래하게 되므로 될수록 고유어에 기초하여 알기 쉬운 말로 다듬는 것이 필수적인 과제로 되지 않을 수 없는 것이다.

(1) 정리할 대상어휘

평양문화어의 어휘구성에는 우선 고유어와 외래적 어휘가 뜻 같은 관계를 맺고 있는 것이 적지 않다. 고유어와 뜻이 같은 관계에 있는 외래적 어휘에 대하여서는 될 수 있는 대로 정리할 대상어휘로 잡는 것이 옳다.

예를 들면 고유어 ≪남새≫, ≪송곳이≫, ≪여름옷≫에 각각 뜻이 같은 관계로 대응되는 한자어 ≪채소≫, ≪견치≫, ≪하복≫은 기본적으로 정리할 대상어휘로 잡아야 한다. 그렇게 해야 어휘구성에서 이미 있는 고유어들이 핵심적 어휘로서의 지위를 더욱 확고히 차지하게 되고 언어생활에서 널리 쓰이는 보다 적극적인 어휘로 되는 것이다. 뿐만 아니라 그렇게 되면 어휘구성이 앞으로 수많은 새로운 고유어들로 끊임 없이 보충되고 풍부화될 수 있는 토대가 마련될 수 있는 것이다.

예컨대 고유어 ≪털≫과 ≪뼈≫는 일상적인 생활어일 뿐 아니라 학술용어에도 널리 쓰이게 되었다. ≪털≫을 어근으로 하여 ≪털뿌리, 털끝, 털모양도드리, 털모양체, 털깃≫ 등 고유한 생물용어와 ≪털구멍, 털길이, 털색≫과 같은 축산용어들이 새로 조성되어 쓰이게 되었다. 다듬은 용어를 보면 다음과 같다.

> 털줄기(모간, 모경), 털묶음(모속), 털뭉치(모구), 털무리(모군), 털길이(모장), 털주머니(모낭), 털끝(모단), 털집(모초), 털구멍(모와), 털깃(모상우)

≪뼈≫를 어근으로 하여 ≪뼈이음, 뼈성김증, 뼈부러지기, 뼈혹≫과 같

은 고유한 의학용어들과 ≪뼈바늘, 뼈끝≫과 같은 고유한 고고학용어들이
쓰이게 되었다.

이와 관련된 다듬은 용어들은 아래와 같다.

뼈사이틈(골간장), 뼈뿔(골각), 뼈끝(골단, 골찬), 뼈가루먹이(골분사
료), 뼈머리(골두), 뼈비늘(골린), 뼈도구(골각기), 뼈기름(골유), 뼈생손앓
이(골성표저), 굳은지느러미살(골성기조), 뼈단검(골검), 뼈가위(골전도),
방패뼈(골순), 뼈기름(골자), 뼈혹(골종), 뼈숯(골탄)

아래의 본래말은 사람들의 일상 언어생활에서 빠져 나가고 다듬은 말이
생활적 어휘로 된 실례이다.

본래말	다듬은 말	본래말	다듬은 말
(년령)(춘추)	나이	(두통거리)	골치거리
(기로)	갈림길	(복장)	옷차림
(오침)	낮잠	(현훈증)	어지럼증
(락화생)	땅콩	(금일)	오늘
(우차)	달구지	(프로트)	줄거리
(주야)	밤낮	(슈제트)	얽음새
(의복)	옷	(아교)	갖풀
(토기)	질그릇		

일상생활에서 고유어휘들인 ≪나≫, ≪발≫, ≪칼치≫, ≪타이르다≫,
≪서늘하다≫가 적극적으로 쓰이게 되면서 여기에 뜻 같은 관계로 각각 대
치하여 있던 ≪여≫, ≪족≫, ≪도어≫, ≪설유하다≫, ≪랭하다≫가 우리
말의 어휘구성에서 빠져 나가게 되었다.

일상적으로 흔히 쓰이던 ≪계란≫, ≪년령≫, ≪채소≫, ≪락화생≫, ≪의복≫, ≪랭수≫, ≪우차≫가 ≪닭알≫, ≪나이≫, ≪채소≫, ≪땅콩≫, ≪옷≫, ≪찬물≫, ≪달구지≫로 바뀌게 되었다.

그리고 한자말이나 외래어를 쓰는 것이 유식하고 고상한 것으로 여기는 그릇된 언어생활 풍조보다 고유어를 쓰는 것이 더 현대적이고 대중적이라는 언어관점과 언어사용 관습이 깊이 뿌리 내리게 되었다.

예를 들어서 ≪오침≫, ≪금일≫, ≪양잠≫, ≪현훈증≫이 ≪낮잠≫, ≪오늘≫, ≪누에치기≫, ≪어지럼증≫으로 대치되어 고유어가 더 친근하고 알기 쉬운 표현으로 정확하고 이해력이 커지게 된다는 것을 인식케 되었으며 ≪프로트≫와 ≪슈제트≫대신에 ≪줄거리≫와 ≪얽음새≫가 내용인식에 보다 효과적이고 파악성이 크다는 것을 확고히 체득하게 되었다.

지난 시기 비록 언어생활에 깊이 침투된 외래적 어휘도 그것과 같은 뜻의 고유어로 정리된 것은 이밖에도 적지 않다.

평양문화어의 어휘구성에서는 또한 같은 뜻의 고유어가 없는 외래적 어휘로서 어렵고 까다로운 말들을 정리대상으로 잡고 고유어에 기초한 새로운 어휘로 바꿀 수 있게 되었다.

어려운 한자말과 그에 대응되는 뜻을 보이면 다음과 같다.

(안접도)	눈접칼
(조사)	굵은 모래
(축수란)	주름알
(초초)	초로 닦기
(전요경)	감기는 줄기
(연가)	자리바꿈
(경상)	줄기의 모양
(단제수)	한발통짐승
(도장지)	헛가지

(도포약)	바르는 약
(단지형)	짧은 가지형

　어렵고 까다로운 한자말에 대응되는 같은 뜻의 고유어가 없는 경우에는 고유어에 기초하여 대응되는 다듬은 말을 새로 만드는 것이 옳다. 그리하여 《돈복》은 《한번에 먹음, 한번에 먹을 것》이라고 풀이하여 쓸 수 있고 《연구기》는 《제비주둥이처럼 잎을 벌리는 시기》로 규정하고 풀어서 해설할 수 있다. 《편벌》과 《발사》는 《술어 + 목적어》형으로 되어 《떼를 뭇는 것》과 《실을 뽑는 것》으로서 한문어순을 가졌지만 《떼무이》, 《실뽑기》와 같이 명사화하여 고유어로 만들 수 있을 것이다.

　다음의 경우도 한문식으로 된 것을 평양문화어에서는 문법규칙에 따라 다듬었다.

　(가압) – 압력주기, (가교) – 다리놓기, (가음) – 소리느낌.

(2) 눌러 두고 쓸 어휘

　한자말과 외래어를 고친다고 하여 일률적으로 고치는 것은 아니다. 한자말이라 하더라도 사람들에게 확고하게 인식되고 우리 말로 완전히 굳어진 것은 그냥 두고 써야 한다.

　눌러 두고 쓸 어휘에는 우선 굳어진 한자말이나 외래적 어휘가 있다. 굳어진 한자말에는 《산》, 《강》, 《방》, 《문》, 《창》, 《종》, 《책》, 《수건》, 《신문》, 《잡지》와 같이 한자말이라는 느낌이 거의나 없는 것과 《당, 국가, 혁명, 인민, 사업, 공업, 농업, 전기, 정치, 경제, 문화, 군대, 생활》과 같이 한자말이라는 것이 명확히 느끼어 지지만 그 사용에서 어설픈 느낌이 없는 어휘들이 속한다. 이 유형의 어휘들은 정치생활,

경제생활, 문화생활 등 여러 분야에서 늘 접촉하고 다루는 개념을 가리키는 말이므로 언어생활에서 그대로 눌러 두고 써야 한다.

≪비행기, 학교, 삼각형≫같은 한자말도 ≪날틀, 배움집, 세모꼴≫로 고칠 것이 아니라 그대로 쓰는 것이 옳다. 사람들의 언어의식과 언어생활관습은 점차로 달라지는데 너무 조급하게 굳어진 말까지 무리하게 바꾸면 언어생활에 혼란을 주어 언어의 사회적 기능을 떨구는 부정적 결과를 가져올 수 있다. 굳어진 외래적 어휘에는 ≪부처, 보살, 나락≫과 같이 싼스크리트에서 기원한 불교용어나 ≪남포, 담배, 조끼, 가방≫과 같이 기원을 보면 외래적인 것이지만 우리 말로 변화된 것이 있는데 이런 어휘들도 고치지 말고 그냥 쓰는 것이 옳다.

눌러 두고 쓸 어휘에는 또한 세계공통적인 어휘가 있다.

여기에는 ≪미싸일, 로케트, 라지오, 텔레비죤, 콤퓨터, 콩크리트, 뻐스, 아빠트, 프로그람, 카세트, 화일, 필림, 피아노, 첼로, 바이올린, 트럼베트≫ 등과 ≪메터, 그람, 헬쯔, 키로, 데시, 쎈치, 미리, 미크로, 나노≫와 같은 세계 공통의 단어들이 속한다.

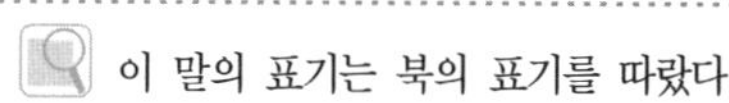

세계 공통적인 것은 언어에서 민족적인 것과 서로 보충하는 관계에 있다. 세계 여러 나라 민족들 사이의 끊임없는 접촉과 교류는 민족어들 사이의 작용과 언어교제를 동반하게 된다. 또한 과학기술의 급속한 발전은 세계 공통적인 외래적 어휘를 일정하게 허용하고 받아들일 것을 절실하게 요구하게 된다.

눌러 두고 쓸 것과 정리해야 할 대상이 갈라지면 정리대안을 옳게 내세워야 한다.

（3） 정리대안

정리대안으로는 우선 이미 있는 고유어를 살려 쓰는 것이다. 《상전, 상목, 상엽》은 《뽕밭, 뽕나무, 뽕잎》으로 쓰고 《하복, 동복》은 《여름옷, 겨울옷》으로 쓰며 《석교》는 《돌다리》로 쓰면 이미 있는 고유어를 보다 적극적인 어휘로 만드는 것으로 될 뿐 아니라 어휘정리를 빠르고 순조롭게 할 수 있는 방도이다.

정리대안으로는 또한 고쳐야 할 외래어와 뜻이 비슷한 고유어를 만들어 쓰는 방도가 있다.

《가축》은 《집짐승》, 《돈사》는 《돼지우리》, 《검어》는 《칼고기》로, 《포충망》은 《후리채》로 다듬어 쓸 수 있는데 이 합성어들을 이룰 수 있는 고유어근들이 이미 있는 것만큼 그것을 이용하여 본래말을 고치어 나갈 수 있다. 《원호》(수학)는 《활등》으로, 《아치문》(건설), 《아치교》(건설)는 《무지개문》, 《무지개다리》로, 《반점》(의학)을 《얼루기》로, 《키퍼》(체육)를 《문지기》로 다듬어 쓸 수 있다. 여기서 유의할 것은 지난 시기의 것은 덮어 놓고 되살리려는 시도이다. 옛날의 것에서 현실과 맞지 않고 지금의 언어생활에서 용납하기 힘든 것을 굳이 되살릴 필요는 없다.

어휘고치기는 명명대상에 대한 본래말을 정리하는 것이고 어휘 만들기는 명명대상에 대한 본래말이 없던 것을 새롭게 지어 내는 경우이다.

이미 있는 고유어를 살리어 쓰는 실례로는 물리학에서 《영역》을 《마당》으로 고치어 쓰고 《아지노모도》와 《미소》를 《맛내기》로 쓰는 것을 들 수 있다. 이것은 고유어에 의한 단어조성 체계를 활성화시키는데서 중요한 의의를 가지는 어휘정리 과정이다.

정리대안으로는 또한 방언에서 좋은 것을 찾아내어 쓰는 것이다. 여러 지방에서 쓰이는 방언에는 비문화적인 요소도 있지만 표준적인 말에는 없는 고유한 어휘도 있다.

지난 시기 방언적이던 것이 문화어로 된 것을 예로 들어보면 다음과 같다.

오래기	딱친구
짜드레기	지써
노치	넉근하다
닥달질	마사먹다
모재비걸음	마사지다
집난이	마사뜨리다
구렁창	어둑새벽
궁냥	역스럽다
길금	헨둥하다
날래	야시꼽다
깡치	

이처럼 방언에 대한 조사를 심화시키어 문화어로 쓸 수 있는 좋은 어휘를 선택한 다음 사회적 심의를 거쳐 문화어로 등록하는 사업을 끊임 없이 벌리어 나감으로써 평양문화어는 민족적 특성을 기본으로 하는 고유어휘에 기초하여 더욱 풍부화되어 가고 있는 것이다.

지명에서도 고유어휘를 적극 찾아 부르는 것은 어휘정리의 주요한 측면이다. 예를 들면 《적암》을 《붉은바위》로, 《흑교》를 《검은다리》로, 《판교》를 《널다리》로, 《식현》을 《밥재》로, 《흑우》를 《검은모루》로, 《삼정리》를 《세우물리》로, 《석포》를 《돌개》로 고친다면 우리 민족의 생활감정에도 맞고 사람들에게 부드럽고 친근하게 느끼어 지게 된다. 지명에는 행정구역의 단위별 이름과 자연 부락단위의 이름, 지방의 자연 지형지물의 이름들이 통털어 들어 있기 때문에 공인된 지명이 아닌 경우에는 될수록 고유한 말로 다듬는 것이 바람직하다.

사람의 이름을 짓는데서도 구시대의 사대주의 잔재를 극복하고 민족적 특성을 살리는 것은 언어를 고유어휘에 기초하여 발전시키는데서 중요한 내용의 하나인 것이다. 특히 새로 태어나는 아이들의 이름을 짓는데서는 한자의 틀에서 벗어나서 고유어로 이름을 짓는다면 우리 민족의 민족적 및 시대적 감정에 맞게 언어를 발전시키는데서 주요한 의의를 가진다. ≪억세≫, ≪세찬≫, ≪범≫, ≪노을≫과 같은 이름은 우리 민족의 씩씩하고 강의한 기질과 높은 진취성을 담고 있으며 ≪송이≫, ≪봄≫, ≪달≫, ≪달이≫, ≪봄달≫, ≪시내≫, ≪꽃분≫, ≪진달래≫, ≪달래≫, ≪분이≫, ≪봄순≫과 같은 이름은 우리 여성들의 깨끗하고 순결한 성품과 아름답고 대바른 기질과 정직하고 정의감이 강한 성격을 그대로 나타내고 있다.

(4) 어휘정리에서 나서는 요구

어휘정리에서 나서는 요구는 우선 단어의 의미폭과 결합관계를 고려하는 것이다. 단어의 의미폭은 같지 않다. 특히 뜻이 비슷한 단어들 사이에 서로 다른 의미폭을 고려함이 없이 어휘를 정리하면 다듬은 말의 가치가 없어 질 수 있다. ≪심장≫과 ≪염통≫에서 기본의미가 같다고 그것을 정리할 수는 없다. ≪심장의 맹세≫, ≪심장의 목소리≫에서 그것을 ≪염통≫과 바꿀 수는 없다. ≪염통≫에는 대상을 하대하거나 천시하는 뜻빛깔이 있다. 그러므로 욕할 때를 내놓고는 짐승 같은 것에나 쓰이지 사람에 대해서는 잘 쓰이지 않는다. ≪지하≫와 ≪땅속≫ 역시 의미폭이 다르다. ≪지하≫에는 ≪비합법≫이라는 뜻이 있으므로 ≪지하투쟁≫이 이루어 질 수 있지만 ≪땅속≫은 그런 결합을 이룰 수 없다. ≪가격≫과 ≪가치≫가 한자말이라 하여 고유어 ≪값≫으로 바꾸어 쓸 수는 없다.

단어들 사이에 의미폭이 다르기 때문에 정리해야 할 대상어휘에 여러 개의 대안어휘를 따라 세우는 것이 좋다.

[대상어휘]	[대안어휘]
외모	몸차림, 겉차림
벽촌	산골마을, 두메산골
실백	잣, 잣알
비등하다	끓다, 들끓다, 드높아지다
백조	고니, 해오라기
권두언	머리말, 머리글
근저	밑바닥, 밑뿌리, 밑바탕
토기	질그릇, 오지그릇
상사하다	비슷하다, 닮다
세척하다	씻다, 닦다, 빨다
장남	맏아들, 큰아들
장녀	맏딸, 큰딸
절단하다	자르다, 끊다
장침	긴바늘, 큰 바늘
연소시키다	태우다, 불사르다
종기	부스럼, 헌데
지주목	버팀새, 동발
차용하다	빌려쓰다, 꾸어쓰다
케이스	집, 갑
홍색	붉은색, 빨간색
균렬	금, 틈, 틈새
말소하다	지우다, 없애다
용이하다	쉽다, 헐하다
외피	껍질, 거죽
도장하다	칠하다, 바르다
모처	어떤곳, 아무곳
수삭	몇달, 여러달

세발하다	머리감다, 머리빨다
오손하다	더럽히다, 어지럽히다
결박하다	묶다, 동이다, 동여매다
청색	하늘색, 바다색, 푸른색
추하다	더럽다, 께끔하다, 보기 싫다

이 부류에 속하면서도 추상적인 대상을 나타낼 때에는 부족하므로 구체적인 것과 추상적인 것을 갈라서 쓰는 경우도 있다. 추상적인 개념을 나타낼 때에는 《경사》, 《종자》, 《초석》을 그대로 쓰고 구체적인 개념을 나타낼 때에는 《경사》를 《비탈, 물매》로 《종자》를 《씨, 씨앗》으로, 《초석》을 《주추돌》로 바꾸어 쓰는 것이 좋을 것이다.

한편 고유어와 외래적 요소가 결합되는 것도 있고 되지 않는 것도 있으며 결합되는 경우에도 어색한 것과 순탄한 것이 있다. 《일기예보》는 《날씨》로 바꾸는 경우 어색하지만 《날씨조건》, 《날씨상태》는 순탄하게 느끼어 진다. 고유어 《쇠》는 《쇠소리, 쇠망치, 쇠그물, 쇠줄》은 물론이고 《쇠침대, 쇠층계, 쇠화로》도 순탄하게 안기어 오지만 《쇠퇴, 쇠제품, 쇠강재》와 《쇠조선, 쇠트라스》은 어색하므로 《철퇴, 철제품, 철강재》와 《철조선, 철정광, 철트라스》가 더 자연스럽게 안기어 온다.

어휘정리에서 나서는 요구는 또한 대안의 명확성과 간결성 및 체계성을 보장하는 것이다.

명확성은 대안의 뜻이 모호하지 않고 뚜렷이 이해되도록 하는 것이다. 농학술어로서 《최아》는 《어떤 과정이 빨리 진행되도록 재촉하다》와 《식물의 싹》이라는 뜻이 결합되어 있으므로 《싹내기》, 《싹다그치기》보다 《싹틔우기》가 더 명확하다.

간결성은 다듬은 말이 단어화되도록 하며 음절수를 우리 말의 전형적인 단어길이로 보아 2~3개 또는 많아서 4~5개 정도로 줄이는 것을 말한다.

≪투묘정박≫은 ≪닻을 내리워 배가 머무르는 것≫이다. 그러므로 ≪정박≫만 가지고도 배가 머무른다는 것을 나타낼 수 있다. ≪심공천공≫에서 ≪구멍공≫이 두번 있으므로 ≪깊이 뚫기≫로 하면 단어길이가 짧아 질 수 있다. ≪모이양기≫를 ≪모기계≫로 하면 짧기는 한 데 ≪모뜨는 기계≫와 갈라 지지 않으므로 ≪모내는 기계≫로 하는 것이 옳다.

체계성이란 학술용어에서 같은 하위어나 개념의 연관성을 보장하는 것을 말한다. ≪공정≫은 ≪아치형다리의 제일 높은 마루≫이고 ≪공기≫는 ≪아치형다리에서 아치형이 시작되는 부분≫이며 ≪공고≫는 ≪아치형다리의 높이≫인데 각각 ≪아치마루≫, ≪무지개발≫, ≪반달높이≫라고 하면 연관성이 살아 오르지 못하므로 ≪아치꼭두점≫, ≪아치끝≫, ≪아치높이≫로 하는 것이 좋다.

(5) 어휘정리방도

어휘정리방도의 하나는 어휘정리에 광범한 대중의 힘을 조직동원하는 것이다.

어휘정리는 어휘구성 전반에서 구시대가 남기어 놓은 잔재를 가시고 사람들의 자주적 지향과 요구에 맞는 어휘를 적극 살리고 발전 풍부화시키는 방대한 사업이고 언어생활에서 낡은 언어관념과 언어생활 인습을 뿌리 뽑고 주체적인 언어관념과 언어생활 기풍을 세우기 위한 복잡하고 어려운 사업이므로 몇몇 사람의 힘으로는 결코 수행할 수 없으며 언어의 주인인 광범한 대중이 적극적으로 동원될 때만이 성과적으로 진척될 수 있는 사업이다. 어휘정리에서 광범한 대중의 지혜를 모으고 창의적 의견을 충분히 고려한 조건에서 다듬을 대안을 제기하여 고친 말마디를 신문을 비롯한 여러 대중적 출판물들과 방송을 이용하여 대중의 의사를 넓혀 나가는 것이 좋다.

어휘구성의 변화는 사람들의 굳어진 언어의식과 언어생활 관습과 밀접히 연결되어 있다. 어휘정리의 속도를 지나치게 빨리 하면 낡은 어휘를 고친 사람도 그것을 다 기억하지 못하여 제대로 쓸 수 없을 것이다. 낡은 어휘의 소극화와 새로 다듬은 어휘가 적극적으로 쓰이는 과정은 동반되어 일어나는 과정이다. 그러므로 어휘정리를 누에가 뽕을 먹듯이 하나하나 꾸준하게 해야 하며 종이에 잉크가 피듯이 기본어휘로부터 시작하여 학술용어에 이르기까지 점차적으로 진행해 나가지 않으면 안 된다. 그리하여 얼마간의 말을 다듬어 그것이 사람들의 언어생활에 완전히 자리 잡히게 한 다음 다시 일정한 말마디를 다듬는 방식으로 어휘정리 속도를 알맞게 조절해 나가야만 어휘정리가 언어발전에서 생활력을 나타낼 수 있게 되는 것이다. 어휘정리방도의 하나는 늘 쓰는 말부터 다듬으면서 하나하나 차례로 정리하는 것이다. 늘 쓰는 말은 모든 사람들이 직업, 나이, 성별에 관계없이 일상생활에서 언제나 많이 쓰기 때문에 정리된 어휘가 언어생활에 깊숙이 배기게 된다. 또한 어휘정리를 단번에 하도록 해야만 다듬은 말과 연관되는 합성어나 갈라 진 말들도 체계성이 있게 다듬어 나갈 수 있으며 어휘구성이 상대적으로 안전하게 발전해갈 수 있는 것이다.

어휘정리방도의 하나는 다듬은 말의 보급과 언어생활에 대한 지도통제를 강화하는 것이다.

다듬은 말이 사람들 속에서 널리 보급되어야 어휘정리가 효과를 낼 수 있다. 그러자면 다듬은 말을 교육부문과 출판보도부문, 문학작품창작에 먼저 보급하여 거기서부터 받아들이는 것이 중요하다. 또한 본래말을 쓰지 말고 다듬은 말을 쓰도록 하며 새로운 외래적 어휘를 자꾸 만들어 쓰는 현상을 철저히 통제하여야 한다. 다듬은 말인 ≪집짐승≫을 쓰지 않고 ≪가축≫을 그대로 쓰는 것을 내버려 두면 ≪유축, 성축, 다축, 무축≫이란 말이 생기고 ≪축사, 축우, 축력≫같은 한자말이 꼬리를 물고 생기어 나게 될 것이다. 그리하여 중요 국가기관들에서부터 새말을 되는대로 만들어 내지 못하게 하며 모든 기관들이 공문이나 출판물들에서 정확한 우리 말을 쓰도록 강하게 통제하여야 할 것이다.

이리하여 북에서는 고유한 우리 말을 적극 살리는 한편 지난날 흘러들어 온 외래어와 한자어를 정리하는 사업이 힘있게 벌어짐으로써 예로부터 써오는 고유한 말이 순수하게 살아남아 있으며 시대의 요구에 맞게 더욱 발전하였다. 그리하여 평양문화어에는 전체 우리 민족의 공동의 노력으로 창조하고 가꾸어 온 민족어의 언어요소들이 집대성되었다.

제3장 방언에서 찾아낸 고유한 우리 말

1. 방언의 특성과 기초방언

2. 방언을 그릇되게 대함으로 생기는 문제점

3. 방언어휘의 부단한 탐색과 문화어 어휘구성의 풍부화

방언에서 찾아낸 고유한 우리 말

　일반적으로 방언이라고 하면 지역방언을 가리키는데 방언에서 좋은 말을 찾아내어 문화어로 사정하는 문제는 어휘정리사업을 성과적으로 수행하기 위한 중요한 방도의 하나로 될 뿐 아니라 지난날 방언이라고 하여 천시하던 낡은 언어관점을 버리고 새로운 안목으로 방언을 평가하는 민족어 발전의 원칙, 기준과 관련되는 중요한 문제의 하나이다.

1. 방언의 특성과 기초방언

　본래 방언(方言)은 그 글자의 뜻대로 ≪한 지방에 특유한 말≫이라는 뜻으로 오래전부터 쓰이어 온 것이지만 그에 대하여 서로 다른 이해가 있을 수 있다. 즉 그 하나는 넓은 의미에서 방언을 이해하는 경우이고 다른 하나는 좁은 의미에서 방언을 이해하는 경우이다.

　넓은 의미에서 방언이라 할 때 그것은 일정한 지방에서만 쓰이는 특징적인 언어현상과 함께 다른 방언과 문화어(표준어)에서 공통적으로 쓰이는 언어현상까지도 포괄하여 그 지방에서 쓰이는 언어체계의 전반을 이르는 경우이다. 가령 ≪잘그(자루)≫, ≪콩질금(콩나물)≫ 등으로 말하는 함경도지방의 말만 함경도방언으로 되는 것이 아니라 ≪눈≫, ≪입≫, ≪문≫ 등 다른 지방에서도 쓰는 공통적인 말까지도 함경도방언의 언어체계 속에 포괄시켜 이해하는 것이 바로 그러한 경우이다.

좁은 의미에서 방언이라고 할 때는 문화어나 다른 방언과 비교하여 서로 일치하는 현상은 내놓고 그 지방에만 고유한 특징적인 언어현상을 지적하는 경우이다. 예를 들어서 함경도에서만 쓰이는 ≪자부럼(졸음)≫, ≪말기다(말리다)≫ 등이나 전라도에서 쓰는 ≪눈껍탁(눈까풀)≫, ≪지아(기와)≫ 등만을 염두에 두고 그 지방의 방언이라고 하는 경우가 바로 그것이다. 이것은 방언이라는 말을 좁은 의미에서 쓴 것으로서 ≪한 지방의 특유한 말≫이라는 본래 ≪방언≫의 뜻에 합치되는 것이라고 할 수 있다. 이처럼 좁은 의미에서 쓰는 방언은 토배기말, 토배기사투리이라고 하여 넓은 의미에서 쓰는 방언과 구별하기도 한다.

일반적으로 방언이라고 할 때에는 넓은 의미에서의 지역방언을 가리켜 말한다.

지역방언은 큰 산줄기나 강과 같은 지리적인 장애물로 가로막히고 교통이 발달하지 못하여 왕래가 쉽지 않은 지역적인 격리나 폐쇄와 같은 여러 가지 요인에 의해서 생겨난 언어분화체를 가리킨다. 다시 말하여 방언이란 원래는 같았던 한 언어가 지리적으로 막히고 갈라지는 과정에 생겨난 언어의 변종으로서 일정한 지역에서 사용되는 어음, 문법, 어휘의 체계를 가리킨다. 즉 일정한 지역의 언어집단에서 쓰이면서 다른 지역의 언어집단에서 쓰는 언어체계와 구별되는 일련의 특징을 가지는 언어의 변이체라고 할 수 있다. 예를 들어서 함경도방언이나 평안도방언, 경상도방언은 함경도나 평안도, 경상도지방에서 그 지방사람들이 오랫동안 써온 말로서 다 그 지역의 방언으로 되는 것이다.

지역방언은 지리적 요인에 의하여 생겨난 언어변종으로서 민족어가 발전하여 오는 과정에 생겨난 역사적 산물이다. 흔히 지역방언을 사회적으로 낮은 계층의 사람들이 사용하는 지역말씨로, 품위가 떨어지거나 세련되지 않은 시골말투로 이해하면서 ≪사투리≫ 또는 ≪시골말씨≫라고 낮추어 보는 경우가 있는데 이것은 방언에 대한 옳은 관점이라고 할 수 없다. 왜냐하면 모든 사람들은 태어나면서부터 적어도 하나의 방언을 소유하고 있으며 공통어 역시 그 바탕은 어느 한 방언에 기초하고 있기 때문이다. 우리 말의 경우에 문화어의 기초방언도 함경도지방의 방언이나 전라도지방의 방언과 대등한 것으로서 어떤 방언이 다른 방언보다 언어적으로 우수하다거나 또는 우수하지 못하다거나 하고 말하는 것은 옳은 언어관점이라고 할 수 없다.

지역방언은 몇 가지 측면에서 그 특성을 요약할 수 있다.

첫째로 지역방언은 일정한 지방에 사는 모든 사람들의 공동의 소유물로서 그들 사이에서 오랫동안 공통적인 교제수단으로 되어 왔다는 특성을 가지고 있다.

다시 말해서 방언은 오랜 역사적 기간 일정한 지방에서 그곳 주민들이 의사소통을 위한 수단으로 써오는 과정에 생겨난 것으로서 대를 이어 전승되면서 좀체로 변하지 않고 보존되어 온다. 그리하여 함경도지방에서 태어난 사람들은 그 지방에서 굳어진 함경도방언을 어려서부터 배우며 자라나게 되면서 그 지방방언의 소유자로 되고 마찬가지로 경상도에서 태어난 사람들은 경상도방언의 소유자로 된다. 일단 그 지방방언의 소유자로 되게 되면 그 말씨가 몸에 배서 좀체로 없어지지 않고 오랫동안 유지되게 된다.

둘째로 지역방언은 민족어의 지역적 변종으로서 민족어의 테두리 밖에 존재하는 것이 아니라 민족어에 매어 있는 언어체계라는 점에 그 특성이 있다.

방언은 일반적으로 하나의 언어를 사용하는 영역안의 여러 지방들에서 하나의 변종으로 생겨난다. 처음에는 미미하였던 언어변종이 나중에는 언어체계에 저촉되는 차이까지 지니게 되며 비록 상대적이기는 하지만 독자적인 발전의 길을 걷게 되면서 그 차이의 폭이 점점 넓어지게 된다. 그리하여 어떤 경우에는 이 방언이 독자적인 다른 언어로까지 발전하게 되는 특수한 경우도 있다.

방언적 차이는 상호간에 의사소통이 가능하다는 점에서 언어적 차이와 구별된다고 하나 실제에 있어서는 방언끼리도 의사소통이 불가능한 경우가 많고 반면에 독립된 언어들 사이에 의사소통의 가능성이 더 큰 경우도 있을 수 있다. 예를 들어서 중국의 북경말과 광동말은 같은 중국어의 범주에 드는 방언들이지만 통역의 도움이 없이는 의사소통이 불가능하며 유럽의 스웨덴어과 덴마크어는 서로 다른 언어로 분류되고 있으나 특별한 교육이 없이도 의사소통이 가능하다. 물론 우리 말의 경우에도 제주방언은 다른 지역방언과 다른 점이 많아서 쉽사리 의사소통이 힘들 수 있지만 이것은 어디까지나 우리 말의 범주에 든다. 이렇게 보면 방언과 언어의 구별은 단순한 언어학적인 기준만이 아닌 정치적, 문화적인 기준에 의해서 결정되는 것임을 알 수 있을 것이다.

언어와 방언은 일정한 층계를 이루고 있다. 그리고 방언과 말씨, 개별적인 사람들의 말투도 역시 층계를 이루고 있다. 즉 언어는 그 하위범주인 여러 방언으로 이루어져 있으며 개별적인 방언은 말씨가 모여서 이루어지고 그 하위범주로서의 말투는 개별적인 사람의 언어변이로 된다. 이것을 도식으로 표시하면 다음과 같다.

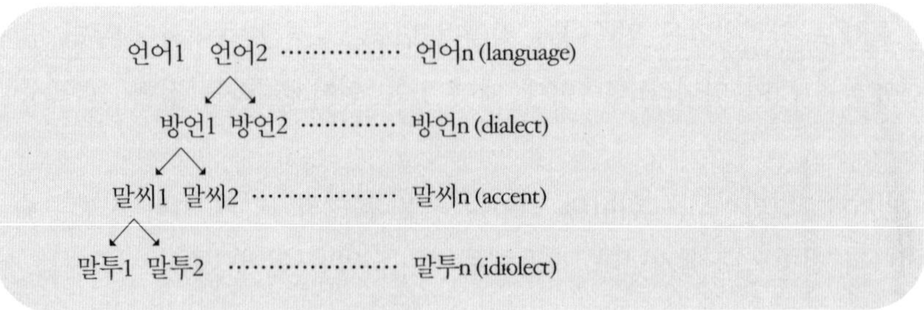

　방언은 일정한 체계를 가진 언어구조로서 자기의 독특한 언어적인 법칙과 규칙에 따라 변화 발전하여 왔다. 그리하여 그 방언에는 다른 방언에 없는 특징적인 언어요소와 언어현상들이 생겨나게 되고 그것은 결국에 그 방언의 독자적인 언어체계를 형성하는 결과를 가져오게 되었다. 결국 방언이란 언어의 하위범주로서의 그 변이형이라고 할 수 있는데 모든 방언은 독자적인 체계를 갖춘 언어의 분화형태로 되는 것이다.

　즉 한 언어에서 지역에 따라 갈라져 나간 여러 방언은 방언들 사이에 서로 차이가 생겨나게 되기 때문에 이 점에서 방언은 분화성의 특징을 가지는 것이라고 할 수 있다. 본래 방언은 언어적인 분화의 산물이다. 즉 하나의 언어가 지리적인 요인이나 주민집단의 이동 등의 요인에 의해서 언어적인 분화과정을 밟게 됨으로써 방언이 생겨나게 되는 것으로서 그 이질성과 다양성으로 하여 더 세분되면 방언의 분화가 나타난다.

　예를 들어서 중부방언의 경우를 보면 그것이 경기도, 강원도, 황해도, 충청도에 따르는 소방언으로 분화되고 강원도의 경우에도 태백산줄기를 중심으로 그 동서로 다시 소방언이 분화될 수 있다. 또한 서울지방의 경우에도 옛날에 ≪돈 / 둔≫, ≪고기 / 괴기≫, ≪호랑이 / 후랑이≫ 등의 방언적 차이로 문안과 문밖의 사람들을 구별한 일이 있었던 것이다.

　방언은 상호 영향을 주고 받아 서로 비슷하게 되는 성질도 가지고 있다. 이것은 분화성과 상반되는 성질로서 통합성이라고도 할 수 있는데 이 두 가지 특징이 교차적으로 작용하여 해당 방언의 중요한 속성을 이루게 되는 것이다. 예를 들어서 옛날에 ≪노고지리≫와 ≪죵다리≫는 방언에 따르는 분화관계에 있던 것인데 점차 ≪노고지리≫는 특수한 글말체에서나 쓰이는 것으로 되고 입말에서는 ≪종다리≫, ≪종달새≫로 통합되어 갔다.

　방언에 작용하는 통합성은 방언 상호간에 공통성을 가져오게 하며 이것은 마침내 기초방언에 토대한 공통어의 형성을 가능하게 하는 전제로 되는 것이라고 할 수 있다.

방언은 기초방언의 문법구조, 기본어휘와 공통인 것으로 방언이 지니고 있는 그 언어체계의 독자성은 어디까지나 민족공통어에 매여 있는 상대적인 독자성에 지나지 않게 된다.

이 점에서 방언은 민족어의 지역적 변종으로서 민족어로부터 끊임없이 영향을 받으며 그 테두리 안에 존재하고 있는 것이다.

셋째로 지역방언은 지난날 구시대의 유물로서 시대가 발전함에 따라 그것이 점차 문화어로 합류되어 끝내는 소멸의 운명을 지니게 되는 특성도 가지고 있다.

방언은 지난날 봉건시대에 경제, 문화적으로 전국적 범위에서 전일성이 보장되지 못하고 여러 지방들 사이의 연계가 긴밀하지 못하였던 조건에서 생겨나게 된 시대적 유물이다. 그러므로 이치상으로 보면 지방과 지방 사이에 경제, 문화적인 교류와 긴밀한 연계가 이루어지고 전국적 범위에서 문화어교육에 의한 언어적 통일성이 보장되면 지역방언이 존재할 수 있는 사회적 기초가 없어지게 되는 것이라고 할 수 있다.

오늘날과 같이 북에서 의무교육이 실시되고 있으며 발전된 교통망에 의해서 지역 간의 긴밀한 연계가 보장되고 신문, 방송 등 미디어의 체계적인 전파가 전국적 범위에서 확립되고 있는 여건에서 지역간의 방언적인 차이는 점차 줄어들게 되며 방언의 수평화과정은 일층 촉진되지 않을 수 없는 것이 사실이다. 특히 정보화시대인 21세기에는 컴퓨터에 의한 정보교환이 활발해지면서 민족어의 표준규범인 문화어가 그 주요수단으로 되고 있는 것만큼 문화어의 보급으로 방언이 쇠퇴과정을 밟게 되는 것은 불가피하다고 해야 할 것이다.

그러나 현실적으로 사람들의 언어생활의 구석구석에 스며 있는 방언의 여러 요소는 일시에 소멸되는 것이 아니다. 그것은 방언이 그만큼 완고하며 보수적이기 때문이다. 특히 어려서 배우게 된 방언의 발음상 특징은 사람들의 독특한 조음토대를 형성하는데 크게 작용하여 어른이 다 된 다음에도 그 말투는 완강하게 남아 있게 되는 것이다.

그리하여 방언의 궁극적인 소멸이란 이론상의 논의일 따름이지 실제적으로 그 실현은 쉽게 이루어지는 것이 결코 아니다.

방언은 언어의 역사적 발전과정의 흔적을 남기고 있는 것으로 하여 여전히 귀중한 언어재부로 되며 그 지역주민들의 생활실태의 일단을 반영하고 있는 것으로 하여 가치 있는 언어자료로 되고 있다. 바로 이것으로 하여 방언은 민족어의 발전풍부화를 위한 무한한 원천으로도 되는 것이다.

바로 그렇기 때문에 방언에 대한 조사연구는 이론-실천적으로 의의가 있는 것이다. 다시 말하여 방언의 조사연구는 방언의 요소마다에 대중의 창조적 재능이 반영되어 있으며 또 거기에는 지난날의 언어흔적이 남아 있고 언어발전의 방향을 가늠할 수 있게 한다는 점에서 중요할 뿐 아니라 현실적으로 방언현상을 극복하는 방도를 찾을 수 있게 한다는 점에서도 중요하다고 할 수 있다.

방언은 민족어의 테두리 안에 존재하는 언어적인 변이체로서 그것은 민족공통어와 대치해서 존재하는 것이 아니라 상호 보충하는 관계에 있다고 할 수 있다. 민족공통어는 일정한 역사적 시기에 정치, 문화적인 중심지의 방언에 기초하여 이루어지게 되는데 그 기초방언은 항상 고정불변한 것이 아니라 움직임 속에 있다고 할 수 있다. 다시 말해서 기초방언은 다른 지역방언에 영향을 주기도 하지만 반면에 지역방언으로부터 부단히 긍정적 요소를 받아들이기도 하는 움직임 속에 있는 것이다.

기초방언이란 한 지역방언이 민족공통어의 토대로 된 것을 가리키는 것이지만 그것은 본래의 그 방언이 가지는 고유한 지역적 특징을 그대로 보존하는 것이 아니라 그로부터 일정하게 벗어나서 여러 방언 속에 묻혀 있는 좋은 말들을 부단히 받아들임으로써 민족공통어가 민족집단 공동의 교제수단으로 될 수 있도록 더욱 더 발전 풍부화되어 가는 것이다. 그렇기 때문에 기초방언과 지역방언을 상호 대립되고 배리되는 것으로 보아서는 안되며 만약 그러한 관점에 서게 된다면 민족어의 가일층의 발전 풍부화에 대해서 기대할 수 없게 될 것이다.

2. 방언을 그릇되게 대함으로 생기는 문제점

근대에 와서 민족어의 발전을 위해서는 언문일치와 함께 표준말의 제정과 보급이라는 역사적 과제를 해결하는 것이 절박한 문제로 제기되었다.

봉건적인 자연경제가 지배하는 중세에는 지역적 폐쇄성으로 하여 민족어와 방언, 그리고 방언 상호간의 격차는 일층 심화되고 글말과 입말이 서로 유리되어 있었던 조건에서 서사생활은 소수 특권계층의 독점물로 되고 광범한 대중은 거기서 배제되어 있었다.

그러나 근대에 이르러 일련의 봉건적인 질서가 타파되고 지역 간의 연계가 강화되어 가는 새로운 사회적 변화는 언어생활에 영향을 미치어 민족어는 자기 발전의 새로운 단계에 들어서게 되었다. 지난날 민족어발전에 지장을 주었던 봉건적 질서는 더는 참을 수 없는 구속으로 되었고 민족어의 발전을 위한 새로운 당면과제가 전면에 나서게 되었다. 즉 이 시기에 이르러서는 민족어와 방언의 관계에서, 그리고 입말과 글말의 상호관계에서 새로운 변화가 일어나게 됨으로써 입말에 토대해서 글말을 발전시킬데 대한 언문일치의 요구와 함께 그 기준으로 되는 표준말을 제정하는 문제를 시급히 해결하여야 하였던 것이다.

이 문제는 19세기말, 20세기초에 애국문화운동의 일환으로 전개되었던 국어 국문운동이 중요한 당면과제로 제기하였으나 그것을 미처 해결하기도 전에 일제의 강점과 함께 악랄한 민족어말살정책이 감행되면서 한동안 이 과제는 침체상태에 빠지게 되었다.

표준말에 관한 문제는 20세기 20 - 30년대에 한글학회의 전신인 조선어학회의 언어학자들에 의하여 활발히 논의되기 시작하였다. 당시는 교육계와 언론계를 비롯한 사회 각 분야의 언어생활에서 표준으로 삼을 어휘규범이 확립되어 있지 않아서 표준말과 방언, 표준말과 비표준말, 표준말과 고어, 고어와 방언의 한계가 명확하게 그어져 있지 않았으며 그것으로 하여 사회의 언어실천에서는 일련의 혼란이 조성되어 많은 고충을 겪지 않으면 안 되었었다. 그리하여 표준말을 시급히 사정할 데 대한 요구는 교육, 문화, 언론 등 사회 각계에서 한결같이 제기되고 있었다.

그리하여 조선어학회에서는 일제의 민족어 말살 정책으로부터 우리 말을 지켜내고 그것을 통일적으로 발전시키기 위하여 우선 문자생활의 혼란을 수습하기 위한 서사규범문제부터 착수하기로 하였는데 이것은 어디까지나 표준말을 기준으로 한 것인만큼 그 전제로서 조선어의 표준을 어디에 정하겠는가 하는 문제가 제기되지 않을 수 없었다. 조선어학회에서는 언어학자들과 교육문화계와 언론계의 지식인들을 중심으로 여러 차례의 토론을 거친 다음 1933년에 제정 공포한 ≪한글맞춤법통일안≫의 총칙 제2항에서 ≪표준말은 대체로 현재 중류사회에서 쓰는 서울말로 한다≫고 밝혀 놓았다.

조선어학회에서는 서사규범을 제정한데 이어 다음 단계로서 표준말 사정사업에 착수하였다. 표준말을 사정하는 것은 함부로 만들어 쓰고 있는 한자말을 정리하고 각이한 방언의 무질서한 사용으로 조성된 혼란을 수습하며 어휘사용에서 일정한 기준을 만들어 규범을 세우려는 것으로서 서사규범과 함께 민족어의 규범화에서 반드시 해결하여야 할 중요한 과제의 하나로 되었다. 이로부터 조선어학회에서는 1935년 1월부터 이 사업을 본격적으로 추진하여 몇 차례의 집체토의를 거친 다음 1936년 10월에는 9,400여 개의 어휘를 사정한 ≪조선표준말모음≫을 세상에 내놓게 되었다.

조선어학회에서 토의 결정하여 제기한 표준말 사정원칙과 그에 토대하여 사정한 표준말모음은 일련의 제한성을 가지고 있었다. 우선 서울 중류층에서 쓰이는 말을 기준으로 하였기 때문에 광범한 대중이 쓰는 말이 표준말에서 배제되어 있었다. 사실 당시 서울에서 쓰이는 말은 상류층의 말, 중류층의 말, 하류층의 말로 갈라지기보다는 문안의 말과 문밖의 말로 구분되고 있었는데 아마 전형적인 문안의 말을 중류층의 말로 이해하고 있었던것 같다. 그런데 표준말사정에서 굳이 서울 중류층의 말을 표준으로 한다고 하게 된 것은 표준말사정에 참가한 위원들의 구성에서 절대다수의 사람이 서울, 경기도의 중류층 출신이고* 표준말사정이 많은 경우에 서울, 경기도 출신 위원들에 의해서 좌우되어 있었던 사정과 관련되어 있었다.

 *사정위원의 구성을 보면 초기에 서울, 경기도 사람이 전체의 반수이고 각도에 두 사람씩 해서 모두 40명이였는데 다음 단계에는 인원을 보충하여 각도를 인구비례에 따라 충청도 4명, 전라도 7명, 경상도 8명, 강원도 3명, 황해도 4명, 평안도 5명, 함경도 4명 합계 35명에다 서울, 경기출신 35명을 더해서 모두 70명으로 하였다.

이처럼 조선어학회에서 제정한 표준말은 서울말이라는 좁은 울타리의 말로서 그것은 만사람에게 공인되는 말, 공통적인 언어가 아니었다. 예를 들어서 표준말사정에서는 ≪소고기, 소갈비≫가 아니라 ≪쇠고기, 쇠갈비≫가 표준말로 된다고 규정하였는데 사실상 ≪쇠고기, 쇠갈비≫는 토배기 서울사람들이 쓰는 말로서 그 통용범위는 극히 제한되어 있는 반면에 ≪소고기, 소갈비≫는 전국적 범위에서 통용되는 말이다. 그럼에도 불구하고 이처럼 표준말을 사정한 것은 그 어떤 과학적인 원칙과 방법에 의해서 이 사업을 진행한 것이 아니라 단지 토배기 서울사람들이 쓰는가 어떤가 하는 극히 편견적인 입장에서 이 사업을 진행했기 때문이다. 그리고 이것은 다른 방언을 보잘것없는 것으로 천시하고 도외시하는 그릇된 관점이 있었기 때문이었다.

만약에 일반대중을 중시하고 방언에 대한 옳은 관점이 서 있었다면 표준말을 ≪중류층의 서울말≫이라는 좁은 울타리에 국한시켜 사정할 것이 아니라 민족어 발전과 전국적인 통용성의 견지에서 광범한 대중이 접수할 수 있는 방언의 긍정적 요소를 널리 탐색하여 그것을 표준말로 정할 수 있었으리라고 본다.

방언에 대한 지난날의 그릇된 관점은 오늘 남에서 그대로 지속되여 사전 편찬에 그것이 반영되여 있음을 보게 된다. 즉 최근에 나온 ≪표준국어대사전≫에 의하면 여전히 ≪쇠고기, 쇠갈비≫를 표준적인 말로 인정하고 거기서 기본적인 주석을 달고 있으며 그에 대한 같기표식으로 ≪소고기, 소갈비≫를 소개하는 한편 ≪소고기, 소갈비≫ 조항에서는 아무런 주석이 없이 단지 ≪쇠고기, 쇠갈비≫에 가보라고 안내하고 있다. 그러면서도 ≪소갈비구이≫를 올림말에 올리고 그에 대한 주석을 주고 있으며 그밖의 ≪소고기≫에서 파생한 말들은 모두 북의 말로 풀이하고 있다. 이것은 1930년대의 편협한 표준말사정에서 여전히 탈피하지 못하고 있음을 말해 주고 있다.

그런데 흥미있는 것은 올림말 ≪벼락≫의 항목에서 성구 ≪벼락 맞은 소고기 뜯어 먹듯≫에서는 ≪소고기≫로 되여 있다는 사실이다. 이것은 ≪소고기≫가 성구에서 확고히 굳어져 있으며 그 통용성이 매우 넓음을 의미하는 것이다.

≪표준국어대사전≫에서는 방언어휘의 독특한 의미 색채에 대하여 인정하고 거기에서 긍정적인 싹을 찾아 보려는 입장에 있는 것이 아니라 그것을 전적으로 부정하고 모든 것에 다 ≪잘못≫이라는 규정을 내리고 있다.

예를 들어서 부사인 ≪검싯검싯≫과 ≪검숭검숭≫에서 파생된 형용사 ≪검싯하다≫와 ≪검숭하다≫는 일정한 의미적인 차이를 가지는 것으로서 ≪검숭하다≫는 ≪좀 거무스럼하다≫인데 이와 달리 ≪검싯하다≫는 ≪꽤 거무스름하다≫의 뜻을 가지고 있다. 물론 이 두 말의 상호관계에 대해서 평양에서 출판한 ≪조선말사전(1)≫(1960년)에서는 한때 ≪검싯하다≫를 ≪검숭하다≫에 대응하는 방언으로 인정한 바가 있었는데 ≪표준국어대사전≫에서는 ≪검싯하다≫를 ≪검숭하다≫의 ≪잘못≫으로 규정함으로써 아예 ≪검싯하다≫의 사용을 부정하고 있다. 이것은 우리 말 형용사가 가지는 미세한 의미색채의 차이를 무시하고 표현의 풍부화가 아니라 단순화를 초래하는 결과를 가져 오게 될 것이다.

이처럼 방언이라고 하면서 주관적으로 그 사용을 전면 차단하는 것은 방언에 대한 그릇된 관점에서 나온 것으로서 민족어 발전의 견지에서 응당 극복하여야 할 문제임에도 불구하고 ≪표준국어대사전≫에서는 도처에서 그러한 잘못을 범하고 있다.

그 몇가지 실례를 더 들어본다면 ≪곱상스럽다≫는 ≪곱살스럽다≫와는 달리 ≪꽤 곱살스럽다≫의 뜻으로 쓰이는 것인데도 불구하고 이 사전에서는 ≪곱상스럽다≫를 ≪곱살스럽다≫를 ≪잘못≫ 쓴 것이라고 규정하였으며 ≪자잘구레하다≫와 ≪자질구레하다≫는 일정한 의미색채의 차이가 있음에도 불구하고 ≪자잘구레하다≫를 ≪자질구레하다≫의 ≪잘못≫으로 규정하고 있는 것이다.

이러한 오유는 다 방언을 표준말과 대립시키면서 실지 언어실천을 무시하고 지난날 표준말사정에서 부당하게 제외된 것을 쓰는 것이 모두 ≪잘못≫인 것으로 부정함으로써 결과적으로는 우리 말 어휘구성을 빈약하게 만들고 언어표현의 다양성에 돌이킬 수 없는 결과를 낳게 하였던 것이다.

3. 방언어휘의 부단한 탐색과 문화어 어휘구성의 풍부화

문화어는 평양말을 기준으로 하여 발전시킨 말로서 민족어발전의 높은 단계에 이른 언어이다. 언어는 사회의 변화 발전에 따라 변화 발전하면서 세련되고 완성되어 나간다. 민족어 발전의 가장 높은 단계에 있는 오늘의 평양문화어는 낡은 사회의 유물을 털어 버리지 못한 채 구태의연한 모습을 띠고 있는 그전 민족어와 엄연히 구별되기 때문에 그것을 종전의 것과 다르게 부르는 것은 너무나도 당연한 것이다.

문화어는 지난날의 표준어를 반대하고 배격하는 것이 아니라 그것을 포섭하고 있으며 우수한 언어적 요소들을 계승 발전시키고 있다.

평양말을 기준으로 하여 우리 말을 발전시키기 위하여 북에서는 언어의 민족적 특성을 현대의 요구에 맞게 더욱 발양시키기 위한 언어정리사업을 힘있게 밀고 나가면서 문화어사정사업을 중단없이 전개해 나갔다.

문화어사정사업의 한고리로 전개된 것의 하나가 바로 방언에서 좋은 말을 찾아내어 문화어로 사정하는 사업이다. 이 사업은 어휘정리사업을 성과적으로 수행하기 위한 중요한 방도의 하나로 될 뿐 아니라 지난날 방언이라고 하여 천시를 받아 오던 어휘들을 새로운 안목에서 재평가하는 것으로서 이것은 곧 민족어발전의 원칙, 기준과 관련되는 중요한 문제이다.

북에서는 지난날에 나타났던 방언에 대한 그릇된 관점을 바로잡고 평양말을 기준으로 하여 문화어를 발전시킬 데 대한 원칙을 견지하면서 방언 속에 묻혀 있는 좋은 말, 지난날 표준말 사정에서는 버림을 받았으나 일반대중이 늘 쓰는 말을 찾아 내여 문화어로 사정하기 위한 연구조사사업을 1960년대 중엽부터 힘있게 벌려 나갔다.

김일성종합대학을 비롯한 사범대학, 교원대학들과 사회과학원 언어학연구소에서 수집한 방언자료와 그 이전에 조사 파악하였던 방언자료, 그리고 1966~1967년에 진행한 전국지명조사사업을 통하여 얻게 된 방언자료 등에 대한 검토사업을 거쳐 약 3,100개를 문화어로 사정하여 ≪현대조선말사전≫과 ≪조선문화어사전≫에 올리도록 하였다.

그 후 1970년대 후반기에 각도의 사범대학, 교원대학을 비롯한 각급학교의 도움을 받아 수천개의 방언자료를 파악할 수 있었으며 그 가운데서 200여 개의 좋은 말을 문화어로 사정하여 ≪현대조선말사전≫(제2판)에 수록하였다.

그리하여 1960년대 중엽부터 40년간에 3,500개에 달하는 방언어휘가 문화어로 사정되었는데 이 정형은 1960년 1962년에 발행된 6권으로 된 ≪조선말사전≫과 1981년에 나온 ≪현대조선말사전≫(제2판), 2007년에 나온 ≪조선말대사전≫(증보판)의 대비를 통하여 쉽게 파악할 수 있다고 본다.

이 사전들의 대비를 통하여 다음과 같은 세 가지 사실을 알게 된다.

첫째로 종전에는 전혀 도외시되어 사전에도 올라 있지 않던 말들이 문화어어휘로서 사전에 새로 등장하게 된 것이다. 이것은 대중의 고귀한 창조물인 여러 방언 속에 묻혀있는 좋은 말들을 찾아 내여 새로 문화어어휘로 사정함으로써 문화어 어휘구성을 일층 풍부화하는 결과를 가져 왔다.

예를 들어서 ≪고즈넉하다≫는 ≪잠잠하고 호젓하다≫의 뜻인데 지난날 일부 방언에서 쓰이고 있으면서도 사람들의 시야 밖에 놓여 있던 말이다. 그런데 이 말이 가지는 독특한 뜻으로 하여 많은 사람들의 입에 오르게 되었으며 심지어 부사 ≪고즈넉이≫까지 파생하여 쓰이게 됨으로써 문화어 어휘로 등장하게 되었다.

예: 밀림은 바람 한점없이 고즈넉한 정적에 휩싸여있었다.
　　　　　(총서 ≪불멸의 력사≫ 중 장편소설 ≪고난의 행군≫)
예: 울창한 숲속에는 엄숙한 고요가 고즈넉이 흐르고 있었다.
　　　　　(총서 ≪불멸의 력사≫ 중 장편소설 ≪근거지의 봄≫)

지난날의 사전에 ≪마음씨가 바르지 아니한 사람≫을 비유하여 이르는 말로 ≪오그랑이≫라는 명사는 올라 있었으나 ≪오그랑수≫라는 말은 올라 있지 않았다. ≪오그랑수≫는 ≪안팎이 다른 말이나 행동으로 부정적인 일을 꾸미거나 남을 속여 넘기려는 수법≫을 말하는데 이것 역시 오랫동안 방언에 묻혀 있던 말이었다.

예: 그 자식 속임수를 까밝히려고 눈을 딱 부릅뜨고 살피는데 오그랑
　　수는 하나도 없단 말이야

(총서 ≪불멸의 력사≫중 장편소설 ≪봄우뢰≫)

또한 ≪적은이≫라는 말은 방언으로도 지적되어 있지 않았다. 그러나 시
동생벌 되는 사람이나 허물없이 지내는 사이에 다정하게 부를 때 쓰이는
≪적은이≫라는 말에 대응하는 다른 말이 없는 여건에서 이 말의 사용빈도
는 높아지지 않을 수 없었고 따라서 이 말은 당당히 문화어어휘의 자격을
가지게 된 것이다.

예: 여보게 적은이, 이 애는 우리 어머니한테 맡기고 전권위원동무한
　　테루 같이 가세나.

(장편소설 ≪대지의 아들≫)

≪오새≫라는 말도 방언에 묻혀 있던 좋은 말인데 지난날에는 전혀 도외
시되고 있었다. ≪사물의 속내를 분간하는 능력이나 분수≫의 뜻을 가지는
이 말은 ≪오새없다≫, ≪오새없이≫ 등의 말들을 파생시키면서 널리 쓰이
고 있으며 오늘날 문화어의 어휘구성을 풍부히 하는데 이바지하고 있다.

예: 아주바이 좀 비키오. 남녀평등권인줄 모르고 쩍하면 녀자들 앞에
　　나서서 오새없이 그런당이.

(총서 ≪불멸의 력사≫중 장편소설 ≪1932년≫)

지난날의 ≪표준어≫에서는 ≪걸써≫나 ≪드살≫과 같은 말들도 사람들
의 시야 밖에 있어 사전에서 방언의 대접도 받지 못하는 처지에 있었다.
그러나 이 말들이 가지고 있는 독특한 뜻빛갈로 하여 새롭게 발굴되어 문
화어 어휘로 등장하게 되었다.

≪걸써≫는 부사로서 ≪대수롭지 않게 여기여 소홀한 태도로 / 든든히 자리 잡지 못하고 불안정한 상태로≫의 뜻을 가지는 부사인데 이 말의 독특한 뜻빛갈로 하여 문화어에서 널리 쓰이게 된 것이다.

예: 제대군인 하나가 배낭을 **걸써** 맨 채 벙글거리며 뒤에 서있었다.
(장편소설 ≪정복자들≫)

또한 ≪멀찌감치≫는 부사로는 ≪저바로 멀찍이≫의 뜻으로 쓰이며 명사로는 ≪얼마간 멀찍이 떨어진 곳≫의 뜻으로 쓰이는 것인데 지난날에 ≪조선말사전≫에서는 ≪멀찌가미≫가 방언으로 올라 있을 뿐 ≪멀찌감치≫는 올라 있지 않았다. 그런데 그 후 ≪멀찌가미≫는 사전에서 전혀 도외시되고 대신 ≪멀찌감치≫가 문화어로 인정되면서 사전에 오르게 되었다.

예: 김주현은 **멀찌감치**에 서서 오대룡의 눈길이 자기에게 미치는 순간을 기다렸다가 만나자는 뜻으로 팔을 저어보이였다.
(총서 ≪불멸의 력사≫ 중 장편소설 ≪잊지 못할 겨울≫)

또한 지난날에는 ≪드문드문하다≫에 대해서 ≪공간적으로 배지 않고 사이가 뜨다≫나 ≪시간적으로 잦지 아니하다≫의 뜻으로 쓰인다고 하면서 그것을 세게 이르는 말로 ≪뜨문뜨문하다≫가 쓰인다고 하면서도 ≪뜨문하다≫에 대해서는 전혀 언급이 없었다. 그런데 사실상 우리 언어생활에서는 ≪뜨문뜨문하다≫와 동일한 뜻으로 ≪뜨문하다≫의 사용빈도가 더 높으며 심지어 부사 ≪뜨문히≫까지도 쓰이고 있어 이 말들이 문화어어휘로 인정 받게 되었다.

예: 늙어가는 부모들을 살펴보면 가슴이 쓰릴 때가 뜨문한것이다.
(총서 ≪충성의 한길에서≫ 중 장편소설 ≪해방의 해발≫)

지난날 ≪표준어≫로 인정되던 ≪얼얼하다≫는 ≪웅숭깊게 아리고 쓴 느낌이 있다≫의 뜻인데 그것과는 얼마간의 의미색채상 차이가 있는 ≪얼벌하다≫나 ≪얼벌벌하다≫ 역시 방언 속에 묻혀 있었다. 그러나 오늘날 실지 언어생활에서는 이 말들이 많이 쓰이고 있어서 문화어 어휘로 인정을 받게 되었다.

예: 모두가 배낭을 진채로 풀밭에 드러누웠다. 다리가 **얼벌벌해서** 한 걸음도 옮겨 디딜수 없었다.
(총서 ≪불멸의 력사≫ 중 장편소설 ≪1932년≫)

그리고 ≪버럭≫의 경우에는 지난날에 ≪역사≫의 방언으로 인정되고 있었으나 그로부터 파생된 ≪버럭질≫은 아예 시야 밖에 있던 것인데 오늘날에는 ≪버럭≫이 ≪벌려놓고 치닥거리를 하는 일이나 그 일판≫의 뜻으로 쓰이는 문화어어휘로 인정되고 ≪버럭질≫은 ≪버럭≫을 홀하게 이르는 말로 사전에 오르면서 ≪버럭질하다≫까지 문화어어휘로 인정되고 있다.

≪드살≫의 경우에도 ≪드살이 세다≫나 ≪드살에 못 견디다≫와 같이 널리 쓰이고 심지어는 ≪드살이판≫과 같은 파생어까지 생기고 있는 형편이다.

또한 ≪타발≫은 ≪무엇에 대하여 맞갖지 않게 여기면서 투덜거리는 것≫을 이르는데 이 말은 ≪타발질≫, ≪타발병≫과 같은 명사는 물론 ≪타발하다≫, ≪타발질하다≫와 같은 동사까지 파생시키면서 널리 쓰이고 있다.

≪윈땅≫이라는 말은 일부 방언에서 ≪딴 목적을 가지고 몰래 따로 행동하는 것≫을 이를 때 많이 쓰던 말이다. 이 말은 ≪현대조선말사전≫(1981년판)에 올라 있지 않던 말인데 ≪조선말대사전≫(증보판)에 비로소 오른 것으로 보아 뒤 늦게 문화어어휘로 인정된 것으로 생각된다.

본래 ≪윈땅≫은 ≪윈장≫에서 온 말이다. ≪윈장≫은 ≪피하여 비키다≫

의 뜻을 가지는 ≪외다≫가 관형형을 취하면서 ≪장≫과 결합되어 만들어진 것이다. 그런데 평안도 지방에서는 ≪장(場)≫의 본래음 ≪댱≫의 구개음화를 기피하여 ≪당≫으로 발음하는 것만큼 ≪왼장≫을 ≪왼당≫으로 발음하여 쓰게 된 것인데 근래에 와서 강조를 위하여 순한소리를 된소리로 발음하는 경향이 있어 ≪왼당≫이 ≪왼땅≫으로 된 것이라고 할 수 있다.

이런 말들은 방언 속에 묻혀 있으면서 빛을 보지 못하였던 것인데 해방 후에 북에서 새롭게 발굴하여 문화어어휘로 승격시킨 것이다.

이처럼 지난날 방언 속에 묻혀 있어 도외시되었던 어휘들이 문화어로 새로 등장하거나 승격한 것들 가운데서 몇 가지 예를 더 들어 보면 다음과 같다.

가녁: 중심에서 벗어난 변두리나 가장자리
가시대: 부엌이나 조리간에서 그릇이나 식료품을 올려 놓는 대
거충다짐: 내용이 없이 형식이나 갖추고 눈가림이나 하면서 겉만 번
　　　　　지르하게 대강대강 하는 것 또는 그런 일솜씨
골타개: 머리의 가리마를 타는데 쓰는 한쪽이 뾰죽한 물건
궁글다: 어떤 부분이 텅 비다
낯내기: 자기 이름을 날리고 내세우는 것
놀새: 일하기 싫어 하고 놀기만 좋아 하는 사람
늦장부리다: 서두르지 않고 느리게 구물구물하다
두벌농사: 한해에 같은 땅에서 두번 짓는 농사
된통: 헤여 나기가 몹시 어려운 지경
마룩: 물과 건데기가 있는 음식물에서 건데기 밖의 물
막물: 계절이 지난 다음 마지막 수확물
모다들다: (어떤 일을 위하여 일정한 곳에) 모여들다
물둥지: 작은 규모의 저수지
매닥질: 마구 매대기를 치는 것
복새통: 뒤숭숭하고 부산스럽거나 일이 복잡하게 얽힌 상태

잘망스럽다: 하는 짓이나 모양새가 잘고 얄미운데가 있다

제판[부사]: 어떤 행동에 잇따라 곧 또는 제창 그 판에

퉁: 다른 사람이 말하는 것을 퉁명스럽게 내쏘아 막는 것

아부재기: 아픔이나 어려움을 과장하고 엄살을 부리는 태도나 말

알찌근하다: 좀 알짝지근하다

야싸하다: 좀 베차게 자극이 세다 / 좀 후회되게 아쉽다

어벌: 생각하는 구상이나 배포

어성버성하다: 분위기가 서먹서먹하다

얼빤하다: 똑똑치 못하고 어리벙벙하다

엇드레: ≪엇나가게 비뚜로 행동하는 것≫을 이르는 말

옴하다: (한가지 일이나 생각에) 골똘하다

욕벌이: ≪욕이 차례지는 짓이나 일≫을 비겨 이르는 말

우렷이; 우렷하게 (좀 희미한 가운데 은근하면서도 뚜렷하게)

우쭐렁대다: 잇달아 자꾸 우쭐렁우쭐렁하다

욱박지르다: 몹시 욱박다

웅심깊다: 매우 넓고 깊다

인츰: (말체) 인차

일본새: 일하는 본새나 모양새

일쿠다: 일구다

입덕; 입이 가볍거나 험한 탓에 입게 되는 나쁜 결과

애리애리하다: 귀엽고 연약하다

외딴[관형사]: 외따로 떨어져 있는

　둘째로 종전에 사전에서 방언이라고 하였던 것이 문화어어휘로 사정된 것이다. 즉 1960년대초에 방언어휘로 인정되었던 것이 그 후 문화어어휘로 승격하고 있는데 이것은 방언 속에 묻혀 있는 좋은 말을 찾아 쓰는 과정에 거둔 성과의 하나로 되며 동시에 해방 후 문화어와 방언의 상호관계의 변화를 보여 주는 한 측면으로 된다고 할 수 있다.

≪조선말사전≫에서는 방언으로 취급된 것이 1981년판 ≪현대조선말사전≫에서 이미 문화어어휘로 인정되고 2007년판 ≪조선말대사전≫(증보판)에도 올라 있는 것을 추려 보면 다음과 같다.

 ≪조선말사전≫의 경우에 앞의 것은 방언이라 하여 올린 것이고 뒤의 것은 그에 대응하는 표준어를 올린 것이다. (문화어라는 말은 1966년 이후 비로소 제정된 것으로서 그전에는 표준어라는 말을 그대로 사용하고 있었다.)

≪조선말대사전≫(증보판)의 경우에는 문화어로 인정된 올림말이며 필요한 경우에는 그에 대한 주석을 주었다.

≪조선말사전≫	≪조선말대사전≫(증보판)
가는비: 가랑비	=가는비
가다귀: 가닥	=가다귀: 잔가지로 된 땔나무
가다리: 가랑이	=가다리: 갈래
가대기: 쟁기	=가대기: 밭갈이기구의 하나
가락엿: 가래엿	=가락엿: (=가래엿)
가마티: 눌은밥	=가마치
가시장: 찬장	=가시장
가시집: ≪처가≫를 속되게	=가시집: 안해의 집 이름
가생이: 가장자리	=가생이: 가장자리를 이루는 부분
가찹다: 가깝다	=가찹다: (말체)≪가깝다≫
갈구리: 갈고리	=갈구리: (=갈고리)
강냉이: 옥수수	=강냉이
거랑뱅이: 거지	=거랑뱅이: (=거렁뱅이)
거마리: 거머리	=거마리
거저기: 거적	=거저기: (=거적)
거충: 거죽	=거충: 겉이나 겉면

고다: 떠들다 =고다: (말체) 큰 소리로 떠들다

고루다: 고르다 =고루다: 고르다

고름하다: 골막하다 =고름하다: 골막하다

고름끈: 옷고름 =고름끈: 옷고름

고매끼: 대님 =고매끼: (=대님)

고상투: 감이상투 =고상투: (=감이상투)

고패: 고팽이 =고패: (=고팽이)

골뱅이: 우렁이 =골뱅이: 우렁이

곰실곰실: 곰곰 =곰실곰실: (=곰곰)

곱상스럽다: 곱살스럽다 =곱상스럽다: 꽤 곱살스럽다

곱상하다: 곱살하다 =곱상하다: 꽤 곱살하다

곱슬머리: 고수머리 =곱슬머리: (=고수머리)

기레: 지라 =기레: 내장기관의 하나

기슭도리: 기스락 =기슭도리: 기슭의 둘레

기울: 밀기울 =기울: (=밀기울)

길금: 엿기름 =길금: 보리나 밀 같은 겉낟알의 싹
을 틔운 것

길나들이: 길목 =길나들이: (=길목)

깃것: 깃옷 =깃것: 짜놓은 그대로의 천으로 지
은 옷

개창버들: 개'버들 =개창버들 → 개버들

게사니: 거위 =게사니: 집에서 기르는 새의 한가지

귀지개: 귀이개 =귀지개

광솔: 관솔 =광솔

나락: 벼 =나락: ≪벼≫를 달리 이르는 말

나래: 날개, 이영 =나래: 날개 / 이영

넝쿨: 덩굴 =넝쿨: ≪덩굴≫과 주석이 꼭 같음

노랑버들: 채양버들 =노랑버들: (=채양버들)

노랑조기: 참조기 =노랑조기: ≪참조기≫를 달리 이르

는 말

내굴: 연기	=내굴: 내(=연기)
도제: 도무지	=도제: ≪도저히≫의 준말
두터이: 두께	=두터이: 두터운 정도
둘치다: 두르다	=둘치다: 세게 두르다
댑싸리: 대싸리	=댑싸리
돼지풀: 마디풀	=돼지풀
말굴레: 갈퀴나물	=말굴레: 말굴레풀
망짝: 매짝	=망짝: 한짝의 망돌
모두다: 모으다	=모두다: 한 데 모으다
물'드무: 물독	=물드무: 물독의 하나
민충이:미련퉁이	=민충이
방아'대: 방아채, 방아공이	=방아대 → 방아채
버덩'이: 벋'이	=버덩이 → 벋이
버들강아지: 버들개지	=버들강아지 → 버들개지
버러지: 벌레	=버러지: (말체) 벌레
벌거지: 벌레	=벌거지: (말체) 벌레
볼뼈: 광대뼈	=볼뼈: 볼에 잇는 뼈
봉창: 벌충	=봉창
부루 = 상추	=부루(국화과의 푸른 채소)
부치개 = 부침이(지짐)	=부치개 → 부침
불호랑이: 표범	=불호랑이
설설이: 그리마	=설설이
섬뜨러하다: 서머하다	=섬뜨러하다
소걸이: 상씨름	=소걸이(=소걸이씨름)
소랭이: 대야	=소랭이
손칼: 주머니칼	=손칼
솝뜨다: 솟아뜨다	=솝뜨다: 솟아 떠오르다
수리개: 소리개	=수리개

시까스르다: 슬까스르다　　　　=시까스르다

새나다: 싫증나다　　　　　　　=새나다: 싫증나다

세간놀이: 소꿉질　　　　　　　=세간놀이: 살림살이의 놀이

자래우다: 기르다　　　　　　　=자래우다: ≪자라다≫의 사동형

자잘구레하다: 자질구레하다　　=자잘구레하다: 시시하고 잘다

자잘부레하다: 자질구레하다　　=자잘부레하다: 하찮고 자디 잘다

자빠라지다: 자빠지다　　　　　=자빠라지다 → 자빠지다

장지네: 노래기　　　　　　　　=장지네: ≪노래기≫를 달리 이르는

　　　　　　　　　　　　　　　　　　　말

장꿩: 장끼　　　　　　　　　　=장꿩: 장끼

저리: 미리　　　　　　　　　　=저리: 예견성 있게 미리

저저금: 제각기　　　　　　　　=저저끔: 저저마다

저즈막: 접때　　　　　　　　　=저즈막: 접때와 가까운 그무렵

적쇠 → 석쇠　　　　　　　　　=적쇠 → 석쇠

절구다: 절이다　　　　　　　　=절구다: ≪절다≫의 사동형

조그마치 → 조그만큼　　　　　=조그마치: ≪조그만치≫의 준말

조박: 조각　　　　　　　　　　=조박 * 쪼박

조박지: 조각　　　　　　　　　=조박지: 조박으로 된 물건

족볶이(足－): 주저탕　　　　　=족볶이: 삶은 발쪽을 썰어서 볶은

　　　　　　　　　　　　　　　　　　　것

종지닭: 씨암닭　　　　　　　　=종지닭: (말체) 씨암닭을 달리 이름

줄느러미: 줄느림　　　　　　　=줄느러미 → 줄느림

지내: 너무　　　　　　　　　　=지내: 너무 지나치게

지짐개질: 지짐질　　　　　　　=지짐개질. 지짐질

집난이: 시집 간 딸　　　　　　=집난이

짚세기: 짚신　　　　　　　　　=짚세기: (말체) 짚신

첫끝: 첫머리　　　　　　　　　=첫끝: ≪첫머리≫를 이르는 말

코망망이: 코맹넁이　　　　　　=코맹맹이

풀판: 풀밭, 덤불　　　　　　　=풀판

풍구: 풀무　　　　　　　　　　，　=풍구 → 풀무
페롭다: 팽패롭다　　　　　　　　=페롭다
한지: 한 데　　　　　　　　　　=한지(한 데)
허줄하다: 허술하다　　　　　　　=허줄하다
허우대 → 허위대　　　　　　　　=허우대(← 허위대)
헐망하다: 허름하다　　　　　　　=헐망하다
헐미: 헌데　　　　　　　　　　　=헐미
혼찌검 → 혼뜨검　　　　　　　　=혼찌검(혼뜨검)
흘께눈이: 사팔눈　　　　　　　　=흘게눈
헨둥하다: 현저하다, 빤하다　　　=헨둥하다
휘연하다: 훤하다　　　　　　　　=휘연하다
까마중: 까마종이(일년생 풀)　　=까마중 (→ 깜또라지)
까망: 깜장　　　　　　　　　　　=까망(깜장)
까망이: 깜장이　　　　　　　　　=까망이: 깜장이
각대기: 껍질　　　　　　　　　　=각대기(깍지)
꺼멍: 껌정　　　　　　　　　　　=꺼멍(껌정)
껄그물: 망녕그물　　　　　　　　=껄그물
꼬니: 고누　　　　　　　　　　　=꼬니
꼬랑댕이: 꼬랑이　　　　　　　　=꼬랑댕이(꼬랭이)
꼬리별: 살별　　　　　　　　　　=꼬리별(살별)
꼬장바지: 고쟁이　　　　　　　　=꼬장바지(가랭이통이 좁은것)
꼬까옷: 때때옷　　　　　　　　　=꼬까옷(때때옷)
꼭두머리: 꼭대기　　　　　　　　=꼭두머리(정수리 / 꼭대기)
꼭듸: 꼭대기　　　　　　　　　　=꼭뒤(뒤통수 웃부분)
꽃포기: 꽃떨기　　　　　　　　　=꽃포기(꽃풀의 포기)
꾸레미: 꾸러미　　　　　　　　　=꾸레미(꾸려 싼 물건)
꾀바리: 꾀자기　　　　　　　　　=꾀바리: ≪꾀바른 사람≫
따꽃: 채송화　　　　　　　　　　=따꽃(채송화)
딱정쇠: 딱장’대　　　　　　　　=딱정쇠(고집이 센 사람)

딱정리: 딱지(헌데 -)   =딱정리(≪딱지≫의 말체)
뜨락: 뜰   =뜨락(잡 앞뒤의 빈터)
뜨아하다: 뜨악하다   =뜨아하다(깨름직하다)
뗑기다: 똥기다   =뗑기다
빨쥐: 박쥐   =빨쥐(≪박쥐≫의 말체)
뾧두라지: 뾰루지   =뾧두라지
뿔괭이: 곡괭이   =뿔괭이
삐치다: 참견하다   =삐치다
빼람: 서랍   =빼람
짝지: 작대기, 지팽이   =짝지
쭈물거리다: 머뭇거리다   =쭈물거리다(자꾸 쭈물쭈물하다)
아근: 근처   =아근:
아시: 애벌   =아시(아시빨래)
안스럽다: 안슬프다   =안스럽다
어금버금하다   =어금버금하다
어방치기: 어림짐작   =어방치기
어슥하다: 으슥하다   =어슥하다: 어슷하다
어이다: 에다   =어이다
얼룩말: 워라말   =얼룩말: 얼럭말
얼레달: 반달   =얼레달
얼레발: 엉너리   =얼레발
얼음강판: 얼음판   =얼음강판: 두껍게 얼어붙은 얼음판
엉치: 엉덩이   =엉치
여직: 여태   =여직
역스럽다: 역겹다   =역스럽다
열: 쓸개   =열(열주머니)
열대: 열쇠   =열대: 열쇠(1)
엿가락: 엿가래   =엿가락: 엿가래
오래비: 오라비   =오래비: 오라비

인차: 곧	=인차: 이내
잎새: 잎사귀	=잎새: 잎의 모양새
애'군: 말썽군	=애군: 늘 애를 먹이는 사람
외따르다: 외딸다	=외따르다

그러나 이처럼 방언어휘가 문화어어휘로 승격하는 것이 단번에 된 것은 아니었다. 1960년 후반기부터 꾸준히 진행된 이 사업은 점차적으로 일정한 단계를 거치게 되었다. 다시 말하여 ≪조선말사전≫에서 방언으로 밝혀진 것이 ≪현대조선말사전≫(제2판)에서도 아직 문화어로 인정되지 않아 이 사전에서 누락되었다가 ≪조선말대사전≫(증보판)에 와서야 비로소 문화어로 올라 있는 것이 적지 않은 것이다.

 * ≪조선말사전≫의 자료에서 앞의 것은 방언이고 뒤의 것은 대응하는 표준어이다. ≪조선말대사전≫(증보판)의 자료에서 앞의 것은 문화어로 오르게 된 것이고 뒤의 것은 그에 대한 주석이다.

≪조선말사전≫	≪조선말대사전≫(증보판)
가락나무: 떡갈나무	=가락나무: 떡갈나무의 별칭
가래기: 솔가리	=가래기: 떨어진 마른 나무잎
가삼사리: 꼭두서니	=가삼사리: (=꼭두서니)
가슴: 거스름돈	=가슴: ≪거스름돈≫의 별칭
가짓말: 거짓말	=가짓말: ≪거진말≫을 얕잡아 이르는 말
갈래질: 가댁질	=갈래질 → 가댁질
건드리우다: 건들리다	=건드리우다: ≪건드리다≫의 피동형
걸구다: 걸우다	=걸구다: (=걸우다)
검더기: 검댕	=검더기: ≪검댕이≫의 옛스런 말

검싯하다: 검숭하다　　　　　　=검싯하다: 꽤 거무스름하다
고기바리: 고기잡이　　　　　　=고기바리: 뱃사람들이 고기잡이를
　　　　　　　　　　　　　　　　　　　이르는 말

고누질: 상아'대질　　　　　　　=고누질: 삿대질
고라지다: 고꾸라지다　　　　　=고라지다: 말라서 죽다
고집덩이: 고집쟁이　　　　　　=고집덩이: 고집덩어리
골짜구니: 골짜기　　　　　　　=골짜구니: (말체) 골짜기
구춘하다: 구쁘다　　　　　　　=구춘하다: 자꾸 먹고싶은 마음이
　　　　　　　　　　　　　　　　　　　있다

굴태나무: 굴피나무　　　　　　=굴태나무 → 굴피나무
궁굴다: 뒹굴다　　　　　　　　=궁굴다: (=뒹굴다)
기러기아범: 기럭아비　　　　　=기러기아범: ≪기럭아비≫를 대접
　　　　　　　　　　　　　　　　　　　하여 이르는 말

기끈: 기껏　　　　　　　　　　=기끈: (말체) 한껏
게둥대둥: 귀둥대둥　　　　　　=게둥대둥: 말이나 행동을 마구 하
　　　　　　　　　　　　　　　　　　　는 모양

귀성거리다: 구시렁거리다　　　=귀성거리다: 불안하여 자꾸 걱정하
　　　　　　　　　　　　　　　　　　　여 말하다

귀틈: 귀띔　　　　　　　　　　=귀틈 → 귀뜸
나물밭: 남새밭　　　　　　　　=나물밭: 나물이 많이 돋아 있는 곳
납도리: 민도리　　　　　　　　=납도리: (=민도리)
넉동치기: 넉동내기　　　　　　=넉동치기: (=넉동내기)
노덕: 마누라　　　　　　　　　=노덕: (=노데기)
누더름: 대보름　　　　　　　　=누더름날: 음력 정월 열나흘날
내우리다; 내후리다　　　　　　=내우리다: 냅다 후리치다
다고다: 뛰떠들다　　　　　　　=다고다: 고아대다
도리채: 도리깨　　　　　　　　=도리채: (고어) 도리깨
대꼬바리: 대통　　　　　　　　=대꼬바리
대'잎등글레: 죽대　　　　　　　=대잎등글레

뒤안: 뒤'곁   =뒤안: 뒤곁
마루소: 황소   =마루소: 씨름에서 상으로 타는 소
밀떼리다: 밀뜨리다   =밀떼리다 → 밀뜨리다
뭔: 무슨   =뭔: (말체) 무슨
밥티: 밥알   =밥티
부스럭지: 부스러기   =부스럭지: (말체) 부스레기
비꼬치: 비'방울   =비꼬치(비의 하나 하나 꼬치)
성냥간: 대장'간   =성냥간: ≪대장간≫의 별칭
소캐: 솜   =소캐: (말체) 솜
손타구니: 손아귀   =손타구니: (말체) 손탁
저모래: 글피   =저모래 → 글피
조무라기 → 조무래기   =조무라기 → 조무래기
죽가래: 넉가래   =죽가래: ≪넉가래≫를 달리 이름
지렁: 간장   =지렁 → 간장
재싸다: 잽싸다   =재싸다 → 잽싸다
제년(← 昨年): 작년   =제년 → 작년
천덕궁이: 천덕꾸러기   =천덕궁이 → 천덕꾸러기
털개지: 털보   =털개지
피다: 펴이다(넉넉해지다) =피다
피꺽질: 딸꾹질   =피꺽질(딸꾹질)
휘미지다: 후미지다   =휘미지다 (→ 후미지다)
까물키다: 까물치다(까무러치다) =까물키다 (→ 까무라치다)
까부새: 까불이   =까부새: ≪까불이≫를 달리
                              이르는 말
깜또라지: 까마종이   =깜또라지
꼴드마리: 꼭지마리   =꼴드마리(꼭지마리)
꽃때옷: 때때옷   =꽃때옷(때때옷)

셋째로는 종전에 방언어휘라고 하던 것이 문화어어휘로 인정되어 같은

대상에 대한 변이형이 존재하게 되었는데 새로 사정된 어휘가 우위를 차지하게 되거나 또는 종전의 표준말이 사전에서 아예 제외되고 만 것이다. 이것은 부단히 변화 발전하는 북의 언어생활을 반영하고 있는 것으로서 이것역시 방언과 문화어의 상호관계가 언어발전에 따르는 움직임 속에서 달라지고 있음을 보여주는 것이다.

예를 들어서 종전에는 ≪눌은밥≫의 방언으로서 ≪가마티≫가 사전에올라 있었는데 그것이 문화어로 사정되면서 사전에 ≪가마치≫로 오르게되었다. 그리고 ≪가마치≫에서 기본 뜻풀이를 주고 ≪밥가마치, 누룽지,눌은밥≫을 동의어로 밝혀 놓았다.

≪갈고리≫와 ≪갈구리≫의 경우에는 종전에 전자가 표준말이고 후자가방언으로 인정되고 있었으나 오늘에 와서는 ≪갈구리≫에서 기본 주석을주고 ≪갈고리≫는 그에 대한 동의어로 처리하고 있다. 마찬가지로 지난날에는 ≪거마리≫를 ≪거머리≫의 방언이라고 하였으나 이제 와서는 ≪거마리≫가 문화어로 사정되면서 ≪거머리≫는 그에 대한 동의어로 처리되고있다.

≪고누≫와 ≪꼬니≫, ≪옥수수≫와 ≪강냉이≫, ≪상추≫와 ≪부루≫,≪소리개≫와 ≪수리개≫, ≪지라≫와 ≪기레≫, ≪엿기름≫과 ≪엿길금≫의 경우에도 후자가 전자에 대응하는 방언어휘로부터 문화어어휘로 승격되면서 전자는 그에 대한 동의어로 인정되고 있어 그 상호관계에서는 변화가 일어나게 되었다.

이처럼 방언어휘가 문화어어휘로 승격하면서 종전의 표준말이 오히려그에 대한 동의어의 처지로 바뀌게 된 경우는 이 밖에도 많은데 이것은 평양문화어가 종전의 ≪표준어≫와는 달리 발전해 가는 하나의 경향성을 보여 주는 것이라고 할 수 있다. 즉 평양문화어의 경우에는 종전의 ≪표준어≫사정과 같이 ≪서울말≫ 이외의 다른 방언을 다 배척하는 협소한 관점에서표준말과 방언을 대립시킨 것이 아니라 문화어가 어디까지나 방언의 토양

위에서 부단히 자라나고 있다는 관점에 서서 사람들의 언어생활에서 표현의 다양성을 위해 문화어어휘와 함께 그것과 동의어의 관계에 있는 것들을 다 밝혀 주는 원칙을 견지하고 있는 것이다. 이것은 방언의 무질서한 침투를 허용하는 것이 아니라 문화어 어휘구성의 풍부성과 다양성을 담보하는 것으로 된다는 점에서 매우 긍정적인 것이라고 할 수 있다.

다른 한편 종전의 표준말에 대응하는 방언어휘가 문화어어휘로 되면서 종전의 표준말은 문화어의 어휘구성에서 제외된 경우도 없지 않다.

예를 들어서 종전에는 《꾀바리》가 《꾀자기》의 방언이라고 하였는데 그 후 《꾀바리》가 문화어어휘로 사정되면서 《꾀자기》는 사전에도 오르지 않게 되었다. 이것은 《꾀자기》가 통용되지 않게 된 사정을 반영하는 것이라고 할 수 있다. 그리고 지난날에는 《코맹녕이》에 대응하는 방언으로 《코망망이》를 들었는데 오늘날에는 문화어로 《코맹맹이》를 사정하고 《코맹녕이》는 쓰이지 않게 된 사정을 고려하여 이것을 사전에 올리지 않게 되었다.

또한 어떤 방언어휘의 경우에는 한때 문화어어휘로 인정되였다가 그 통용성의 변화로 하여 다시 문화어의 어휘구성에서 제외되는 것도 없지 않다.

예를 들어서 《농통하다》는 《몹시 재수없다》의 뜻으로 일부 방언에서 쓰이던 것으로서 지난날의 사전에는 올라 있지 않았다. 그런데 이 말의 독특한 의미 색채로 하여 사람들 속에서 일정하게 쓰이게 되자 《현대 조선말사전》(제2판)에서는 문화어어휘로 인정받게 되었던 것인데 《조선말대사전》(증보판)에는 올라 있지 않은 것으로 보아 이 말은 그 통용이 좁아지면서 문화어어휘의 자격을 상실한 것으로 볼 수 있다.

이와 같이 방언에서 좋은 말을 찾는 과정을 통하여 방언에 대한 지난날의 그릇된 관점이 극복되고 방언 속에 묻혀 있는 훌륭한 말들로 평양문화어의 어휘구성이 더욱 풍부화되었다. 평양문화어는 방언이라는 무한한 언어원천에서 좋은 말들을 부단히 찾아내어 그 어휘구성을 풍부히 하고 언어

표현의 다양성을 보장함으로써 언어생활에서 일반대중의 창조적 지혜가 한층 높이 발양될 수 있도록 하는데 기여하고 있다. 이것은 평양문화어의 우수성을 말해 주는 중요한 표징의 하나로 된다고 할 수 있다.

제4장 새로 만들어낸 아름다운 우리 말

1. 평양문화어의 단어조성수법과 품사별 단어조성
2. 새말에 의한 어휘구성의 풍부화

제 4 장

새로 만들어 낸 아름다운 우리 말

시대의 흐름과 사회발전에 따라 끊임 없이 새로운 말이 만들어 지게 된다. 단어를 새로 만들 때에는 당연히 모든 사람들에게 본보기로 될 수 있게 하며 알기 쉽게 하여야 한다. 새로 만들어 내는 말이 일반대중들이 알기 쉽고 쓰기 편리하게 되자면 반드시 해당 민족어의 단어조성 수법과 수단에 맞게 이루어져야 한다.

1. 평양문화어의 단어조성수법과 품사별 단어조성

우리 말에는 단어조성수법이 풍부하고 정연하며 매우 체계적일 뿐만 아니라 그에 토대하여 수많은 단어가 창조되어 감으로써 어휘구성은 끝없이 발전해 가고 있다.

단어조성은 어휘구성에 있는 뜻의 단위를 소재로 하여 단어조성수법에 따라 새로운 단어를 형성하는 과정이다. 사람들은 자연과 사회의 새로운 대상이나 개념에 대하여 이름을 붙여서 새 단어를 만들어 낸다.

≪낯설다≫, ≪빛나다≫, ≪꽃피다≫는 주어 – 서술어적 방식이고 ≪일하

다》, 《힘쓰다》, 《용쓰다》는 목적어-서술어적 방식이며 《돌보다》, 《뛰쳐나다》, 《떨쳐나서다》는 부사어-서술어적 방식이고 《햇볕》, 《꽃보라》, 《눈가루》는 관형어-피관형어적 방식이며 《밤낮》, 《아침저녁》, 《집집》은 병렬적 방식이다.

단어조성은 하나의 단어로 만드는 과정으로서 단어화의 서로 다른 단계를 거치게 된다.

예를 들어서 《꽃밭》, 《날치다》, 《바람막이숲》은 어느 때나 어근을 분리할 수 있고 단어안에서 형태부들은 자립성을 가진다. 이것이 단어화의 첫 단계이다. 그러나 《코끼리》, 《마파람》, 《휘파람》은 어느 한 어근이 어음-의미적 자립성이 있는 반면에 다른 것은 의존성을 가지게 되는데 이것이 단어화의 다음 단계이다. 《무지개》, 《무띠리》, 《아닌보살》, 《죽기내기》, 《섭쓸리다》, 《곱드러지다》는 어음이나 의미가 변형되면서 형태부의 단순화를 거친 단어화의 마감단계로 된다. 이러한 단어화과정에는 특히 어음탈락과 이화 및 어음의 삽입과 생략, 융합이 일어나게 된다.

▶ 어음탈락

> 입+시울→입술, 가라+앉다→갈앉다
> 끓다+앉다→끌앉다, 고루+고루→골고루

▶ 이화

> 몰리다→몰키다, 들리다→들키다
> 라팔→나팔, 나발, 라사→나사
> 뜯어+국→뜨더국

■▶ 어음삽입

> 기여다니는 짐승→길짐승
> 일어+서다→일떠서다
> 돌아+서다→돌따서다
> 추겨+세우다→추켜세우다

■▶ 어음생략

> 용하다→용타, 결단하고→결단코
> 흔하고→흔코, 젊지 않다→점잖다

■▶ 어음융합

> 꾀꿀이 - 꾀꼬리, 맴이→매미
> 깍뚝이→깍뚜기, 더펄이→더퍼리

특히 어음융합에서는 ≪놀(다)+애→노래, 놀+음→노름≫과 다른 ≪놀음≫, ≪놀음놀이≫도 같이 이루어진다.

단어조성의 기본수단은 어근과 접사(접두사, 접미사) 및 연결어음(연결모음, 연결자음)이다.(품사별 단어조성을 참고)

(1) 단어조성수법

평양문화어의 단어조성수법은 그 수법들의 겹침에 따라 단독법과 배합법으로 나눈다. 단독법은 어느 하나만의 수법을 쓰는 경우인데 여기에는 합성법, 접사법, 전환법, 반복법, 약어법, 분리법이 있고 배합법은 여러 단어 조성수법을 겹치어 쓰는 경우인데 여기에는 둘배합법과 셋배합법이 있다.

단어조성수법으로서 단독법을 차례로 보면 다음과 같다.

① 합성법

이 수법은 생산성이 가장 높은 단어조성방식으로서 자립적인 어근들이 하나의 단어를 이루는 수법이다.

합성법에는 단순합성, 확대합성, 지정합성 및 복합합성이 있다.

단순합성은 의미부들이 의미상으로 확대됨이 없이 서로 결합하여 합성어를 이루는 수법이다. 의미적인 등급으로 보면 여기에는 세 가지가 있다.

> 병렬적단순합성: 아침 – 저녁, 오르 – 내리다.
> 종속적단순합성: 꽃 – 봉오리, 집 – 짐승
> 동반적단순합성: 신 – 발, 연 – 이어

품사의 부류별로 보면 여기에는 두 가지 표현형태가 있다.

첫째, 같은 품사의 의미부들이 합치는 경우이다.

> 명사적합성: 아침저녁, 새벽잠
> 동사적합성: 오르내리다, 지도방조하다.
> 형용사적합성: 검붉다, 굳세다
> 부사적합성: 더더구나, 좀더

수사적합성: 두셋, 예닐곱
대명사적합성: 너나

둘째, 서로 다른 품사의 의미부들이 합치는 경우이다.

명사+동사: 빛 – 나다, 지팽이 – 더듬
명사+형용사: 남 – 다르다, 대 – 바르다
명사+부사: 새벽 – 같이, 때 – 마침
동사+명사: 익 – 반죽, 날 – 짐승
형용사+명사: 군 – 잠, 늦 – 더위
부사+명사: 올리 – 굴, 더펄 – 머리
형용사+동사: 희 – 번덕이다
형용사+부사: 희 – 번지르르
부사+동사: 가로 – 맡다, 으 – 벼르다
부사+형용사: 가뭇 – 없다, 슬 – 미지근하다
수사+명사: 한 – 동기, 한 – 아름, 사 – 철, 네 – 활개
수사+부사: 하나 – 가득
수사+형용사: 하나 – 같다
관형사+명사: 새 – 해, 첫 – 술
대명사+명사: 이 – 것, 그 – 때

확대합성은 단어조성에 참가하는 어느 한쪽이나 양쪽이 확대된 상태에서 단어를 이루는 수법이다.
확대합성에는 앞확대합성과 뒤확대합성 및 앞뒤확대합성이 있다.

앞확대합성: 찹쌀 – 가루, 검둥 – 개
뒤확대합성: 일 – 본새, 금 – 물결
앞뒤확대합성: 비바람 – 막이, 다섯목 – 한가래

이것을 형태부의 종류에 따라 다시 두 가지로 가른다.

첫째부류는 접사에 의한 확대이다.

차돌 – 찜, 멥쌀 – 가루, 애벌 – 김, 햇곡식 – 가리

둘째부류는 확대된 부분이 자립적 의미부에 의하여 이루어지는 경우이다.

독장사 – 구구, 손바닥 – 뼈, 뽕나무 – 자벌레

≪하다≫형의 동사, 형용사도 확대법에서 큰 비중을 차지한다.

헌신분투 – 하다, 자력갱생 – 하다,
태연자약 – 하다, 무궁무진 – 하다

지정합성은 단어조성에 참가하는 의미부의 일부 또는 전부가 문법적으로 지정된 상태에서 단어를 이루는 수법이다.
여기에는 앞지정합성과 뒤지정합성 및 앞뒤지정합성이 있다.

앞지정합성: 걸어 – 가다, 돌따 – 서다
뒤지정합성: 못 – 미처, 뒤 – 이어
앞뒤지정합성: 날에 – 날마다, 든 – 손에, 같고 – 같다

복합합성은 지정법과 확대합성 등이 겹치어서 새말을 이루는 경우이다.

나도 – 방동사니 – 풀, 기 – 딱 – 막히다

떨쳐-일어나다, 미쳐-날뛰다, 닳아-떨어-지다, 허여-멀쑥하다,
거머-푸르디디하다, 새라-새롭다, 새라-새것

② **접사법**

이 수법은 합성법 다음가는 단어조성수법으로서 바탕말에 비자립적인
접사를 붙이어서 새말을 이루는 수법이다. 여기에는 접두사법과 접미사법
및 접두접미사법이 있다.

접두사법은 바탕말앞에 비자립적인 접사가 결합되는 경우이다.

햇-곡식, 풋-바심, 휘-감다

접미사법은 바탕말 뒤에 비자립적인 접사가 결합되는 경우이다.

일-군, 욕심-쟁이, 부채-질

여기에는 접사들만으로 단어가 이루어지는 경우가 포함된다.

강짜, 진짜, 가짜, 허짜, 햇내기, 풋내기,
민짜, 진짜배기, 헛짜배기, 민짜배기

접두접미사법은 바탕말의 앞뒤에 비자립적인 접사들이 결합되는 경우이
다.

풋-절-이, 되-풀-이, 비-능률-적,
비-공개-적, 비-과학-적, 시-아우-님

③ 전환법

이 수법은 다른 단어조성소재가 붙음이 없이 자체의 외형이나 성격을 바꿈으로써 새말을 이루는 수법이다. 여기에는 품사전환과 어음전환 및 위치전환이 있다.

품사전환은 품사의 성격을 고치어서 품사소속을 달리하는 수법이다.

설피 - 설피다, 말리 - 말리다, 신 - 신다, 품 - 품다, 띠 - 띠다, 가리 - 가리다, 무지 - 무지다, 발 - 밟다

≪완수, 점령, 조직, 고무, 구성≫ 등은 명사와 동사의 두 품사적 기능이 있다.

≪만족, 유망, 졸렬≫ 등은 명사와 형용사의 품사적 기능이 있다.

명사와 부사의 두 품사에 소속되는 경우도 있다.

정말, 진정, 사실, 다소, 백번, 천만번,
만일, 각일각, 해해, 세세, 년년, 성심성의

이밖에도 부사로부터 동사, 형용사로 넘어 가는 경우도 있다.

더디(부사) - 더디다(형용사)
삼가(부사) - 삼가다(동사)
덜(부사) - 덜다(동사)

어음바꿈은 의미부의 말소리를 바꿈으로써 새말을 이루는 수법이다.

모음에서는 주로 밝은 것과 어두운 것의 교체를 이용하고 자음에서는 울림과 울림 없는 소리를 대조시키고 순한-거센-된 소리들의 교체를 이용한다.

산들산들 - 선들선들
달랑달랑 - 덜렁덜렁
똘랑똘랑 - 뚤렁뚤렁
오돌오돌 - 우둘우둘
반들반들 - 판들판들 - 빤들빤들

《붉다》는 《발갛다, 벌겋다, 빨갛다, 뻘겋다》, 《시뻘겋다, 새빨갛다》, 《불그스름하다, 발그스름하다》, 《불긋불긋, 발깃발깃, 붉깃붉깃, 벌긋벌긋》, 《불그죽죽하다, 발그족족하다》 등의 어음바꿈으로 파생되어 나간다.

《희다, 검다, 푸르다, 누르다》와 이 단어들의 복합체도 이런 방식으로 숱한 파생어를 이룬다.

시다 - 시금시금, 시큼시큼, 새곰새곰, …
짜다 - 짭짜래, 찝찌레, 쫍쯔레, …

위치바꿈은 단어조성성분들의 차례를 바꾸는 수법이다.

망돌 - 돌망,　　　　　　　　　먹살 - 살먹,
너럭바위 - 바위너럭,　　　　　쥐락펴락 - 펴락쥐락,
아래우 - 우아래,　　　　　　　오랍누이 - 누이오라비,

 돼지새끼 – 새끼돼지,　　　　 묵삭이다 – 삭여묵이다,
 디디밟다 – 밟디디다.

④ 반복법

이 수법은 의미부의 형태를 거듭함으로써 새말을 이루는 경우인데 여기에는 같은 반복과 다른 반복이 있다.

▌같은 반복

 슬렁 – 슬렁, 야금 – 야금, 큼직 – 큼직, 야들 – 야들

▌다른 반복

 눈치 – 코치, 밑두리 – 코두리

⑤ 생략법

이 수법은 단순말줄기나 또는 합성어의 소리마디를 줄이는 방식으로 새말을 짓는 수법으로서 여기에는 음절생략과 합성생략이 있다.

▌음절생략

 사이 → 새, 아이 → 애, 거기 → 게

▌합성생략

 경공업대학　　　　　　 → 경공대,
 아동백화점　　　　　　 → 아백,
 재일본조선인총련합회　 → 총련

⑥ 분립법

이 수법은 단어의 일부분이나 문법적 형태체계에서 떨어져 나와 독자적인 단어를 이루는 경우이다. 여기에는 단순분립과 지정분립 및 성어분립이 있다.

단순분립은 본래의 단어에서 어느 한 부분이 갈라져서 새말을 이루는 수법이다. 여기에는 단순정상분립과 단순이상분립이 있다.

▌단순정상분립

거덜거덜>거덜(이 나다)

▌단순이상분립

점잖다>점잔, 안달아나다>안달

지정분립은 본래말의 한 문법적 형태가 새말로 떨어져 나오는 경우이다.

잇다>이어, 어떻다>어떻든

성어분립은 관용구와 같은 단어결합이 하나의 단어로 굳어지는 경우이다.

아닌게아니라, 아니나다를가

단어조성수법으로서 배합법은 단독법에 속한 여러 수법들이 겹치어 쓰이는 경우인데 여기에는 둘배합법과 셋배합법이 있다.

▶ 둘배합법

① 접사 - 합성법

부치 – ㅁ – 땅, 해 – 바라 – 기, 배 – 불뚝 – 이

② 접사 - 반복법

쉬 – 여 – ㅁ – 쉬 – 여 – ㅁ, 저 – 저 – 끔

③ 접사 - 어음전환법

덜컥>덜커덕, 싱겁>싱검 – 둥이, 층층>우 – 중충

④ 합성 - 어음전환법:

말바리>말파리, 골고루>골골 – 샅샅이

⑤ 반복 - 어음전환법:

버 – 벙, 나 – 날, 짭 – 짤

⑥ 반복 - 합성법:

떳떳 – 하다, 깐깐 – 하다

⑦ 반복 - 생략법:

매우(매우)>매매, 불이야(불이야)>부랴부랴

⑧ 합성 - 생략법:

오 – 누이, 구 – 재, 드 – 던지다, 노랑 – 태

⑨ 어음전환 - 생략법:

철썩철썩>처절썩, 터실터실>터시시

⑩ 접사 - 생략법:

아버 – 님, 갑 – 삭

⑪ 분립 - 합성법:

깐(깐) – 지다

⑫ 분립 - 접사법:

누덕(누덕) – 이

▶ 셋배합법:

① 접사 - 합성 - 어음전환법:

부 – 지 – 깽이, 무 – 넘 – 이

② 접사 - 반복 - 어음전환법:

자 – 자 – 부레

③ 합성 - 생략 - 어음전환법:

옴 – 파리

④ 반복 - 합성 - 접사법:

코 – 맹맹 – 이, 물 – 찰찰 – 이, 속속 – 들 – 이

⑤ 접사 - 합성 - 생략법:

어슴 - 푸레, 꼬 - 마 - 가리

⑥ 분립 - 접사 - 어음전환법:

착(착) - 차곡

단어조성수법은 일반대중 모두의 창조적 지혜와 슬기가 담겨진 새말을 만들어 내는 창조적 방식이다. 이런 측면에서 단어조성수법은 논리적 수법, 형상적 수법, 비유적 수법, 유추적 수법 및 기호적 수법과 감정적 수법으로 갈라진다.

단어조성의 논리적 수법은 대상현상의 개념이나 표상을 충실히 반영하는데 기본을 두고 단어조성수단을 선택하고 결합시키는 수법이다.

≪아침노을, 종소리, 손바닥, 산기슭≫

어휘구성에서 많은 부분은 논리적 수법으로 조성된 단어들이 차지하며 학술용어는 거의 이 수법으로 만들어 진다.

단어조성의 형상적 수법은 논리적 수법과 대조를 이룬 것으로서 눈앞에서 직접 보는 것처럼 생동하고 구체적으로 표현하여 이름 짓는 수법이다.

≪곱슬머리, 뭉게구름, 새우잠, 딱총, 깎아치기, 너털웃음, 마당발, 앉은저울, 쥐포수≫

단어조성의 비유적 수법은 비교되는 대상과 비교하는 대상 사이의 공통성이나 유사성에 기초하여 새말을 만드는 수법이다.

≪벼락부자, 나비수염, 소낙공부, 콩우유, 술도깨비, 어깨죽지, 물렁
팥죽, 꼭두새벽, 쑥대머리≫

비유적 수법에서는 특히 은유와 환유가 적극적으로 쓰인다. 그것은 은유
와 환유의 비유상 특성과 관련된다. 은유는 비유과정이 언어로 표면화되지
않고 비유결과만이 나타나는 수법이다. 예를 들면 ≪나비날개모양과 같은
수염≫을 은유로 나타낸 것이 ≪나비수염≫이고 ≪소낙비가 쏟아지듯이
짧은 시간에 정신없이 공부하는 것≫을 은유적으로 나타낸 것이 ≪소낙공
부≫이며 ≪곱슬머리를 가진 사람≫을 부분과 전체의 관계에서 환유적으
로 표현한 것이 ≪곱슬머리≫이다.
　단어조성의 유추적 수법은 대칭되거나 대응되는 두 대상에 대하여 한쪽
을 명명하는 방식과 같은 방식으로 이름 짓는 수법으로서 ≪주물품/주강
품, 명란젓/창란젓, 전진/후진, 아버님/어머님/해님/아드님≫ 등을 실례로
들 수 있다.
　단어조성의 부호적 수법은 논리적 타당성이 없이 이 약속적인 기호로서
대상을 이름 짓는 수법이다.

≪너도밤나무, 너도밤동사니, 지지난번, 그그저께, 미나리아재비≫

단어조성의 감정적 수법은 사물현상에 대한 감정적 평가가 드러나게 하
는 수법이다.

≪새침데기, 잘코사니, 헛나발, 어쩌구저쩌구, 귀쌈, 글러먹다, 두둘
기어 대다≫

이상의 단어조성수법은 우리 말의 어휘구성이 폭 넓고 깊이 있는 단어조
성방식의 체계에 기초하고 있다는 것을 의미할 뿐만 아니라 다종다양하고

적극적으로 단어를 생성하는 생산적인 단어조성방식에 바탕을 두고 있다
는 것을 확인해 주는 것이다.

(2) 품사별 단어조성

① 명사

우선 접사법에서 접두사에 의한 명사조성에는 약 90개의 접두사가 동원
된다.

> **- 사람**

맏 - ~아들, ~누이, ~딸, ~시누이
가시 - ~아버지, ~어머니
시 - ~누이, ~아버지, ~외삼촌, ~어머니
이붓 - ~아버지, ~가시아버지, ~시어머니
친 - ~삼촌, ~아버지, ~자식, ~사촌
양 - ~아들, ~딸, ~아버지
외 - ~아들, ~딸, ~삼촌
홀 - ~어머니, ~아버지, ~어미, ~아비
갓 - ~스물, ~서른, ~마흔
골 - ~담배군, ~병, ~생원, ~선비
배내 - ~병신, ~기미, ~웃음, ~털, ~옷

> **- 자연생물체**

찰(차, 참) - ~쌀, ~밥, ~조, ~수수
메(멥) - ~쌀, ~쌀밥, ~조, ~수수
들 - ~깨, ~뽕, ~미나리

참 - ~깨, ~미나리, ~뽕, ~살구

개 - ~살구, ~싱아, ~비름

돌 - ~배, ~가재미, ~고래, ~게

풋 - ~김치, ~솜씨, ~장기, ~잠, ~낯, ~닭, ~내기, ~정, ~나물,
   ~ 고추

햇 - ~콩, ~감자, ~곡식

올 - ~곡식, ~벼, ~콩, ~뽕, ~감자

갈(작은것) - ~가마귀, ~거미, ~기러기

갈(갈색) - ~고등어

암/수 - ~개, ~범, ~말, ~토끼

말 - ~사슴, ~거미, ~개미

쇠 - ~비름, ~뜨기, ~찌르레기(작은것), ~구들, ~고집(검질기거나
   고집이 센것)

불 - ~강아지, ~밤송이(작고 하잘것 없다.)

갖 - ~저고리, ~바지(가죽재료)

뭇 - ~사람, ~별

외 - ~기러기, ~나무다리

홑 - ~섶, ~창, ~옷, ~것

한(가장, 한창) - ~길, ~겨울, ~복판

왕(가장 큰) - ~새우, ~거미, ~가물

범(널리 포괄) - ~민족, ~아시아

종, 족, 알, 옹, 옹달(작은, 좀스러운, 옹졸한) - 종다래끼, 족지게, 알
   잔, 알노랭이, 옹고집, 옹달샘

- 사물의 성질, 상태, 모양, 관계

강(억지의, 부자연스러운) - ~술, ~울음, ~조밥

건(겉으로만의) - ~짜증, ~깡깡이, ~울음

생 - ~떼(강떼), ~고기(날고기), ~리별, ~사람, ~눈길, ~낯,

~금
군--~소리, ~입질, ~말,
맨--~것, ~밥, /민~물, ~머리
알--~몸, ~몸뚱이, ~밤, ~짜, ~망나니, ~부랑자
불--~깍쟁이, ~망나니
땅--~고집, ~벼락 ~수/따--~두릅, ~들쭉, ~꽃, ~벌
왼/오른--~쪽, ~켠, ~팔, ~다리
몰--~상식, ~이해, ~인식
불(부)--~합격, ~가능, ~필요, ~주의
비--~도덕, ~위생, ~본질, ~금속
미--~도착, ~완성, ~성년
덧--~문, ~살, ~국, ~기둥, ~날, ~낚시
도--~도목수, ~사공
되--~트집, ~사정, ~차지, ~풀이, ~지기, ~매기, ~받이, ~살이
몰--~사격, ~숨, ~방
벋--~장, ~새
빗--~선, ~줄, ~줄천(릉직)
치--~사랑, ~밀이, ~받이
얼--~간, ~바람, ~죽음, ~요기
둘--~소, ~암소, ~암닭
상--~말, ~욕
숫--~것, ~눈, ~잠, ~티
생--~벼락, ~눈길, ~사람
잡--~것, ~소리, ~손질, ~타령
좀--~도끼, ~것, ~놈, ~자귀, ~꾀
참--~외, ~미나리, ~비둘기, ~말, ~사람
풋--~잠, ~정, ~콩, ~김치, ~닭, ~강냉이
연--~분홍, ~밤색, ~보라, ~자주빛
애--~가지, ~호박, ~벌, ~솔

강 - ~엿, ~술, ~다짐, ~서리
드 - ~소문, ~잡이
뒤 - ~설레, ~범벅, ~스럭
잔 - ~주름
헛 - ~소문, ~말, ~수고, ~고생
혜 - ~살, ~살군, ~살질
깡 - ~보리밥
엇 - ~그루, ~살창, ~셈, ~부룩이, ~절이
외 - ~나무다리, ~겹, ~골목, ~아들
맞 - ~절, ~대거리, ~바람, ~톱

접사법에서 다음으로 접미사에 의한 명사조성에는 170여 개의 접미사
가 있다.

> **– 사람**

가 - 김~, 박~, 정~
씨 - 김~, 박~, 정~
군 - 씨름~, 지게~, 나무~, 배~, 일~, 싸움~, 말썽~, 심술~
이 - 갓난~, 젊은~, 늙은~, 못난~, 어린~, 적은~, 더펄~, 애꾸눈~
님 - 아버~, 어머~, 따~, 아드~, 마~, 스~, (해님, 달님, 별님)
네 - 젊은~, 어른신~, 녀편~, 남정~, 아낙~
지기 - 고~, 산~, 묘~, 청~, 창고~, 등대~, 문~
구리 - 옆~, 허~, 진~
노리 - 관자~, 가슴~, 무릎~
도리 - 웃~, 아래~, 무릎~
뚱이 - 몸~, (몸뚱아리)(밑둥 - 밑둥아리)
매 - 몸~, 입~, 눈~, 다리~, 허리~,
심 - 배~, 뚝~

강(광) - 우습~, 어리~ (어리광대, 광대놀음)

아치 - 벼슬~, 장사~(장사치)

(그치~, 이치~, 저치~, 좋은치)

바치 - 갖~, 장인~ (쟁인바치)

쟁이 - 가살~, 익살~, 땜~, 미~, 식~, 떼~, 버르~

내기/뜨기 - 시골~, 수월~, 여간~

동이/둥이/퉁이 - 이쁘~, 쉰~, 후~, 선~, 늦~, 귀~, 쫄래~, 재간~,
　　　응석~, 싱검~, 덴~, 길기~, 흰~, 검~, 약~, 순~, 이악~,
　　　귀염~, 생~, 짓~, 심술~, 어리광~

데기 - 소박~, 심술~, 새침~, 부엌~

꾸러기 - 욕심~, 잠~, 떼~, 심술~

바우 - 심술~, 떼~

보 - 울~, 떡~, 뚝~

쇠 - 구두~, 덜렁~

다리 - 키~, 병~

돌이/바리 - 악~, 꾀~, (샘바리, 트레바리)

뱅이 - 안달~, 장돌~, 얽음~, 앉은~, 잡살~, 속달~, (놈팽이, 곰팽
　　　이)

배기 - 본토~, 양코~, 느리~, 울뚝~, 앍작~, 주정~, 알짜~, 공짜~,
　　　과녁~, 언덕~(뱅이 - 주정~)

부리 - 텁석~, 눈딱~, 오망~, 조잔~, 주전~

딱지 - 곰보~, 곁~, 심술~

골 - 약~, 강~, 왜~

꽁이 - 말라~, (말라쟁이)

과니 - 맹~, 청맹~

태기 - 망~, 두상~, 령감~

구리 - 멍텅~

배 - 간상~, 시정~

개 - 웃으~, 아이보~, 코흘리~

기 - 돌보~, 쓰레받~, 되매~

개 - 베~, 지우~, 마~

게 - 집~, 지~

이 - 못뽑~, 벼훑~

(※ ≪기, 개, 게≫와 ≪이, 애, 에≫로 파생된 단어들이 병존하는 경우:

돌기/돌이

날개/나래, 깔개/까래

돌개/도래(~굽이, ~샘, ~자)

몰개/모래

얼게/얼레, 코뚫게/코뚜레

지/치 - 깡~, 누룽~, 짠~(오이짠지, 무우짠지)

암/엄 - 사람, 주검, 마감, 무덤

아미/어미 - 동그라미, 몽그라미, 둥그러미, 뭉그러미

장/정 - 감장/검정, 감장이/검정리

앙/엉 - 이랑, 고랑, 바탕, 구덩, 구렁, 시렁(노랑이, 파랑이, 누렁이,
      퍼렁이)

갈 - 맛갈, 빛깔, 색깔, 성깔

씨 - 솜씨, 마음씨, 날씨, 말씨

새 - 차비~, 머리~, 모양~, 본~, 앉음~, 걸음~, 엮음~, 흐름~, 움
      직임~, 놀림~, 먹~, 먹음~, 볶~, 볶음~

기 - 물~, 바람~, 열~, 결~, 분~

이1 - 깍두기, 삼발이, 얼루기, 딱딱~

이2 - 높이, 깊이, 길이

질 - 삽~, 낫~, 써레~, 망~, 톱~, 도끼~, 대패~, 낚시~, 바느~, 사
      냥~, 말~, 말공부~, 시비~

치기 - 엿~, 못~, 딱지~

거리 - 일~, 찬양~, 칭찬~, 광고~, 반찬~, 말썽~, 골치~, 이야기~,

　　　　　좀쟁~, 웃음~

가마리 – 구경~, 놀림~, 웃음~

지기 – 한마~, 두섬~

다지 – 내리~, 올리~, 가도~, 세로~, 마구~

받이 – 내리~, 올리~

막 – 올리~, 내리~, 어슬~, 늦을~

맡 – 머리~, 베개~

머리 – 논~, 책상~, 밭~, 상~, 베개~

웅 – 지붕, 거층

메 – 두집~, 굴뚝~

달 – 양~, 음~, 산~, 능~

모루 – 솔모루

치기 – 막치기, 갈림목치기

치 – 발치

섶 – 길~, 풀~

께 – 구묵~, 다리목~, 그믐~, 초생~, 보름~

거리 – 달~, 하루~, 해~, 사흘~

포 – 손포

짜리 – 1원~, 10원~

어치 – 15원~, 30원~

땀 – 불~

ㅁ/음 – 잠, 춤, 꿈, 울음, 웃음, 놀음, 졸음, 주름, 버팀, 꾸밈, 스밈, 가
　　　　르침, 배움, 읽음, 얽음, 슘음, 마심, 끓음, 섞음, 낡음

이 – 벌이, 다듬이, 갈이, 길이, 놀이

기 – 버티기, 구르기, 기르기, 붙이기, 토하기

군 – 육군, 해군, 공군, 로케트군

적 – 진보적, 혁신적, 국민적, 문화적

성 – 내밀성, 인민성, 창조성, 견딜성, 참을성, 먹성, 뜰성, 물들성, 물
　　　빨성, 돌굳음성, 물풀림성

화 – 의인화, 자동화, 정보화

아지/어지 – 송아지, 나머지, 모가지

아기/어기 – 싸라기, 부스러기, 찌르러기

아리/어리 – 이파리, 응어리, 등어리, 덩어리

맹이/멩이 – 알맹이, 돌멩이

앵이/엥이 – 꼬랭이, 뿌렝이

악/억 – 조막, 주먹

앙/엉 – 도랑, 고랑, 구멍, 두멍

개비/깨비 – 성냥개비, 싸리깨비, 쟁개비

사귀/짜귀 – 잎사귀, 골짜기

라기/러기/래기/레기 – 까그라기, 끄트러기, 자스래기, 지스레기, 쭈그
러기

때기 – 배~, 등~, 나무~

빼기 – 코~, 재~

뚱이 – 몸~

숭이 – 코~, 애~

사발 – 욕~

바가지 – 주책~, 욕~, 얄~

대기 – 낯판~, 상판~, 판~, 옆~, 늘그~, 여위~

댕이 – 옆~, 종~

텅이~구렁~

부리 – 조잔~, 주전~

사니 – 지각~, 가리~

서니 – 꼬락~, 철딱~

다리 – 모양~

머리 – 인정~, 주책~, (속알)→소갈~

뚝 – 밸~, 어벌~

찌 – 밸~, 별~

짝 – 밸~, 어벌~

지거리 - 욕~, 농~
대가리 - 멋~, 맛~
구니 - 뿌다~, 더수~, 졸망~
악지 - 꼬락지, 쪼각지
억지 - 어벅지, 기럭지, 뿌럭지
개 - 힘~, 주먹~, 씨름~, 얄~
팍 - 가슴~, 무르~, 어깨~
패기 - 가슴~
부들기 - 젖~, 어깨~
장 - 끝~, (팔~)→팔짱
정 - 쭉~, 묵~
정리 - 쭉~, 묵~
썽 - 말~
쌀 - 혼~, 넋~
찌검 - 혼~, 손~
터기 - 그루~
갈 - 빛~, 맛~

또한 합성법에 의한 명사조성에는 다음과 같은 갈래가 있다.

▶ 명사적 합성

- 병렬적 결합

아침저녁, 봄가을

- 종속적 결합

사과꽃	속발톱
아침노을	점박이

저녁해	턱받이
부엌살림	귀밝이
오막살이	속구구
세간살이	범사냥
책방	곰사냥
웃음꽃	노루사냥
속바람	꿩사냥
속대사	매사냥

- 동반적 결합

눈동자	무남독녀
떼목	역전앞
앞가슴	머리임

➡ 동사적 합성

- 영형태

후리그물	빅씨름
꺽쇠	엎덫
모두숨	익반죽
모두발	깨도

- 이음형 ≪아/어/여≫

꺼떨기	던져넣기
꺼울림	깎아차기

껴나름	골라베기
처넣기	

- 《ㄴ, ㄹ》형

드난살이	땔나무
디딜방아	들창
밀차누운단	나뉜옷
선단	빈포기
쉴막	숨은열
걸그림	버릴가스
돋을찍기	뺄구멍
달린옷	

- 《이, 기, ㅁ》형

본뜨기	길잡이
본보기	발뺌
목달이	겉발림

▶ 형용사적 합성

일더위	검바위
늦더위	검독수리
늦새끼	붉도미
늦서리	붉진디물
늦봄	붉가재미
늦잠	검밝기

굳잠 검밝음새
검버섯 늦주름
단간장 단배
단강냉이 단삼
단국화 단수수
단김 단술
단녀삼 단잠
단내 단초장
단둥글파 단팥죽
단대목 단호박
단맛 단꿈
단먹이 단얼음
단물 굵게깨기
단벗나무 잘게깨기
단비

▶ 부사적 합성

오래동안 막그릇
먼저번 막소금
막일 막말
막로동 막소리
막벌이 막광석
막대패 막타르
막담배 막베기
막팔기 투석돌
막흐름 오도독뼈
막떨기 빨락종이
흔들레판 뽀족각

번들령
까딱수
울뚝밸
땡볕
아작얼음

살짝뿔
깜빡발작
매끈도
밋밋도
미끌액

▶ 수사적 합성

한마음
한몸
한가지
한걸음
한겻
한고비
한곬
한곳
한군데
한길
한나름
한몫
한밑천
한바리
한바퀴
두밤중
두겹
세이웃
세모창
네굽
네활개

한나절
한날
한달
한달음
한당대
한돌기
한동갑
한동안
한마디
한모
한목숨
네거리
육족
사군데
사방
팔방
육모
육부
칠보
사군자

▶ 관형사적 합성

여느때	단걸음
딴전	단골
단마디	단돈
새싹	단둘
첫날	단마디
각곳	단모금
매한가지	단물
단간	단매
단간방	단발
단간집	단방
단번	단벌

▶ 기타

우선 감동사가 명사조성에 참가한다.

아차실수, 애고땜, 싸구려판, 만세소리

다음 불완전명사 ≪것≫과 연관되는 명사조성방식이 있다.

겉것, 겹것, 공것, 물것, 질것, 솜것, 베것, 무명것, 물겹것

[명사적인 것]

이것, 그것, 저것, 이런것, 그런것, 저런것, 다른데것

[대명사적인 것]

땔것, 탈것, 든것, 잡은것

[동사적인 것]

낡은것, 젊은것, 좀한것, 보잘것, 헌것, 잘난것, 늙은것

[형용사적인 것]

별것, 새것, 새라새것

[관형사적인 것]

좀체것

[부사적인 것]

준것, 날것, 뭇것, 맨것, 메것, 상것, 숫것, 잡것, 생것, 좀것, 찰것, 풋것, 핫것, 헛것, 홑것, 햇것, 올것

[접두사와 관련된것]

또한 반복법에 의하여 명사가 조성된다.

구석구석	눈치코치
골목골목	새라새것
뭉치뭉치	차림차리
사람사람	쀔꿰기
뭇뭇	꾸림꾸리
남남	돈을돈이
알음알음	돌음돌이
씀씀	걸음걸이
생김생김	앉음앉이
의지가지	앓음앓이
동네방네	

또한 약어법에 의해 명사가 조성된다.

《농근맹》(농업근로자동맹)
《총련》(재일본조선인총련합회)
《직맹》(직업동맹)

《황철》(황해제철소)

《평백》(평양백화점)

또한 배합법에 의해 명사가 조성된다. 여기서 가장 대표적인 두 수법을
보면 아래와 같다.

▶ 합성 – 접사법

벌이줄	버팀대
알낳이	기다림칸
길잡이	부침땅
목조르기	부림소
바줄당기기	나눔수
모내기	같기표
디딤돌	

▶ 합성 – 어음전환법

부삽, 시월, 소나무, 진펄(진 – 벌)

② 동사

▶ 접두사

구 – 구스루다, 구슬리다

나 - 나눕다, 나자빠지다, 나뒹굴다
납 - 납뜨다
도 - 도서다, 도지다
들 - 들끓다, 들부시다
디 - 디굴다
대 - 대지르다
데 - 데삶다
비 - 비틀다
베 - 베돌다
지르 - 지르밟다
지릅 - 지릅뜨다
지리 - 지리밟다
처 - 처박다, 처먹다, 처몰다
훌 - 훌부시다
휩 - 휩쓸다
냅 - 냅뜨다
들이 - 들이부시다, 들부시다
딩 - 딩굴다
배 - 배틀다(비틀다), 배돌다
뻗 - 뻗디디다
앵 - 앵돌아지다

- 통용접두사

덧 - 덧싣다, 덧붙이다, 덧놓다
도 - 도맡다
되 - 되살리다, 되묻다, 되돌리다
몰 - 몰밀다, 몰붓다, 몰붙다
벋 - 벋디디다, 벋나가다, 벋지르다

빗 – 빗나가다, 빗맞히다, 빗보다, 빗듣다
치 – 치솟다, 치닫다, 치밀다, 치뜨다
얼 – 얼버무리다, 얼보다, 얼비치다
걸 – 걸뜨다, 걸앉다
다 – 다죄다, 다몰다, 다밀다, 다잡다
짓 – 짓이기다, 짓부시다, 짓뭉개다, 짓밟다
해 – 해반닥이다, 해바라지다
회 – 회동그래지다
휘 – 휘젓다, 휘갈기다, 휘뿌리다, 휘날리다
앙 – 앙버티다, 앙다물다
에 – 에돌다
강 – 강마르다, 강다물다
드 – 드날리다, 드놀다, 드몰리다
뒤 – 뒤흔들다, 뒤번지다, 뒤덮치다, 뒤부시다
쟌 – 쟌갈다, 쟌널다
헛 – 헛디디다, 헛잡다, 헛보이다, 헛배우다
헤 – 헤가르다, 헤덤비다, 헤벌리다
깡 – 깡마르다
엇 – 엇서다, 엇나가다, 엇바뀌다, 엇갈리다
맞 – 맞부딪치다

▶ 접미사

- 치다: 밀치다, 떨치다, 엎치다, 덮치다, 놓치다, 깨우치다, 깨치다, 솟구치다, 족치다, 재우치다, 마주치다, 그르치다, 겹치다, 합치다, 망치다, 해치다, 쏟치다

- 지르다/집다: 쏜지르다, 헤집다, 버르집다, 구박지르다, 뭉그지르다, 쏜지르다, 으끄지르다, 엎지르다

- 뜨리다: 깨뜨리다, 망가뜨리다, 쏟뜨리다, 엎뜨리다, 밀어뜨리다
- 거리다, 대다, 이다

이 접미사들로 만들어지는 동사는 2,243개로서 전체 동사 20,416개 가운데서 약 11%를 이룬다.

단어의 붙임성은 다음과 같다.

	거리다	대다	이다
설렁	○	○	○
지껄	○	○	○
반들	○	×	×
두근	○	×	×
펀들	○	△	×
굽실	○	○	×
덜컹	○	○	×
어른	○	△	×
부르	×	○	×
으르	△	○	×
나붓	○	△	×
허덕	○	×	○
속삭	○	×	○
들먹	○	×	○

○ 가능, × 불가능, △ 일부가능

- 피동, 사동의 선어접미사

이: 높이다, 짚이다, 먹이다, 보이다

기: 맡기다, 뜯기다, 웃기다
리: 몰리다, 울리다, 떨리다, 질리다
히: 갇히다, 업히다, 덥히다
우: 메우다, 깨우다, 세우다
추: 멈추다, 맞추다, 늦추다
이우: 재우다, 채우다, 내우다
기우: 감기우다, 뜯기우다
리우: 갈리우다, 끌리우다
히우: 업히우다, 먹히우다

▶ 합성법

동사에서는 합성법으로 주요 동사의 대 집단이 이루어진다.

그 가운데서 ≪하다≫형 합성동사가 결정적인 몫을 차지한다. 상징어 및 고유어 동사어근과 결합된 ≪하다≫형 동사는 ≪현대조선말사전≫에서 약 2,730개로서 동사 총수의 13.4%이고 그 밖의 고유어어근과 결합된 ≪하다≫형 동사는 약 1,666개로서 8.2%이고 ≪고유어＋한자어＋하다≫의 동사는 586개로서 2.9%, ≪한자어＋하다≫형 동사는 약 5,198개로서 25.4%이다. 이리하여 ≪하다≫형 합성동사는 약 1만 180개로서 동사 총수의 49.86%를 차지한다.

≪하다≫형 다음에 ≪되다≫형 동사가 많다. 고유어어근과 결합된 것은 ≪늦되다, 도움되다, 혼자되다, 홀로되다, 이룩되다, 일되다, 걱정되다, 그루되다, 조심되다, 그릇되다, 봉창되다, 생각되다, 잘못되다, 풀이되다, 어찌되다, 이바지되다≫ 등이 있다.

또한 한자어와 결합된 것이 약 2,237개이고 이밖에 ≪고유어＋한자어＋되다≫형으로 된 ≪되결박되다, 뒤시비되다, 판걸이되다, 한풀이되다≫까지 합치면 ≪되다≫형은 모두 2,266개로서 동사 총수의 11.1%를 차지한다. 결국 ≪하다≫형과 ≪되다≫형의 합성동사는 모두 약 1만 2,446개로서 동사 총수의 60.9%나 된다. 품사규정에서는 언제나 뒤에 오는 형태부가 주도적인 지위에 있다. 그러므로 동사의 과반수가 고유어어근이나 고유어접미사에 의하여 만들어 지게 된다고 할 수 있다.

주요 동사들의 실태를 보면 고유어형의 동사는 1만 2,289개로서 60.1%, 한자어와 거기에 ≪하다≫, ≪되다≫가 붙은 동사는 8,025개로서 39.31%, 외래어는 102개로서 0.5%를 차지한다.

③ 형용사

▶ 접사법

– 형용사전용 접두사

거:
거새다, 거쉬다, 거세차다
검:
검질기다
구:
구슬프다
배:
배젊다
시:
시벌겋다, 시퍼렇다, 시꺼멓다
싯:
싯뻘겋다, 싯누렇다
새:
새말갛다, 새보얗다

샛:
샛말갛다, 샛뽀얗다
오:
오되다
으:
으스산하다
시:
시건방지다

– 통용접두사

둘:
둘지다, 둘하다, 둘되다
상:
상되다, 상없다
숫:
숫되다, 숫지다
생:
생되다
잡:
잡되다, 잡상스럽다
좀:
좀되다, 좀하다
참:
참하다, 참되다
풋:
풋되다
연:
연노랗다, 연붉다

애:
애되다, 애젊다, 애어리다
걸:
걸차다, 걸싸다
다:
다바쁘다
짓:
짓궂다, 짓무르다
해:
해말갛다, 해낙낙하다, 해납작하다
회:
회동그랗다, 회둥글다
휘:
휘둥그렇다, 휘둥그스름하다
앙:
앙바틈하다, 앙바라지다
에:
에굽다
어:
어설프다, 어여쁘다
강:
강마르다
드:
드높다, 드세다, 드넓다, 드맑다
뒤:
뒤둥글다, 뒤동그랗다
잔:
잔젊다, 잔달다
헛:

헛되다, 헛약다, 헛읽다
헤:
헤무르다, 헤번드르하다, 헤식다
깡:
깡마르다
엇:
엇비뜨름하다, 엇비슷하다, 엇구수하다
외:
외지다, 외따롭다

─ 《ㅂ다》계렬

우습다	노랍다
간지럽다	까다롭다
반드럽다	영예롭다
귀엽다	신비롭다
노엽다	꽃답다
차갑다	사내답다
달갑다	처녀답다
즐겁다	태연스럽다
싱겁다	숫스럽다
슬기롭다	

─ 《ㅎ다》계렬

노랗다	멀겋다
발갛다	허옇다
말갛다	부옇다

<table>
<tr><td>하얗다</td><td>뿌옇다</td></tr>
<tr><td>보얗다</td><td>길다랗다</td></tr>
<tr><td>뽀얗다</td><td>넙다랗다</td></tr>
<tr><td>거멓다</td><td>좁다랗다</td></tr>
<tr><td>퍼렇다</td><td>기다맣다</td></tr>
</table>

-《적다》계렬

미안쩍다
객적다
멋적다
맛적다

▶ 합성법

-《하다》형

거룩-, 고요-, 꾸준-, 청신-, 위독-, 견고-, 충실-, 다정-, 범박-, 시원-, 미타-, 거무데데-, 자질구레-, 발가우리-, 거무스레-, 발그레-, …

-《지다》형

벼랑-, 두드러-, 살팍-, 멋들어-, 멋-, …

-《없다》형

드팀-, 한량-, 넘려-, 어방-, 갈데-, 쓸데-, 난데-, 변함-, 거침 -, 서슴 -, 다함 -, 더 -, 꿈쩍 -, 까딱 -, 다시 -, 쉼 -, …

- 《지 않다 / 치 않다》형

만만치 않다 / 만만찮다, 귀치 않다 / 귀찮다, 괜치 않다 / 괜찮다, 긴치 않다 / 긴찮다, 당치 않다, 언잖다, 어쭙잖다, …

- 《같다》형

철통 -, 강철 -, 하늘 -, 하나 -, 꼭 -, 똑 -, 감쪽 -, …

- 《차다》형

담 -, 힘 -, 세 -, 기세 -, 위엄 -, 매몰 -, 기승 -, 우람 -, 옹골 -, 오달 -, …

- 《되다》형

외람 -, 망녕 -, 주 -, 복 -, 욕 -, 고 -, 잡 -, 늦 -, 오 -, 헛 -, 막 -, 해 -, 참 -, 숫 -, 생 -, 좀 -, …

- 《맞다》형

방정 -, 청승 -, 익살 -, 빙충 -, 작아 -, 귀 -, 걸 -, 안성 -, …

- 《궂다》형

청승 -, 익살 -, …

-《사납다, 다르다, 있다》형

꼴사납다	모양사납다
눈꼴사납다	값있다
빛다르다	무게있다
색다르다	멋있다
맛다르다	
류다르다	
님다르다	
존엄있다	
실속있다	

④ 부사

➡ 접미사

《오, 우》형

되우, 매우, 겨우, 재우, 너무, 다루, 도로, 아로, …

《추, 춤》형

늦추, 맞추, 갖추, 낮추, 잦추, 얼추, 늦춤(히), 낮춤(히), 맞춤(히), 알맞춤(히), …

《이, 히, 니》형

가뭇없이	값없이

속절없이	하늘같이
수없이	적잖이
형체없이	마땅찮이
체면없이	괜찮이
천하없이	못잖이
예외없이	긴찮이
갈피없이	깨끗이
영락없이	뚜렷이
가량없이	설핏이
밤낮없이	다소곳이
턱없이	끔찍이
머리꼬리없이	빽빽이
나무랄데없이	감감히
비할바없이	덤덤히
쓸데없이	조용히
굴함없이	갑갑히
끊임없이	답답히
어김없이	섭섭히
하염없이	당당히
무람없이	당돌히
속절없이	난잡히
아랑곳없이	가만히
봄눈같이	열심히
새벽같이	감사히
벽력같이	비밀히
우두커니	버젓하니
오도카니	깡지근하니
설핏하니	

– 기타

정성껏, 마음껏, 한껏, 성의껏, 소원껏, 이제껏, 기껏, 양심껏, …
가을내, 봄내, 여름내, 겨우내, 끝내, 끝끝내, 마침내, 이리, 그리, 저
리, 이다지, 그다지, 저다지, 요리, 고리, 조리, 요다지, 고다지, 조다지,
다시금, 이따금, 때때로, 가끔

– 색깔과 관련한 접미사

ㅅ: 거밋거밋, 거뭇거뭇, 불깃불깃
대: 가무대, 가무대대, 발그대대
데: 거무데, 거무데데, 불그데데
딩: 푸르딩, 푸르딩딩, 누르딩딩,
댕: 발그댕, 발그댕댕, 노루댕댕
뎅: 누르뎅, 거무뎅뎅, 푸르뎅뎅
속: 가무속, 가무속속, 푸르속속
숙: 거무숙, 거무숙숙, 누르숙숙
잡: 가무잡, 가무잡잡, 노르잡잡
접: 거무접, 거무접접, 푸르접접
족: 가무족, 가무족족, 노르족족
죽: 거무죽, 거무죽죽, 푸르죽죽
직: 거무직, 거무직직, 푸르직직
충: 누르충, 가무충충, 불그충충
칙: 거무칙, 거무칙칙, 푸르칙칙
택: 가무택, 가무택택, 푸르택택
테: 거무테, 거무테테, 푸르테테
튀: 거무튀, 거무튀튀, 누르튀튀
끄름: 거무끄름, 거무끄레
끼레: 누르끼레

끄무레: 희끄무레
께: 노리께
우리: 발가우리, 퍼러우리

– 맛깔을 나타내는 접미사

곰: 새곰
치근: 들치근
콤: 달콤
큼: 시큼
큰: 시큰
옴: 매옴

– 모양이나 상태를 나타내는 접미사

ㄱ: 바특
ㄴ: 푸근, 포근
ㅁ: 자름자름
근: 살근살근
금: 슬금슬금
끈: 따끈따끈, 뜨끈뜨끈
끔: 따끔따끔, 뜨끔뜨끔
둥: 기우둥, 어리둥
퉁: 부루퉁
통: 보르통
레: 어스레
삭/석: 갑삭, 폴삭, 겁석, 풀석
속/숙: 가무속, 어리숙
송/숭: 아리송, 어리숭

– 기타

자질구레, 구접지근, 노리치근, 늘치분, 노르므레, 배리착지근, 알지근, 시크무레, 희끄무레, 깔끄무레, 얄팍, 질퍽, 질펀, 늘씬, 말짱, 멀쩡, 얄포름, 빤드름, 수더분, 멍청

▶ 합성법

– 부사적인 것

모두다, 좀더, 그저그만, 더더욱, 더욱더, 더더구나, 더더군다나, 가만사뿐, 이리저리, 이래저래, 그만저만, 이만저만, 이제나저제나

– 명사적인 것

때마침, 남먼저, 때때로, 한시바삐, 말없이, 때없이, 시름없이, 밤도와, 살같이, …

– 대명사적인 것

제아무리, 제각각, 제각기, 너나없이, 어디라없이

– 수사적인 것

한가득, 하나가득

▶ 반복법

– 부사의 반복

거듭거듭, 차츰차츰, 오래오래, 길이길이, 자주자주, 서로서로, 겨우
겨우, 빨리빨리, 몰래몰래, 주춤주춤, 찔금찔금, 얼핏얼핏

- 부사 아닌 것의 반복

고생고생, 가지가지, 조심조심, 갈피갈피, 차례차례, 토막토막, 끼리
끼리, 울먹울먹, 걸음걸음, 나날이, 다달이, 집집이, 곳곳이, 자름자름,
큼직큼직, 뜨직뜨직, 서먹서먹, 죽자살자, 저저마다, 손에손에, 더금더
금, 더듬더듬, 발볌발볌, 한사반시, 모락모락, 뒤적뒤적, 엎치락뒤치락,
이만저만, 주섬주섬, 부석부석

▶ 분립법

분립법은 처음에 격형태를 이루었던 토가 부사를 형성하는 경우이
다.

- 《에》형

무심결에, 단김에, 눈결에, 엉겹결에, 잠결에, 삽시에, 불시에, 성황리
에, 얼김에, 일거에, 미구에, 단꺼번에, 뜻밖에, 단무릎에, 어떻든간에,
미연에, …

- 《로》형

때로, 때때로, 날로, 절로, 저절로, 새로, 홀로, 생으로

- 《처럼, 마다, 만》형

좀처럼, 제일처럼, 모처럼, 저마다, 저저마다, 해마다, 날마다, 달마다,
여간만, 아침마다, 밤마다

- ≪아/어/여(다가/서)≫형

연달아, 더불어, 앞서, 뒤미처, 거퍼, 이어, 어째, 가다, 가다가, 어찌다가, 어찌다, 어쩌다, 어쩌다가, 어째서, 가다(가), 있다(가), 읽다(가), 먹다(가), 몰다(가)

- ≪고(코)≫형

이윽고, 정녕코, 불피코, 결단코, 한사코, 기필코

- ≪하니, 한들, 하면, 자면, 테면, …≫형

설마하니, 설마한들, 다시말하면, 제격하면, 언뜻하면, 말하자면, 이르자면, 이를테면

- ≪듯(이)≫형

불현듯, 봄눈슬듯, 노날드리듯, 악패듯, 자가사리끓듯, 그렇듯, 이렇듯, 저렇듯

- ≪간, 상≫(불완전명사)

좌우간, 여하간, 다소간, 불원간, 조만간, 얼마간, 사실상, 실제상, 역사상, 시간상, 이론상, 논리상, 성격상, 본질상, 능력상, 계절상, 노력상, 기술상, 재료상, 자료상, …

부사는 이밖에도 어음전환법에 의하여 많이 조성된다.

⑤ 수사

▶ 접사법

- 차례수사

첫째, 둘째, 셋째, 넷째, … 열하나째, 스물하나째, 서른하나째, …

- 수량수사

하나 - 한(한개, 한사람)
둘 - 두(두개, 두사람)
셋(세개, 석자, 서말)
넷(네개, 넉자, 너말)
다섯(다섯자, 대자, 닷말)
여섯(예자, 여섯자, 엿되)

- 개략수사

서넛, 두서넛, 네댓, 대여섯, 예닐곱, 두엇, 두얼, 한둘, 너덧, 여나문,
스무나문, …

▶ 합성법

- 수량수사

열하나, 열둘, 스물둘, 스물셋, 서른넷, 서른다섯, 마흔여섯, 마흔일곱,
쉰하나, 쉰여덟, 예순여섯, 일흔일곱, 여든여덟, 아흔아홉, …

- 개략수사

한둘, 한두, 두셋, 두서, 두세, 두서넛, 두세넷, 두어서넛, 서넛, 세네, 세넷, 네다섯, 네댓, 너덧, 대여섯, 네댓여섯, 예닐곱, 일고여덟, 일여덟, …

개략적인 날자는 ≪한이틀(하루이틀), 사나흘, 사날, 네댓새, 대엿새, 예니레, 일여드레, …≫와 같이 표시된다.

한자어개략수사는 ≪일이, 이삼사, 삼사, 오륙, 칠팔, 팔구, 삼사십, 사오십, 오륙십, 륙칠십, 칠팔십, 이삼백, 사오백, 오륙천, …≫으로 표시된다.

⑥ 대명사

복수: (저) 저희, (너) 너희,
우리 - 우리네, 너희 - 너희네, 그네, 자네네, 저희네
추상적장소: 어디메, 여기메, 거기메, 저기메
대상에 대한 가리킴 - 이것, 그것, 저것, 이게, 그게, 저게, 이거, 그거, 저거, 이걸, 그걸, 저걸, 요, 고, 조, 이, 그, 저, 요것, 고것, 조것, 요리, 고리, 조리

⑦ 관형사

- 접사법

이까짓, 그까짓, 저까짓, 요까짓, 고까짓, 조까짓, 제까짓, 나까짓, 너까짓

- 합성법

한낱(수사+명사), 이른바(동사+불완전명사), 이런저런(형용사+형용
사), 몹쓸(부사+동사), 어인(부사+동사), 온갖(관형사+불완전명사)

- 반복법

별별(관형사+관형사)/별의별

- 분립법

옹근(옹글다+규정토 ㄴ), 외딴(외따다+규정토 ㄴ), 모든(몯다+규정
토 ㄴ), 갖은(갖다+규정토 은), 허튼(허트다+규정토 ㄴ), 오른(옳다+규
정토 ㄴ), 바른(바르다+규정토 ㄴ), 왼(외로+규정토 ㄴ)

이와 같이 우리 말은 풍부한 단어조성수법과 단어파생방법의 정연한 체
계를 가지고 있으며 드넓은 단어생성의 마당을 가지고 있다. 이 풍만하고
생산적인 단어조성수법을 활용하여 고유어를 기본으로 하는 어휘구성체계
가 끊임없이 발전풍부화되어 가고 있다. 사회가 발전하고 시대가 발전함에
따라 평양문화어는 더욱 주체성과 민족성이 강한 어휘구성체계를 갖추게
될 것이다.

2. 새말에 의한 어휘구성의 풍부화

사회가 발전하고 일반대중의 의식수준이 높아짐에 따라 새로운 어휘가
계속 생겨나며 끊임없이 풍부해 진다. 언어에서 사회발전에 가장 민감한
분야가 어휘구성이다. 어휘구성은 시대의 흐름과 더불어 끊임없이 풍부화
되어 간다.

인간생활과 가장 가까운 기본어휘인 ≪하놀, 짜, 남ㄱ≫가 ≪하늘, 땅, 나무≫로 변화되어 왔으나 그 변화발전은 매우 천천히 이루어지면서 우리 말 어휘구성의 기본토대를 이룬다. 해당 사회와 시대를 반영한 일반어휘는 역사가 흐름에 따라 폐어나 역사어휘로 되면서 점차 낡은 어휘로 되어 어휘구성에서 빠져 나가거나 소극적 어휘로 된다.

이조시기에 적극 쓰이던 ≪진사, 어사, 아전, 원님, 장옷, 도포, 도령, 방자, 마패≫ 등 수많은 단어들이 이미 20세기초부터는 한갓 폐어나 역사어로 되어 어휘구성에서 점차 밀려 나게 되었다.

이와 함께 19세기말~20세기초까지 국한문 혼용시기의 글말에서 적지 않게 쓰이던 한자어들이 점차 고유한 우리 말로 바뀌어 지게 되었다.

다른 한편 경제발전과 과학문화의 보급을 반영하여 ≪기차, 전차, 기선, 철도, 자동차, 은행, 사회, 교육, 학교, 사진, 영화, 배우, 예술, 철필, 양말, 양산, 이발≫을 비롯하여 수많은 새 단어들이 생기어 나서 새로운 합성어를 조성하는 기초로 되었다.

19세기말~20세기초 한반도에는 주변의 여러 민족들과 나라들을 통하여 외래어가 들어 왔다. 외래어 가운데서 대표적인 것을 보면 다음과 같다.

– 일상생활용어

샤쯔, 넥타이, 핀, 캎, 잉크, 펜, 라지오, 카텐, 가방, 구두, 고무, 빵, 크림, 담배, 노트, 테불, 뽐프, 사이다, 비누, 캬라멜, 카스테라, 뻥끼, 커피, 메터, 마일, 그람, 키로, 톤

– 정치, 경제부문 용어:

프로레타리아, 부르죠아, 인터내셔널, 이데올로기, 헤게모니, 쏘베트, 삐라, 테로, …

- 체육용어

테니스, 스케트, 호케이, 네트, 스포츠, 키퍼, 아우트, 껌, 마라손, …

- 음악용어

피아노, 바이올린, 기타, 첼로, 크라리네트, 바스, 콘드라바스, 쌕스폰, 바리톤, 쏘프라노, 멜로디, 레코드, …

- 의약용어

마라리아, 코레라, 히스테리, 니코찐, 에이즈, 알콜, 칼슘, 아스피린, 가제, …

이런 외래어들 가운데서 더러는 그대로 쓰이고 더러는 고유한 말로 다듬어 졌다.

어휘구성은 사회발전의 주체인 일반대중의 사상의식수준과 창조적 능력이 높아지는데 따라 끊임없이 발전하였다.

사람들의 인식능력이 커지는데 따라 지난 시기에는 모르던 것으로부터 새로운 대상이나 개념을 나타내는 단어들을 만들어 내게 된다. ≪전기, 전자, 원자, 핵, 유전자, 비타민, 단백질, 녹화기, 중성자, 우주비행, 인공지구위성≫ 등의 단어들은 사람의 인식능력이 커가는데 따라 생기어 난 것들이다.

인식능력의 발전은 사람들로 하여금 사물현상들에 대한 보다 구체적이고 세밀한 이해를 가지게 하며 그것으로 하여 하나의 단어에서 유의적 관계에 있는 새 단어들을 파생케 한다.

≪보다≫와 관련하여 ≪바라보다, 쳐다보다, 굽어보다, 살펴보다, 빗보다, 낮보다, 얕보다, 돋보다, 꿰뚫어보다, 똑바로 보다, 여겨보다, 눈여겨

보다, 엿보다, 스쳐보다, 훑어보다, 맛보다, 해보다≫와 같은 단어들과 ≪보는둥마는둥, 본숭만숭하다, 본척만척하다, 본체만체하다, 볼만하다, 보다보다못해, 보다처음, 보자보자하니까≫와 같은 관용구들, ≪백번 듣는 것보다 한번 보는 것이 낫다≫, ≪불보듯 뻔하다≫와 같은 성구들이 갈라져 나왔다. 층계로 보면 이 단어들은 ≪보다≫의 하위어들이지만 뜻으로 보면 보다 구체적이고 세부적인 의미내용을 가지고 있다.

인식능력의 발전은 사람들로 하여금 유종관계를 분명히 갈라서 새로운 단어를 만들어내며 전형적인 개념을 중심으로 그 집단을 분류하도록 만들어 준다. 예를 들자면 ≪솔, 이깔, 피나무, 버들, 오동, 참나무, 참대, 싸리, 박달≫ 등이 ≪나무≫모임에 속하고 ≪고사리, 조뱅이, 사라구, 쑥, 비비추, 잔디, 길장구≫ 등이 ≪풀모임≫에 속하고 나무인지 풀인지 잘 알 수 없는 식물이 있을 수 있지만 실례의 대상들은 ≪나무≫와 ≪풀≫의 한계가 명백하고 전형적인 것들로 되는 것이다. 수박이나 참외가 과일인지 채소인지 까리까리 하지만 사과, 배, 복숭아 등은 분명 과일이고 무우, 배추, 쑥갓 등은 분명 채소이므로 가장 대표적인 것으로서 과일과 채소의 유개념에 속한 종개념을 분류할 것은 틀림이 없을 것이다. 붕어, 잉어, 가물치, 칼치, 명태, 정어, 고등어, 낙지, 문어, 오징어, 조개, 골뱅이 등과 ≪물고기≫가운데서 어느 것이 먼저 나왔는지를 몰라도 그 단어들이 가리키는 대상들 사이에는 상위어와 하위어의 층계관계가 인식되었던 것은 분명한 사실이다.

어휘의 기본토대인 단어는 사물현상과 관계되는 뜻을 가진다. 뜻은 대상에 대한 표상을 나타내기 때문에 서로 비슷한 대상에로 넘어 가면서 그 폭을 넓히게 된다. 이것이 뜻의 옮기기 또는 뜻의 넓히기이다.

사람이나 동물의 ≪눈≫으로부터 저울눈금의 ≪눈≫, 식물의 싹으로서의 ≪싹눈≫, 그물의 ≪눈≫ 등이 점차 넓어지면서 뜻의 폭이 커지게 된다. 그 의미적 연계의 긴밀성에 따라 사전에 올릴 때에 한 단어의 다의성 또는 동음이의어로 처리하게 된다.

어휘구성은 또한 유추현상에 의하여 변화, 발전한다. 부사 ≪모름지기≫는 ≪모르매 〉 모로매 〉 모로미 〉 모롬이 〉 모롬즉이 〉 모름지기≫로 되었으며 그 뜻은 ≪반드시, 마땅히≫이던 것이 현대에 와서 ① ≪반드시, 마땅히≫ ② ≪모르기는 하여도, 아마≫로 되었다. 이것은 어음형식이 ≪모르다≫와 비슷한 데서 온 것이다.

다음으로 시대와 사회의 변화발전과 사람들의 사상의식이 높아짐에 따라 어휘구성에는 새로운 대상과 개념을 나타내는 단어들이 끊임없이 보충되고 풍부화 된다.

새로운 단어가 생기게 되는 원인에는 여러 가지가 있다.

우선 새로운 사물현상과 새로운 개념의 출현으로 하여 새 단어가 생겨난다.

예를 들어 ≪전기, 기차, 은행, 발전소, 공작기계, …≫ 등 수많은 단어와 합성어들이 해당 시기에 새로 나타난 사물, 현상을 이름 지어 부른 것이다.

또한 낡은 시대의 사물, 현상이 새 시대의 새로운 이름으로 바뀌게 되면서 새 단어가 생겨난다. 여기에는 동일한 대상에 대한 시대적 평가와 관련된 것(간호부→간호원, 식모→취사원, 우체부→통신원, …), 완곡과 관련된 것(죽다→돌아가다, 세상을 떠나다, 변소→위생실, 개오동→향오동, …), 말다듬기에 의한 것(돈사→돼지우리, 우사→외양간, 역축→부림짐승, 역우→부림소, …) 등 수많은 단어들이 새로 만들어 지거나 이미 있던 단어들이 다듬어져 새롭게 쓰이게 되었다.

다음으로 서로 다른 나라와 민족, 한나라안의 여러 지역사이의 접촉과 정치, 경제, 문화 등 여러 분야의 교류와 협조에 의하여 새로운 단어가 생겨난다. (텔레비전, 컴퓨터, 뿔럭, 블로크, 고뿌, 컵, …)은 그대로 차용되었거나 어음형식의 변형에 의하여 쓰이는 외래어이다.

공통어의 견지에서 볼 때 문화어에 방언어휘를 받아 들이는 것도 새 단어를 풍부히 하는 하나의 과정이다.(가랭이, 구렝이, 구뎅이, 싸래기, 구데기, …)

이 밖에 단어의미의 분화, 다의성의 파괴 등도 새 단어를 산생시킨다.

《헐다》는 《담을 헐다, 집을 헐다, 울타리를 헐다》의 타동사와 《입이 헐다》, 《입술이 헐다》의 자동사가 분리되면서 두개의 단어가 생기어났고 《치다》는 《가루를 치다, 가지를 치다, 순을 치다》와 《휘장을 치다. 문발을 치다, 초막을 치다. 모기장을 치다》의 《치다》, 《외양간을 치다, 눈을 치다, 도랑을 치다》의 《치다》 등으로 갈라지게 되었다.

시기별로 새말이 생겨 난 것을 보면 다음과 같다.

① 민주건설시기에 생겨난 새말

8·15 해방 후 북에서는 장엄한 민주건설사업이 전개되었으며 역사에 일찍이 없었던 세기적 변혁이 일어났다.

이 시기 우리 말의 어휘구성의 변화발전에서 특기할 것은 사회생활의 모든 분야에서 단어 《인민》이 등장하여 수많은 합성어와 단어결합을 만들고 그것이 사람들의 언어생활에서 널리 쓰이게 된 것이다.

▶ 《인민》과 관련된 말마디들

- 정치분야

인민주권, 인민정권, 인민위원회, 인민공화국, 인민회의, 인민위원, 인민재판소, 인민참심원, 인민대중, 인민반

- 군사분야

인민군대, 인민무력, 인민경비대, 인민의용군

- 경제분야

인민경제, 인민공장, 인민봉사, 인민소비품, 인민생활

- 교육, 문화, 체육, 보건분야

인민교육, 인민학교, 인민문화, 인민가요, 인민창작, 인민음악, 인민
보건, 인민병원, 인민체육, 인민보건체조, 인민체력검정, 인민예술

▶ ≪인민≫과 관련된 단어들의 결합

인민의 국가, 인민의 나라, 인민의 주권, 인민의 정부, 인민의 군대,
인민의 항공대, 인민의 생명, 인민의 재산, 인민의 충복, 인민의 심부름
군, 인민의 의사, 인민의 요구, 인민의 리익, 인민의 락원, 인민의 대학,
…

▶ ≪인민≫과 결합된 성구적 표현

인민의 자유와 해방을 위하여, 인민의 리익을 첫자리에 놓다, 인민
의 생명재산을 목숨으로 지키다, 인민들속에 들어가다, 인민의 참다운
충복이 되다, 인민의 참다운 벗이 되다, 인민의 목소리에 귀를 기울이다.

해방 후 국민들의 새 민주조선 건설을 반영한 새로운 어휘들이 수많이
창조되어 국민들의 언어생활에서 적극적으로 쓰이게 되었다.

- 사회정치분야

로동당, 중앙당, 도당, 군당, 당단체, 초급당, 당세포, 당분조, 당성,

당보, 당내민주주의, 전원회의, 최고주권기관, 대의원, 중앙집권제, 혁명전통, 민족해방투쟁, 당정책, 학습망, 사상교양, 사상투쟁, 건국사업, 근로단체, 사회단체, 대중단체, 직업동맹, 민주청년동맹, 녀성동맹, 농민동맹, 보안서, 보안원, 분주소, 공민증, 출생증, 조국통일민주주의전선(조국전선), 련석회의, 민주개혁, 건국사상, 건국사상총동원운동, 민주선전실, 내무서, 내무원

– 경제분야

토지문제, 토지개혁, 무상몰수, 무상분배, 토지분여, 3.7제, 현물세, 애국미, 산업국유화, 로동조합, 공장위원회, 국영공장, 국영기업소, 로동법령, 로동안전, 기술기능습득, 증산경쟁, 증산경쟁운동, 로동생산능률, 노력영웅, 대중적혁신, 기술혁신, 창의고안, 생산합리화, 기업관리, 국영상점, 국영백화점, 소비조합, 소비조합상점, 농민은행, 인민시장, 농민시장

– 교육, 과학, 문화분야

민족간부, 민족인재, 인테리정책, 간부양성사업, 간부양성기지, 초급중학교, 고급중학교, 예비과, 연구원, 문맹퇴치, 문맹퇴치운동, 성인학교, 한글학교, 학습호조반, 문화건설, 민족문화, 민족문화유산, 민족가극, 협극단, 문예전사, 공업기술총련맹, 선진과학, 선진기술, 선진과학기술, 선진과학기술, 야영소, 휴양소, 정양소, 진료소, …

새로 만들어진 어휘들에는 줄임말이 적지 않다.

직맹(←직업동맹), 농맹(←농민동맹), 민청(←민주청년동맹), 녀맹(←녀성동맹), 조국전선(←조국통일민주주의전선), 사대(←사범대학), 교대(←교원대학), 공대(←공업대학), 농대(←농업대학), 의대(←의학대학),

국백(←국영백화점), 평방(←평양방직공장)

해방 후 ≪뜨락또르, 깜빠니야, 라지오≫ 등 몇개의 외래어가 그대로 쓰이고 ≪까비네트, 클라스, 쁠란, 에끄자멘, 자쵸트, 쥬르날리스트≫와 같은 단어들은 1960년대에 말다듬기의 대상으로 되어 다듬어 지게 되었다.

이 시기 새로 만들어진 합성어와 단어결합은 대부분이 두개이상의 어근이 종속적으로 결합된 것이었다.

또한 두개의 어근이 병렬적으로 결합된 합성어도 많이 만들어졌다.

통일단결, 공고발전, 강화발전, 교육문화, 문학예술, 기술기능, 과학기술, 조직동원, 륭성번영, …

해방 후 북에서 일어난 사회적 변혁은 구시대를 뒤집어엎고 새로운 민주주의사회를 건설하는 세기적 변혁이었으므로 구시대의 정치, 경제, 문화제도와 관련되어 있던 대상, 현상들을 반영한 어휘들도 즉시 사멸되었거나 소극적인 역사어나 고어 및 폐어로 되고 말았다. 그 몇 가지를 들어 실례를 들면 다음과 같다.

– 낡은 국가제도, 통치기구를 나타내던 어휘

총독, 총독부, 도청, 도지사, 군청, 군수, 면사무소, 면장, 면서기, 구장, 형무소, 감옥, 경찰서, 순사, 헌병대, 헌병, 파출소, 경방단, 산림간수

– 낡은 경제제도를 나타내던 어휘들

지주, 소작인, 머슴, 마름, 환자, 소작료, 공출, 부역, 징용, 징병, 사장, 리사장, 녀공, 월급, 해고, 입직, …

> ─ 구시대의 사상관점, 종교, 미신적 견해, 인습 등과
>   관련된 어휘들

점쟁이, 무당, 굿, 사주, 팔자, 사당, 성황당, 치성, 기우제, …

> ─ 구시대의 교육문화와 일상생활과 관련된 어휘들

서당, 월사금, 훈장, 광대, 곡마단, 인력거, 거간군, 기생, 뚜쟁이, 마님, 마나님, 나리, 식모, 침모, 어멈, …

이러한 단어들은 새 민주조선 건설과 함께 국민들의 언어생활에서는 이미 자취를 감추었으나 다만 역사 서술이거나 역사사실을 취급한 문학작품에서 지난날의 역사적 측면을 나타내기 위하여 쓰일 뿐이다.

② 6·25 전쟁 시기에 생겨난 새말

이 시기 새로운 현상을 반영하는 어휘들이 수많이 생겨나 적극적으로 쓰이게 되었다.

> ─ 새로운 군사조직(기구)과 관련한 어휘들

군사위원회, 최고사령부, 최고사령관, 전선사령부, 전선사령관, 총정치국, 정치부, 정치부중대장, 군사위원, 정치공작대, 제2전선, 적후부대, …

> ─ 주체적인 전략전술과 관련한 어휘들

비행기사냥군조, 땅크사냥군조, 반항공방어, 해안방어, 진지방어, 갱도, 갱도진지, 갱도전, 야간전, 산악전, 일시적후퇴, 전략적후퇴, …

– 전쟁승리를 위한 인민군대와 후방의 투쟁을 반영한 어휘들

조국의 고지는 나의 고지, ≪나의 고지≫운동, ≪복수기록장≫운동, ≪민청≫호쟁취운동, 모범중대쟁취운동, 화선입당, 화선정치사업, 고동구호, 인민유격대, 소년빨찌산, 전선원호, 전선탄원, 전시생산, 전시수송, 로동자련대, 전시수송, 로동자련대, 후방복구대, 이동영사반, 불비, 불바다, 불구멍, 무상치료, …

– 군사칭호 및 표창과 관련한 어휘들

차수, 장령, 상장, 상좌, 상위, 상사, 영웅, 공화국영웅, 전투영웅, 모범전투원, 영웅메달, 국기훈장, 전사영예훈장, 자유독립훈장, 군공메달, 대렬감사, 근위칭호, 근위부대, 영예군인, 영예군인학교, 후방가족

– 무기를 나타내는 어휘들

기관단총(따발총), 분사식전투기, 방사포, 제비(인민군의 분사식전투기), 제트기, 쌕쌔기(미군의 분사식전투기)

– 성구적 표현들

모든 힘을 전쟁승리를 위하여!
모든 것을 전쟁승리를 위하여!
승리를 향하여 앞으로!
조국의 촌토를 피로써 사수하자!
한치의 땅도 적에게 내여 주지 말라!
파종도 전선이다!
한치의 땅도 묵이지 말자!
식량을 위한 투쟁은 조국을 위한 투쟁이며 전쟁승리를 위한 투쟁이다.
후방도 전선이다.

학습도 전투이다.

③ 사회주의건설시기에 생겨난 새말

전후 사회주의 건설시기 언어생활분야에서는 사대주의와 교조주의를 철저히 배격하고 주체를 튼튼히 세우며 우리 말을 민족어의 본보기인 문화어로 건설하기 위한 사업이 활발히 벌어 졌다.

우선 이 시기 전후복구건설에 힘차게 떨치어 나선 대중의 불굴의 투쟁의지와 복구건설에 총 궐기한 시대상을 반영한 새말이 많이 생겨났다.

> **– 복구건설에 떨쳐나선 대중의 투쟁을 반영한 어휘와 성구적 표현**

전후인민경제복구발전, 전후복구건설, 복구건설전투, 3개년계획, 5개년계획, 민주기지, 민주수도, 자립적민족경제, 자력갱생, 공업화, 문화주택, 살림집, 현지지도, 현지교시, 중심고리, 조선사람의 본때를 보여주다, 피로써 지킨 조국을 땀으로 건설하자

> **– 생산관계의 사회주의적 개조를 반영한 새말**

협동화, 협동화운동, 농업협동화, 개인경리, 집단경리, 협동경리, 관리위원회, 개인상공업, 협동조합, 농업협동조합, 생산협동조합, 조합원, 분배몫, 분배날, 노력일, 품앗이반, 노력협조반, 수리화, 밭관개, 밭관수, 랭상모, 랭상모판, 농산반, 축산반, 수산협동조합, …

> **– 사회주의건설의 대고조와 천리마운동을 반영한 어휘**

천리마, 천리마운동, 천리마시대, 천리마대고조, 천리마속도, 천리마대진군, 천리마조선, 천리마동상, 천리마작업반, 천리마작업반운동, 천리마기수, 천리마휘장, 천리마공장, 천리마직장, 천리마학급, 붉은 전사,

≪붉은 등록장≫, 공작기계새끼치기운동, 어머니공장, 노력혁신자, 고속도굴진, 다기대운동, 기술혁신운동, 다기능공, 노력영웅, ≪비날론속도≫, ≪평양속도≫, ≪강선속도≫, 청산리정신, 청산리방법, 대안체계, 대안의 사업체계, 혁명적대고조, 무료교육, 의무교육, 아동궁전, 소년궁전, 학생소년궁전, …

- 이 시기 생겨난 성구적 표현들

천리마를 타다
천리마로 달리자
천리마를 탄 기세로 달리자
동무는 천리마를 탔는가?
모두다 ≪비날론속도≫창조에로!
석탄은 공업의 식량이다.
철과 기계는 공업의 왕이다.
강냉이는 밭곡식의 왕이다.
쌀은 사회주의이다.
거름더미는 쌀더미이다.
한손에는 총을, 다른 한손에는 낫과 마치를!
사철 바다를 비우지 말자!

- 인간개조와 관련된 어휘들

혁명전통교양, 혁명전통학습, 회상기학습, 혁명전적지, 혁명사적지, 당정책교양, 계급교양, 공산주의교양, 사회주의애국주의, 사회주의애국주의교양, 당적사상체계, 유일사상체계, 주체확립, 반당반혁명종파분자, 반종파투쟁, 현대수정주의, 반수정주의투쟁, 혁명화, 로동계급화, 인간개조, 사상혁명, 기술혁명, 문화혁명, 인민적사업작풍, 혁명적사업방법, 혁명적군중관점, 정치사업선행, 사람과의 사업, 군중로선, 기본군중, 정치사상적통일, 사회정치생활, …

> **– 표창, 명예칭호와 관련된 어휘들**

공훈간호원, 공훈건설자, 공훈교원, 공훈기관사, 공훈기자, 공훈과학자, 공훈광부, 공훈료리사, 공훈류벌공, 공훈이발사, 공훈방송원, 공훈방직공, 공훈벌목공, 공훈보육원, 공훈배우, 공훈선원, 공훈설계가, 공훈조산원, 공훈체육인, 공훈어부, 공훈의사, 인민교원, 인민기자, 인민과학자, 인민방송원, 인민배우, 인민사서, 인민설계가, 인민체육인, 인민약제사, 인민예술가, 인민의사

사회주의건설의 대고조시기 평양문화어의 민족적 특성을 옳게 살리어 나가기 위한 어휘정리사업이 활발히 벌어져 어휘구성은 외래적 어휘가 점차 사라지고 고유어를 기본으로 하는 새로운 면모를 갖추게 되었다.

모돈>어미돼지, 자돈>새끼돼지, 돈사>돼지우리, 상전>뽕밭, 상목>뽕나무, 상엽>뽕잎, 청초애취>풀베기, 이앙>모내기, 제초>김매기, 기비>밑거름, 춘경>봄갈이, 추경>가을갈이, 현용수>목적, 도고>벼짚, 어근>밭부리, 쁠란>계획, 템포>속도, 클라쓰>학급, 까비에트>연구실, 아나운서>방송원, 뉴스>보도, 새소식, 스피커>고성기, 마스껨>집단체조, 스크린>영사막

④ 1970년대 이후에 생겨난 새말

이 시기에는 온 사회의 주체사상화강령을 받들고 사회주의대건설전투와 1990년대 새로운 혁명적 경제전략을 실현하기 위한 투쟁이 힘있게 벌어졌으며 사상, 기술, 문화의 3대혁명을 전면적으로 심화발전시키며 국민경제의 주체화, 현대화, 과학화를 위한 투쟁이 힘있게 벌어졌다.

이 시기 언어발전과 언어생활에서 중요한 것은 주체성과 민족성을 튼튼

히 살리면서 언어를 온 사회 주체사상화에 적극 이바지하도록 만드는 것이
었다. 이 시기에 생겨난 새말은 다음과 같다.

– 사상혁명분야

　주체혁명위업, 절대성, 무조건성, 신조화, 혁명위업계승, 유일관리제,
신념화, 사상전, 최고강령, 속도전, 간부화, 간부혁명, 수령님식 사업방
법, 항일유격대식 사업기풍, 사상적 요새, 물질적 요새, 구호문헌, 사진
문헌, 영화문헌, 3대혁명 소조, 3대혁명 소조운동, 3대혁명 붉은기, 3대
혁명 붉은기쟁취운동, 수령관, 조직관, 생활화, 인생관화, …

– 기술혁명분야

　사회주의대건설, 사회주의대건설전투, 주체화, 현대화, 과학화, 로보
트화, 경공업혁명, 봉사혁명, 농사제일주의, 경공업제일주의, 무역제일
주의, 기본건설전선, 공업전선, 농업전선, 수송전선, 수산전선, 전격전,
섬멸전, 주체농법, 전기화, 기계화, 화학화, 전력고지, 석탄고지, 강철고
지, 유색금속고지, 화학비료고지, 천고지, 수산물고지, 알곡고지, ≪80
년대속도≫, ≪8월 3일 인민소비품≫, …

– 문화혁명분야

　교육혁명, 교육테제, 고등중학교, ≪7.15최우등상≫, 학습제일주의,
수재교육, 세포공학, 유전자공학, 과학자돌격대, 기술혁신돌격대, 과학
기술정보, 과학기술통보사업, 언어혁명, 어학혁명, 인민적 문풍, 혁명적
문풍, 문학예술혁명, 혁명영화, 혁명가극, 혁명연극, 영화혁명, 가극혁
명, 연극혁명, ≪피바다식≫혁명가극, 전자음악, 신문혁명, 보도혁명,
출판혁명, 기술전, 투지전, 속도전…

– 대기념비적 건축물

만수대대기념비, 삼지연대기념비, 왕재산대기념비, 주체사상탑, 개선문, 혁명렬사릉, 애국렬사릉, 인민대학습당, 인민문화궁전, 국제친선전람관, 만경대학생소년궁전, 창광원, 빙상관, 평양산원, 서해갑문, 창광거리, 문수거리, 해방거리, 청춘거리, 통일거리, 금릉다리, 금릉동굴, …

– 이 시기에 생겨난 성구적 표현들

모두다 속도전 앞으로!
생산도 학습도 생활도 항일유격대식으로!
사상도 기술도 문화도 주체의 요구대로!
우리 식대로 살아나가자!
위대한 수령님을 위하여 한목숨 바쳐싸우자!
80년대의 김혁, 차광수가 되자!
모두다 영웅적으로 살며 투쟁하자!, …

특히 1990년대 평양문화어의 어휘구성에서는 그 이전시기에 비하여 뚜렷한 양상을 보이면서 수많은 새말이 생겨났다. 국제정세의 급격한 변화와 전체 국민이 겪은 준엄한 시련, 그리고 대중의 사상의식수준의 장성은 어휘구성의 변화발전에 반영되었다.

– 태양절, 태양상, 태양조국, 태양의 품, 태양의 집, 주체년호, 주체의 영원한 태양, 만민의 위대한 태양, …

– 김일성민족, 김일성조국, 사회주의조선의 시조, 수령영생위업, 금수산기념궁전, 주체의 최고성지, 해빛 같은 미소, 하늘처럼 믿다, …

– 위대한 령도자, 최고령도자, 경애하는 장군님, 수령님과 꼭 같으신

분, …

－수령결사옹위, 혁명의 수뇌부, 육탄영웅, 자폭용사, 총폭탄, 일심
단결, 혼연일체, 민족의 령수, 조국통일의 구성, …

－백두산 3대장군, 백두산형의 장군, 수령복, 장군복, 인민을 하늘처
럼 여기다, 인민행렬차, 인민을 위하여 복무함, 인민들과 한가마밥을
먹다, 우리 식 사회주의, 조선식 사회주의, …

－선군, 선군정치, 선군혁명로선, 선군혁명령도, 총대중시, 총대철학,
총대가정, 총대를 사랑하다, 총대에서 당도 국가도 나온다, 총대우에
평화가 있다.
총대로 개척되고 총대로 승승장구하여온 주체혁명위업, 총은 변절을
모른다.
총은 변함없는 동지이다, …

－사랑의 정치, 단결의 정치, 인덕정치, 광폭정치, 사상중시, 과하기
술중시, 애국, 애족, 애민의 정치…

이 시기에 전체 국민의 필승의 신념과 불굴의 의지, 혁명적 낙관주의를
반영한 수많은 명언들과 성구적 표현들이 창조되었다.

－오늘을 위한 오늘에 살지 말고 래일을 위한 오늘에 살자
－사회주의는 지키면 승리, 버리면 죽음이다.
－자력갱생만이 살길이다.
－혁명적 군인정신, 결사관철, 일심단결, 혼연일체
－자강도사람들의 일본새, 강계정신, 성강의 봉화, 낙원의 봉화, 화
선식정치사업
－가는 길 험난해도 웃으며 가자

- 당이 결심하면 우리는 한다
- 령도자가 벽을 울리면 대중은 강산을 울려야 한다.
- 조국보위도, 사회주의건설도 우리가 다 맡자
- 준마를 타고 질풍같이 내달리다
- 혁명의 붉은기를 끝까지 지키다
- 앞채를 메고 나가다
- 최고사령관동지의 명령을 관철하기전에는 조국의 푸른 하늘을 보
지 말자
- 통이 크게 일판을 벌리다

또한 이 시기에도 개념적으로 맞지 않거나 알기 힘든 ≪차원, 축제, 성역, 정상, 비리척결, 레우≫와 같은 한자말을 쓰지 않도록 하였다.

지난 시기 나라명이나 지역명 등 고유명사는 그 나라에서 쓰는 대로 다듬어 쓰게 되었다. ≪인도, 화란, 독일, 토이기, 희랍, 웽그리야, 아세아, 구라파, 미주, 대양주≫ 등을 ≪인디아, 네데를란드, 도이췰란드, 뛰르끼예, 그리스, 마쟈르, 아시아, 유럽, 아메리카주, 오세안주≫로 그 지역이나 나라에서 하는 대로 고쳐 부르게 되었다.

또한 과학기술용어를 비롯하여 국제적인 공용어는 그대로 쓰도록 함으로써 과학기술분야에서 국제적인 교류와 협조를 강화하는데도 유리한 언어적 환경을 마련하게 되었다.

이 시기 일어난 새말의 창조와 어휘구성의 변화발전은 김일성주석과 김정일장군의 문풍을 본보기로 하여 대중의 언어생활이 진행됨으로써 온 사회에 혁명적인 문풍이 그 어느 때보다도 철저히 확립된 결과에 이룩된 것이라고 북에서는 긍지 높이 자랑하고 있다.

다시 말하여 시대와 사회의 변화발전을 오늘 뿐 아니라 먼 앞날까지 내다보고 국민대중의 자주적 지향과 선군시대의 새로운 요구를 가장 정확히 반영함으로써 시대어와 수많은 명표현과 명구, 명언들이 만들어졌다.

이처럼 새롭게 만들어진 어휘와 명구, 명언들은 전 사회에 파급되어 널리 쓰이고 있으며 대중가요와 문학예술작품의 언어와 국민들의 일상언어생활의 어휘로 활발히 쓰임으로써 사회의 전반적인 언어생활을 더욱 혁명적이고 문화적으로 풍만하게 하는데 적극 이바지하고 있다.

제 5 장 고유한 우리 말로 고친 어려운 한자말

1. 한자말의 생성과정과 그 문제점

2. 한자말의 우리 말로 변화된 과정

3. 한자말정리에 따르는 문화어어휘구성의 질적변화

고유한 우리 말로 고친 어려운 한자말

민족어 안에 남아 있는 불필요한 외래적인 요소들은 민족어의 특성을 흐리게 함으로써 자주적 발전에 저애를 주는 주된 장애물이다. 한 민족어 안에 불필요한 외래적 요소들이 민족고유의 언어적 요소들과 맞설 정도로 많이 침투되면 그 자체만으로도 언어에서 민족고유의 요소들이 지배적 위치를 차지할 수 없게 된다. 그 뿐 아니라 외래적 요소들이 언어생활에서 판을 치게 되면 언어의 민족적 자주성이 심히 침해되고 결국에는 민족어의 존재 자체가 위협을 받게 된다.

그리하여 언어의 민족적 특성을 살리고 자주적 발전을 이룩하기 위해서는 민족어 속에 들어 온 불필요한 외래적 요소들을 정리하는 문제가 중요하다.

여기서 가장 첨예한 과제로 나선 것이 어렵고 까다로운 한자말을 정리하고 언어생활에서 민족고유의 요소를 적극 살려 쓰도록 하는 문제이다.

1. 한자말의 생성과정과 그 문제점

한자말은 표의문자인 한자로 이루어진 말로서 한자만 알면 그것을 누구나 쉽게 이해할 수 있다는데 그 특징이 있다. 그리고 지난날 한자를 오랫동안 써 온 사정 때문에 중국, 일본과 의미적 이해 상에서 공통성이 있는 한자말이 적지 않다.

우리 나라에서는 오래전부터 한자를 통한 유교문화, 불교문화와의 교류를 통하여 유교경전이나 불교경전에 나오는 한자말이 들어오게 되었다.

고구려에서는 372년에 태학을 세우고 한문을 교수하였으며 신라에서는 7세기 후반기에 국학을 세워 유교경전을 가르쳤다고 하였는데 ≪논어≫, ≪효경≫, ≪예기≫, ≪좌전≫, ≪상서≫, ≪주역≫ 등을 배우는 과정에 수많은 한자말들이 우리 말 어휘구성에 들어오게 되었으며 한편 불교문화와 접촉하게 되면서 불경에 나오는 한자말도 들어오게 되었다.

신체(身體)	부모(父母)	백성(百姓)
처자(妻子)	효자(孝子)	천지(天地) ≪효경≫
조석(朝夕)	풍속(風俗)	동물(動物)
태양(太陽)	의상(衣裳)	언론(言論) ≪문선≫
황천(黃泉)	동맹(同盟)	문물(文物)
의사(意思)	성명(姓名)	정직(正直) ≪좌전≫
중생(衆生)	참회(懺悔)	자비(慈悲)
서방(西方)	생사로(生死路)	법계(法界) ≪균여전≫

고려는 964년에 과거제도를 내오고 992년에 국자감을 설치하면서 한문교육을 강화하였는데 이것은 어휘구성에서 한자말의 비중이 점차 늘어나는 결과를 가져 왔다.

≪계림유사≫(1103년)의 고려방언에는 당시 고려에서 쓰이고 있던 한자

말이 소개되어 있는데 그것을 1389년에 나온 ≪화이역어≫의 조선관역어
와 대비해 보면 흥미 있는 사실을 발견하게 된다.

 ≪계림유사≫에는 ≪천(千), 만(萬), 춘(春), 하(夏), 추(秋), 동(冬), 동
(東), 서(西), 남(南), 북(北)≫ 등 기본어휘와 함께 ≪기(旗), 병(瓶), 포
(袍), 동(銅), 강(江)≫과 단독으로는 쓰인 것 같지 않은 ≪전(田), 해(海),
계(溪), 금(錦), 림(林)≫까지 한자말로 소개하고 있다.

 그런데 ≪조선관역어≫에서는 ≪春, 夏, 秋, 冬≫이 아니라 ≪봄, 여름,
가을, 겨울≫ 등 고유어를 소개하고 있으며 ≪田, 海, 袍≫도 ≪밭, 바다,
덮개≫의 고유어로 주해를 달고 있다. 반면에 여기에는 ≪계림유사≫에 없
던 ≪궁(宮), 전(殿), 시(詩), 서(書), 경(經), 전(典), 서장(書狀), 통사(通
事), 배신(陪臣)≫ 등 수많은 한자말들이 소개되어 있다.

 이것은 이 시기에 이미 한자말이 하나의 체계를 이루면서 고유어와 한자
말의 이중체계가 형성되어 있었음을 의미하며 또한 시간이 흐름에 따라 한
자말이 점차 늘어나고 있었다는 것을 보여 주고 있다.

 이러한 한자말의 증가현상은 같은 내용을 서술한 1447년의 ≪석보상절≫
과 1459년의 ≪월인석보≫을 대비해 보면 그것을 쉽게 알 수 있다.

 ≪석보상절≫에는 ≪坊≫, ≪巷陌≫, ≪隨喜≫의 한자말만이 나오고 있
는데 ≪월인석보≫에서는 ≪僧坊≫, ≪空閒≫, ≪城邑≫, ≪巷陌≫, ≪聚
落≫, ≪田里≫, ≪父母≫, ≪宗親≫, ≪善友≫, ≪隨喜≫, ≪第五十≫,
≪無足≫, ≪二足≫, ≪四足≫, ≪多足≫ 등 고유어에 대응하는 한자말들
이 수많이 등장하고 있다.

 그런데 이 한자말들은 어디까지나 조선의 한자말이다. 다시 말하여 비록
한자로 이루어 졌다고 해도 그것은 엄연히 조선의 한자음으로 읽는 것이기
때문에 중국의 한어어휘와는 다른 것이다. 한자는 일단 들어 온 다음에 그
음이 그 나라의 어음체계에 맞게 서로 달라지기 때문에 한자말을 이루는
한자는 공통적이라 하여도 그 음은 서로 다르다. 예를 들어서 ≪天地≫나

≪父母≫의 경우에 우리 말에서는 〔천지〕, 〔부모〕로 발음하나 중국과 일본은 다르게 발음하기 때문에 한자를 통해서만 공통의 이해를 가지게 되는 것이며 그 음을 통해서는 상호 이해가 불가능한 것이다.

15세기 초기국문문헌에 나오는 한자말은 세 가지 부류로 나누어 볼 수 있다.

첫째로는 당시나 현대나 해당 시기의 우리 한자음으로 읽으며 한자로 표기되어 있는 것으로서 오늘도 계속 쓰고 있는 한자말이다.

天下	人民	平生	革命	忠誠	稱頌
子孫	千里	天才	百姓	軍馬	兄弟
學問	奸臣	逃亡	陰謀	禮儀	忠臣
糧食	平定	後世	規模	臣下	功臣
背反	親近	孝道	疑心	虛空	變化

이 한자말들은 쓰인 역사가 오래일 뿐 아니라 그에 대응하는 고유어가 없기 때문에 오늘까지도 생명력을 유지하고 있다.

둘째로는 현대의 한자음과 일치하게 정음자로 표기하고 있는 한자말이다.

구경(求景)	농담(弄談)	사탕(砂糖)	풍류(風流)
과실(果實)	비위(脾胃)	만일(萬一)	진실(眞實)
고함(高喊)	도읍(都邑)	조심(操心)	편안(便安)

이것은 이 한자말을 오랫동안 쓰는 과정에 그것을 한자로 쓰지 않고도 이해할 수 있게 된 것들인데 이렇듯 한자의식으로부터 멀어지게 되면 점차 고유어와의 분별이 어렵게 될 것이다.

셋째로 현대의 한자음과는 달리 당시의 통용음으로 표기하면서 심지어 고유어처럼 받침을 내려 쓰는 하철의 표기방식으로 쓴 한자말이다.

　　남진(男人)　샹녜(常例)　댱가(丈家)　　하딕(下直)
　　긔벼를(寄別을)　힝뎌글(行跡을)

　한자말을 고유어처럼 하철방식으로 표기하게 된것은 한자의식으로부터 멀어진 한자말을 사람들이 마치 고유어처럼 인식한 것과 관련되어 있다고 할 수 있다.

　그런데 그 후 일련의 글말에서 생소한 한자말이 급격히 늘어나기 시작하면서 고유어와 한자말의 대응에 금이 가게 되고 입말과 글말의 차이가 더욱 크게 벌어지게 되었다.

　한자성구인 ≪風調雨順≫, ≪國泰民安≫, ≪人生一世≫, ≪草生一秋≫, ≪消愁解悶≫과 같은 말들이 쓰이고 입말에서는 쓰이지 않는 한문직역식 표현이 글말에 나타나게 됨으로써 글말은 입말과 더욱 거리가 멀어지게 되었다. 이처럼 입말에서는 전혀 받아들인 일이 없는 한문식 표현이 한자말의 탈을 쓰고 어휘구성을 침범하고 있으니 이것이 큰 문제거리로 되지 않을 수 없다.

　19세기 후반기부터는 사회정치생활의 변화와 함께 새로운 과학기술의 도입 등으로 새로 생겨난 한자말들이 쓰이게 됨으로써 어휘구성은 일정한 변화를 입게 되었다.

　우선 이 시기 어휘구성에는 한자말로 된 새로운 사회정치용어와 과학기술용어가 널리 쓰이고 있었다.

　　국민,　국가,　정부,　사회
　　개인,　자유,　인권,　법률
　　산업,　문화,　교육,　학교

운하, 철도, 전기, 은행

이 한자말들은 시간이 감에 따라 일반대중의 언어생활에서 자주 쓰이게 되면서 새로운 단어합성의 기초로 되기도 하였다.

교육 → 사회교육, 산업교육, 교육제도
국민 → 국민운동, 국민교육, 국민복지
사회 → 봉건사회, 근대사회, 사회시책

또한 이 시기에는 서방문화와의 접촉과정에 외국말의 음역으로 된 특수한 류형의 한자말도 생겨나게 되었다.

코렐라(cholera) → 虎列剌
로맨(romantic) → 浪漫
티프스(typhus) → 窒扶斯

이 시기에 와서는 어휘구성에 한자로 표기한 일본말 고유어가 한자말의 탈을 쓰고 침투한 것과 같은 참을 수 없는 사태도 벌어졌다. 다시 말하여 일본말에서 뜻으로 읽는 ≪훈독어(訓讀語)≫라고 하는 것은 사실상 고유한 의미에서 한자말이 아닌데 이것이 마치 한자말인 것처럼 우리 한자음으로 읽히면서 우리 말에 끼여 들어온 것이다.

赤字 → 적자	組合 → 조합	株式 → 주식
試合 → 시합	手配 → 수배	受付 → 수부
口座 → 구좌	入口 → 입구	出口 → 출구
取り消し → 취소	支拂い → 지불	葉書き → 엽서
上廻る → 상회	見習い → 견습	手當て → 수당

待ち合い→ 대합   呼び"出し→호출   見積もり→견적
乗り合い→ 승합   引き出し→인출   假り拂い→ 가불
貸し切り→ 대절   割り當て→ 할당   割り引き→ 할인
追い越し→추월   取り締まり→취체   賣り出す→ 매출

이것은 한자의 허울을 쓰고 있으나 사실상 우리식 한자말이 아니라 일본에서 만들어 낸 일본식의 ≪한자말≫인 것이다. 그럼에도 불구하고 이것이 한자말의 대접을 받고 어휘구성에 끼여들어 오게 되었으니 또 하나의 문제점으로 되지 않을 수 없는 것이다.

또한 문제로 되는 것은 당시 글말에서 한자를 쓰고 있는 상황에서 어렵고 까다로운 한자말이 마구 늘어나게 된 것이다. 다시 말하여 한자를 쓰지 않고서는 도저히 알 수 없고 경우에 따라서는 너무나 어려운 한자로 되여 있어 사람들이 이해할 수 없는 한자말을 마구 만들어 쓰고 있는 것인데 이 것은 과학기술분야를 비롯하여 여러 분야에서 학술용어를 만들어 쓰면서 매우 심하게 나타나고 있었다.

의학분야에서 쓰인 몇 개 학술용어의 예를 들어 보면 다음과 같다.

하악간근(下顎間筋) : 아래턱사이살
하악골저(下顎骨底) : 아래턱뼈바닥
하치은지(下齒齦枝): 아래잇몸가지
중비도(中鼻道) : 가운데코길
치렬궁(齒列弓) : 이빨줄활
하치궁(下齒弓) : 아래이빨활

이러한 한자말은 한자로 써 놓아도 이해하기 어려운 것인데 그냥 입말로 옮겨서는 도저히 무슨 말인지 알 수가 없을 것이다. 이것은 한자말의 무질서한 생성이 가져 오는 문제점의 하나로 되지 않을 수 없다.

또한 문제로 되는 것은 동음이의적인 한자말이 수많이 생겨나는데로부터 오는 언어생활의 혼란이다. 한자를 밝히는 경우에는 그 혼란을 일정하게 피할 수 있겠으나 입말에서는 그 혼동이 불가피하게 된다.

예를 들어서 ≪고전≫의 경우에는 동음이의적인 한자말이 7개나 되는데 입말에서는 이해가 어렵고 간혹 문맥 속에서 그 분간이 가능할 뿐이다.

古殿: 옛궁전

古篆: 옛 전자

古典: 옛 의식이나 법식 / 옛 서적으로서 후세에 남을만한 책

古錢: 옛날 돈

古塼: 옛날 벽돌과 기와

苦戰: 몹시 힘들고 괴로운 싸움

雇錢: 품삯으로 지불하는 돈

일상 언어생활에서 대응하는 고유어가 있음에도 불구하고 한자말을 함부로 쓰고 있는 것도 문젯거리의 하나로 된다.

그 전형적인 예로 되는 것이 지명의 경우이다. 예로부터 사람들은 지명을 고유어로 지어 부르던 것인데 8세기 중엽에 신라에서 공식적으로 지명을 한자말로 고치게 되면서 지명의 이중체계가 생겨나기 시작하였다.

돌다리골	석교동(石橋洞)
늘윗골	어의동(於義洞)
밤골	율동(栗洞)
삼밭개	삼전도(三田渡)
한밭	대전(大田)
새나루	신진(新津)
검은다리	흑교(黑橋)

붉은바위   홍암(紅岩)

이것은 본래의 고유어 지명에 대한 차자표기를 그 후 한자말식으로 읽게 되면서 생긴 이중체계로서 사실상 본래의 의미에서 말하는 한자말과는 다르다. 이러한 것들도 응당 바로 잡아야 하는 것이다.

이처럼 한자말과 관련해서는 해결해야 할 문제들이 적지 않다. 그런데 여기서 반드시 고려해야 할 문제는 역사적으로 굳어진 것까지 손을 대서 언어생활에 오히려 혼란을 주어서는 안 된다는 것이다.

2. 한자말의 우리 말로 변화된 과정

한자말 가운데서 적지 않은 것들은 고유어와의 이중체계를 이루어 사람들의 언어생활에 부담을 주고 언어의 민족적 특성을 옳게 살려 나가는데서 부정적 영향을 주고 있으나 한자말 가운데는 이미 사람들의 언어의식에서 고유어처럼 확고한 자리를 차지하게 된 것도 없지 않다.

예를 들어서 ≪학교≫라든가 ≪방≫과 같은 것은 비록 한자말이라 할지라도 사람들이 고유어나 마찬가지로 친근하게 인식하고 있어 이러한 말들을 함부로 고치게 되면 오히려 언어생활에서 혼란을 가져 오며 사람들에게 불편을 줄 수 있다. 지난날에 일부 사람들은 한자말을 고유어로 바꾼다고 하면서 ≪학교≫를 ≪배움집≫으로 하고 ≪여자≫를 ≪계집≫으로 하는 식으로 고치려고 하였는데 이것은 아무런 생활력도 가지지 못하고 하나의 웃음거리로 되고만 일이 있었다.

한자말을 대하는데서는 옳은 관점을 가져야 한다고 본다. 그것은 한자말이 오랜 역사적 과정에 우리 말처럼 되어 버린 사정을 고려해야 하기 때문이다. 물론 한자말이 우리 말처럼 되어 버렸다고 해서 그것을 고유어라고는 하지 않는다. 왜냐하면 한자말이 아무리 우리 말처럼 되어 버려도 기원의 측면에서 그것을 고유어라고는 할 수 없기 때문이다. 그리하여 이러한 한자말을 북에서는 우리 말처럼 된 한자말이라고 한다.

첫째로 우리 말로 된 한자말이란 그에 대응하는 고유어를 가지지 못하는 한자말이다. 예를 들어서 ≪대두(大豆)≫라는 한자말은 그에 대응하는 고유어로서 ≪콩≫이라는 말을 가지고 있으나 ≪방(房)≫이라는 한자말은 그에 대응하는 고유어를 가지고 있지 않다. 이 경우에 ≪대두≫는 응당 ≪콩≫으로 고쳐 써야 하지만 ≪방≫은 다른 말로 고칠 수가 없게 될 것이다. 이러한 경우에 ≪방≫은 우리 말로 되었다고 할 수 있다.

둘째로 우리 말로 된 한자말이란 사람들의 언어의식에서 이미 한자와의 연계가 끊어진 것들이다. 예를 들어서 ≪학교≫라는 말은 ≪學≫과 ≪校≫라는 한자를 연상하여 그 뜻이 파악되는 것이 아니라 그 말을 이루는 개별적 한자의 뜻을 연상함이 없이도 그 덩어리 전체가 하나의 뜻을 가지는 우리 말로 인식 되고 있다. 한자와의 연계가 끊어 진 것 가운데는 오랜 사용 과정에 일정한 변화를 입어 한자로 다시 되살리기 어렵게 된 것들도 있다. 예를 들어서 ≪무명≫은 ≪木棉≫이라는 한자에서 기원한 것이지만 어음이 바뀌어 이제 와서는 한자로 그것을 되살려 표기하기가 어렵게 됨으로써 한자와의 연계가 끊어지고 말았다.

한자말의 이러한 우리 말로 된 과정은 일단 들어온 한자말을 자기 것으로 만들어 나가면서 언어의 민족적 자주성을 견지해 나가는 과정을 보여주는 것이기도 하다.

한자말의 우리 말로 된 과정은 역사적으로 어음변화, 의미변화, 단어조성의 세 개 측면에서 진행되었다.

(1) 어음변화에 의해서 한자말이 우리 말로 된 과정

한자말은 한자에 토대해서 한문식으로 만들어진 어휘이지만 그 발음은 어디까지나 우리의 한자음에 기초하고 있다. 우리 한자음은 정음자가 창제되기 이전에 다른 말소리와 꼭같이 입에서 입으로 전하여져 왔으며 그 과정에 우리 어음체계에 작용하는 일련의 법칙의 지배를 받지 않을 수 없었다. 더욱이 한자말의 경우에 그것이 사람들의 언어생활에 깊이 들어온 것일수록 그 발음은 고유어가 입게 되는 어음변화와 꼭 같이 변화되기 마련이며 따라서 한자운서에서 세워 놓은 한자음규범과 실지 한자말의 발음과의 사이에는 차이가 생기게 되는 것이다.

첫째로 한자말 가운데는 오래전에 우리 말에 들어와 쓰이게 되면서 그 음이 한자통용음과 다르게 바뀐 것이 있다.

예를 들어서 ≪욕(褥)≫이 ≪요≫로 된것이나 ≪포(布)≫가 ≪뵈≫로 된 것이 바로 그러하다.

둘째로 우리 말에 작용하는 모음조화법칙의 영향으로 한자말의 모음이 바뀐 경우가 있다.

예를 들어서 ≪망석(網席)≫이 ≪멍석≫으로 바뀐 것이나 ≪악수(惡水)≫가 ≪억수≫로 바뀐 것이 바로 그러하다.

이처럼 어음이 변한 ≪요, 뵈, 멍석, 억수≫ 등은 본래의 한자음과는 연계가 끊어진 것으로 하여 이미 우리 말로 되여 버린 것으로서 이러한 것들을 한자말이라고는 할 수 없다고 본다.

(2) 의미변화에 의해서 한자말이 우리 말로 된 과정

한자말의 의미는 그것을 구성하고 있는 한자의 의미에 기초하고 있다. 그런데 한자말의 어음이 변화하면서 의미가 한자의 의미와 분리되어 변화되는 경우가 있다.

예를 들어서 ≪간난(艱難)≫은 본래 곤난하고 어려움을 의미하는 것이지만 거기에는 빈궁의 의미도 포함하고 있었다. 그런데 그 후에 ≪간난≫이

≪가난≫으로 어음이 변화되면서 의미가 축소되어 빈궁의 뜻만을 가지게 되었다.

또한 ≪사량(思量)≫은 생각 또는 고려의 의미를 가지는 한자말이었는데 ≪사랑≫으로 어음이 변하면서 애정의 뜻으로 바뀌었다.

또한 ≪산행(山行)≫이 ≪사냥≫으로 바뀐 것이나 ≪중생(衆生)≫이 ≪짐승≫으로 바뀐 것도 바로 그러한 예로 된다.

이렇듯 의미변화는 반드시 어음변화를 동반하게 되는데 이렇게 변한 ≪가난, 사랑, 사냥, 짐승≫이라는 말은 본래의 한자로 복원할 수 없어 한자말이라고 할 수 없다고 본다.

(3) 단어조성법에 의해서 한자말이 우리 말로 된 과정

한자말이 우리 말로 된 과정은 고유어에 작용하는 단어조성법칙에 의해서도 더욱 촉진되었다. 다시 말해서 한자말과 같은 이질적인 요소는 그 중 일부가 우리 말의 단어조성법칙에 복종됨으로써 한자말 부류에서 빠져 나와 우리 말로 되고 만 것이다.

첫째로 합성법에 의하여 한자말이 고유어와 함께 하나로 녹아 들고 마는 경우가 있다.

예를 들어서 ≪글자≫의 경우에 그것은 ≪글+字≫이며 ≪술잔≫은 ≪술+盞≫이고 ≪강물≫은 ≪江+물≫이다. ≪글자, 술잔, 강물≫의 경우에 거기에서 한자를 분리하는 것은 사람들의 언어의식에서 매우 힘든 일로서 이것들은 다 우리 말로 되어버린 것이다.

```
민 + 錢        →  민천
爲頭 + 머리    →  우두머리
甲 + 옷        →  갑옷
```

둘째로 한자말요소에 고유어적인 접미사나 토가 붙어서 하나의 우리 말 단어로 되어 버린 경우가 있다.

예를 들어서 《괴롭다》는 본래 《苦+롭+다》로 이루어진 것이며 《행여》는 《幸+여》로 이루어진 것인데 이 경우에 한자말요소가 자립적으로 쓰이는 일은 없고 반드시 고유어적 요소의 첨가를 받아야만 비로소 단어의 구성요소로 될 수 있다.

```
缸 + 아리   →  항아리
針 + 쟁이   →  침쟁이
心 + 보    →  심보
地龍 + 이  →  지렁이
虎狼 + 이  →  호랑이
```

이러한 것들은 다 한자가 이미 우리 말로 되어버린 것이다.

이처럼 한자말은 오랜 기간에 걸쳐 언어생활에서 쓰이는 과정에 변화를 많이 입었으며 그 과정에 우리 말로 되어 버린 경우가 많았다. 이것은 언어의 민족적 자주성을 견지해 온 결과에 이룩한 하나의 성과로서 사람들은 우리 생활에 깊이 침투한 한자말에 대해서 그것을 한자와 결부시키지 않고 고유어처럼 인식하게 되었다. 이것은 사람들의 언어의식에서 점차 한자말에 대한 의식이 희박해 지는 결과를 가져 오게 하였다.

그리하여 《손수건》, 《역전앞》과 같은 말을 꺼리낌 없이 쓰고 있는데 사람들은 《손》이 《수건(手巾)》의 경우에 《手(손수)》와 의미 중복으로 되며 《앞》이 《역전(驛前)》의 경우에 《前(앞전)》과 의미중복으로 된다는데 대해서 전혀 의식하지 않고 있는 것이다. 이러한 현상에 대해서 일부 사람들은 극히 잘못된 것이라고 하면서 바로 잡을 것을 제기하고 있다.

그러나 《수건》의 경우에 사람들이 그 말을 마치 고유어처럼 인식하고 그에 대한 한자의식이 전혀 없어 ≪수건≫을 꼭 ≪손≫과만 관련되는 것으로 보지 않고 심지어 ≪발수건≫이라는 말까지 쓰고 있으며 그 밖에 ≪세수수건, 목욕수건, 거품수건≫ 등 여러 가지로 쓰고 있는 것이다.

또한 ≪역전≫의 경우에도 사람들은 그 말을 ≪앞≫과만 결부된 것으로 보지 않고 심지어 ≪역전뒤≫라는 말까지 쓰고 있는데 이것은 사람들의 언어의식에서 ≪역전≫이라는 말에 대하여 한자말이라는 인식이 점차 희박해 진 것과 관련되어 있다고 할 수 있다.

또한 ≪장마당≫의 경우에 ≪장(場)≫과 ≪마당≫의 중복 사용이 있는데 ≪場(마당장)≫이 ≪마당≫의 뜻을 가진 한자라는데 대한 의식이 없는데서 나온 것이라고 할 수 있다. 그리하여 ≪시장마당, 운동장마당≫ 등의 쓰임이 활발하게 진행되고 있다.

그리고 ≪상가집, 처가집≫의 경우에도 ≪가(家)≫와 ≪집≫의 중복 사용이 있게 되는 것은 ≪家(집가)≫가 ≪집≫의 뜻을 가진 한자라는데 대한 의식이 없는데서 나온 것이다.

심지어 ≪부상을 입다≫와 같은 표현까지도 쓰고 있는데 이 경우에 ≪부상(負傷)≫은 상처를 입는다는 뜻으로서 ≪負≫가 ≪입다≫의 의미를 담당하고 있으나 사람들의 언어의식에서는 그것이 망각되어 ≪부상≫을 ≪상처≫와 등가적 의미로 인식한 데로부터 다시 ≪입다≫를 붙이여 ≪부상을 입다≫라고 버젓이 말하고 있는 것이다.

이와 유사한 것으로서는 ≪수입해 들여 오다≫나 ≪수확을 거두다≫와 같은 표현을 들 수 있는데 이 경우에도 ≪수입≫이나 ≪수확≫에 대한 한자의식은 전혀 망각되어 있다고 말할 수 있다.

이러한 현상은 한자말이 우리 말처럼 되어 버려 그 말을 한자와 분리시켜 인식하고 있는데로부터 많은 사람들이 고유어를 겹쳐 써야만 의미적으로 완성된 것으로 생각한 데서 온 것이다. 한자사용을 전면 폐지한지 반세기가 훨씬 지난 오늘에 와서 그런 한자말들을 한자와 결부시켜 인식할 수 있는 사람은 극히 제한되어 있다고 할 수 있다. 물론 언어표현의 정확성을 기하기 위해서 그것을 바로 잡는 문제가 중요하기는 하지만 날이 갈수록 언어생활에서 한자의식이 희박해 지게 된다면 그러한 〈잘못 쓰기〉의 범위는 더 늘어나지 않겠는가 우려된다.

그러나 한편 달리 생각하여 이미 들어 와서 우리 말처럼 되어 버려 한자의식과 분리된 한자말을 그대로 쓰게 된다면 사람들의 의식변화의 견지에서는 오히려 당연한 귀결로 되는 것이 아니겠는가 하는 생각도 들게 되면서 그것을 바로 잡는다는 것이 쉬운 문제는 아닐 것이라는 염려도 생기게 된다.

3. 한자말정리에 따르는 문화어어휘구성의 질적변화

북에서는 우리 민족어의 주체적 발전에 지장을 주는 어려운 한자말을 정리하는 사업을 해방 후 중요한 정책적 문제로, 국가적 사업으로 제기하였다.

해방 후 국가적 조치에 의하여 1947년 2월에 조선어문연구회가 나오고 1949년 2월에 학술용어사정위원회가 나와 민족어의 발전을 위한 제반사업을 진행하기 시작하였다. 조선어문연구회에서는 우리 말에 대한 과학적 연구와 규범화 사업을 진행하였으며 학술용어사정위원회에서는 학술용어를 과학적으로 정확하게 사정하고 이해하기 어렵고 까다로운 한자말이나 외래어들을 다듬는 사업을 일정하게 조직진행하였다.

민족어의 자주적 발전을 위한 사업의 하나로 어휘정리 사업을 힘있게 밀고 나가기 위한 대책과 조치는 민족어건설이 새로운 단계에 들어서게 되면서 일층 강화되었다.

북에서는 1964년 1월 25일 어휘정리사업을 밀고 나가면서 생기는 대책적 문제들을 토의하고 결정서 ≪조선어를 더 한층 발전시키며 인민들의 언어생활에서 문화성을 높일데 대하여≫를 채택하였으며 이 사업을 힘있게 밀고 가기 위한 구체적인 대책을 강구하였다.

김일성주석의 지시에 의하여 1964년에 어휘정리사업을 전담하는 국가기관인 국어사정위원회가 세워지게 되었다. 이 조치는 어휘정리사업을 비롯한 민족어의 자주적 발전을 위한 사업을 힘있게 밀고 나가기 위한 터전을 마련하고 이 사업을 법적, 제도적으로 담보하는 정당한 조치로서 이때부터 어휘정리사업은 분야별로 정상화하게 되었다.

어휘정리사업은 본질에 있어서 언어의 어휘구성을 질적으로 개선하는 사업이다. 다시 말하여 이 사업은 언어의 민족적 특성을 현대의 요구, 시대의 요구에 맞게 발전시켜 나가는 원칙에서 진행하는 어휘개선사업이다.

언어의 민족적 특성을 현대의 요구에 맞게 살린다는 것은 고유한 자기 말을 사람들의 시대적인 사상의식과 언어의식, 언어미감을 고려하여 살리고 발전시킨다는 것을 말한다.

여기서 반드시 고려하여야 할 문제는 민족고유의 언어요소라고 하여 사람들의 언어의식에서 아주 멀어진 케케묵은 언어요소나 낙후하고 저속한 언어요소까지 덮어 놓고 살리는 복고주의적 입장에 서서는 안 된다는 점이다. 예를 들어서 고유어를 살려 쓴다고 하면서 현대적인 운수수단의 하나인 《기차》를 《불술기》라고 한다거나 현대적 광학기구의 하나인 《현미경》을 《돋보틀》이라고 한다거나 하는 것은 현대 사람의 언어감각에 전혀 맞지 않는 것으로서 우리는 이것을 철저히 경계해야 하는 것이다.

또한 외래적인것이라 하여 사람들의 언어의식과 언어관습에 깊이 뿌리 내린 것까지 다 배격하는 국수주의적 입장에서 어휘정리사업을 대해도 안 된다. 이미 사람들의 언어의식에서 우리 말처럼 인식하고 아무런 이질감도 느끼지 않는 것은 어휘정리의 대상으로 할 수 없다. 예를 들어서 《멍석》이나 《사냥》과 같은 것은 한자말에 기원한 것이라 해도 이미 우리 말로 되여 버린 것이며 《낭만(浪漫)》과 같은 특수한 유형의 한자말에 대해서도 아무런 이질감을 느끼지 않는 것이기 때문에 정리 대상으로 될 수 없는 것이다.

어휘정리사업의 기본과제로 되는 것은 언어생활에 남아 있는 구시대의 잔재를 청산하는 문제이며 한자사용을 전면 폐지한 변화된 상황에서 어렵고 까다로워 사람들이 도저히 이해할 수 없는 한자말들을 쉬운 우리 말로 고치고 동음이의적 관계에 있기 때문에 언어생활에서 혼동을 가져올 수 있는 한자말들을 다듬는 문제이다.

우선 일제식민지통치의 악독한 결과를 언어생활에서 깨끗이 청산하기 위한 투쟁의 일환으로서 일본식 ≪한자말≫을 청산하는 사업부터 착수하는 것이 시급한 과제로 제기되었다.

해방 후 민족어의 순결성을 보장하기 위한 운동을 벌린 결과 대부분의 말들은 언어생활에서 청산되어 ≪가불(假拂), 대절(貸切), 매출(賣出), 상회(上廻), 수부(受付), 추월(追越), 인출(引出)≫ 등은 사전에서 완전히 사라지고 말았으며 일부 경우에는 사전에서 대응하는 고유어를 제시하도록 하였다.

  구좌(口座)　　　　= 돈자리
  대합실(待合室)　　= 기다림칸
  취체(取締)　　　　= 단속

그러나 ≪조합, 지불, 엽서, 적자, 주식≫과 같은 것은 관습적인 통용성을 고려하여 다듬지 않고 그대로 두도록 하였다.

과일의 이름에 남아 있는 구시대의 유물을 청산하는 것도 언어생활에서 주체성과 민족성을 살리는데서 중요한 의의가 있다고 보고 ≪국광≫이요 ≪욱≫이요 ≪축≫이요 하던 일본식 사과품종명도 그 생산지나 성숙시기를 표식으로 잡아서 우리 식의 이름으로 고쳤다.

<table>
<tr><td>사과이름:</td><td>국광(國光)</td><td>→</td><td>북청</td></tr>
<tr><td></td><td>홍옥(紅玉)</td><td>→</td><td>황주</td></tr>
<tr><td></td><td>욱(旭)</td><td>→</td><td>구월</td></tr>
<tr><td></td><td>축(祝)</td><td>→</td><td>송화</td></tr>
<tr><td></td><td>왜금(倭錦)</td><td>→</td><td>단풍</td></tr>
<tr><td>배이름:</td><td>장십랑(長十郎)</td><td>→</td><td>길주</td></tr>
</table>

다음으로 어휘정리의 주요대상으로 되는 것은 한자를 통하지 않고서는 이해할 수 없는 어려운 한자말을 고유한 우리 말로 다듬는 문제이다.

지난날에 글말에서 한자를 쓸 때에는 마구 만들어 놓은 한자말도 써 놓은 한자에 의해서 그것을 가려볼 수 있었다. 예를 들어서 ≪출(出)≫자를 가지고 만들어 낸 ≪출구(出口), 출수(出穗), 출수(出水), 출찰(出札), 출철(出鐵), 출탄(出炭), 출표(出票), 출하(出荷)≫는 한자를 통해서 그 뜻을 알 수 있었으나 한자를 쓰지 않는 조건에서 그 말의 뜻을 가려 보기란 결코 쉬운 일이 아니다. 이런 말들은 마땅히 고유한 우리 말로 다 고치고 한자말은 쓰지 않도록 하여야 한다.

<table>
<tr><td>출구[일반]</td><td>→</td><td>나가는곳</td></tr>
<tr><td>출수[농학]</td><td>→</td><td>이삭패기</td></tr>
<tr><td>출수[광업]</td><td>→</td><td>물나기, 물터짐</td></tr>
<tr><td>출찰[운수]</td><td>→</td><td>표찍기</td></tr>
<tr><td>출철[금속]</td><td>→</td><td>쇠물뽑기</td></tr>
<tr><td>출탄[광업]</td><td>→</td><td>탄뽑기, 탄내기</td></tr>
<tr><td>출표[운수]</td><td>→</td><td>표팔기</td></tr>
<tr><td>출하[사회]</td><td>→</td><td>짐보내기</td></tr>
</table>

또한 한자의 매개 없이 동음이의어를 분간하는 것도 매우 어려운 문제로

나서고 있다.

상지(上旨): 임금의 마음
상지(上智): 가장 뛰여난 지혜
상지(上肢): 어깨, 팔, 손의 총칭
상지(相地): 땅의 길흉을 판단함
상지(相持): 양보하지 않고 서로 제 의견을 고집함
상지(相知): 서로 앎
상지(常紙): 품질이 좋지 않은 보통의 종이

선부(先夫): 이전 남편
선부(先父): 돌아가신 아버지
선부(善否): 좋음과 좋지 않음
선부(船夫): 배사공

절미(節米): 쌀을 절약함
절미(絶微): 더없이 미묘함
절미(絶美): 더없이 아름다움

이러한 동음이의어들은 한자로 써 놓아야 뜻을 가려낼 수 있으며 그렇지 않은 경우에는 문맥 속에서 겨우 분간이 가능할 수 있을 것이다. 따라서 학술용어가 아닌 이러한 한자말들은 쓰지 말며 필요한 경우에 고유어로 고쳐 쓰도록 하여야 한다.

그러나 학술용어의 경우에는 그것을 체계적으로 다듬어 쓰는 문제를 해결하여야 한다. 예를 들어서 ≪방수≫라고 하면 몇개의 동음이의어가 있을 수 있다. 즉 ≪防銹≫, ≪防水≫, ≪放水≫ 등의 학술용어가 그러한 데 이것을 정음자로만 써 놓아서는 전혀 분간할 수 없게 되기 때문에 이러한 동음이의어들은 마땅히 ≪녹막기≫, ≪물막이≫, ≪물빼기≫ 등 고유어로 다듬어 써야 하는 것이다.

이처럼 관심을 돌려야 할 어려운 한자말은 주로 학술용어에 많기 때문에 이런 한자말을 다듬는 일은 학술용어 사정사업에서 주되는 과제로 되고 있었다. 그리하여 국어사정위원회는 그 산하에 여러 분야의 학술용어를 담당하여 전문적으로 정리하는 여러 분과위원회들을 두어 이 사업을 체계적으로, 정상적으로 조직 진행하였던 것이다.

국어사정위원회에서는 ≪다듬은 말(표준할 초고) 1, 2, 3≫과 ≪다듬은 말 묶음≫(교육도서출판사, 1977년판), ≪다듬은 말 묶음≫(과학, 백과사전출판사, 1978년 판)을 내 보낸데 이어 ≪다듬은 말(재검토한 용어)≫ (고등교육출판사, 1982년판) 등을 내 보내어 광범한 대중 토의를 거쳐 이 사업을 힘있게 밀고 나갔다.

≪다듬은 말(재검토한 용어)≫(고등교육출판사, 1982년판)에서 3개 이상의 동음이의적인 한자말을 다듬은 본보기를 몇 개 추려보면 다음과 같다.

> 🔍 * 앞의 것은 종전의 한자말로서 그 사용분야를 밝힌 것이며 뒤의 것은 그것을 다듬은 말이다.

경[의학]	목
경[의학]	거울
경[의학]	줄기
경구[의학]	목넓이
경구[농학]	목홈
경구[체육]	굳은공
경사[일반]	비탈, 물매

경사[화학공업]　　　　웃물찌우기
경사[경공업]　　　　　날실

경판[생물]　　　　　　기울판
경판[농학]　　　　　　목판
경판[체육]　　　　　　공막이판

고도[건설]　　　　　　외물매
고도[자연]　　　　　　높이
고도[운수]　　　　　　각높이

교각[운수]　　　　　　사귐각
교각[기계]　　　　　　무는각
교각[광업]　　　　　　물림각
교각[운수]　　　　　　(다리)사이기둥

구[의학]　　　　　　　입
구[의학]　　　　　　　언덕, 둔덕
구[의학]　　　　　　　갈구리
구[의학]　　　　　　　홈

구보[체육]　　　　　　달리기
구보[의학]　　　　　　입부

개장[축산]　　　　　　다시신기기
개장[생물]　　　　　　(날개)편길이
개장[사회]　　　　　　옮겨묻기

계주[체육]　　　　　　이어달리기

계쥐운수]   (배)말뚝
계쥐전기 체신]   이은(전기)대

관류[의학]   관속흐름
관류[의학]   흐름씻기
관류[림학]   나무몰이

내지[생물]   속발가락
내지[사회]   속지
내지[수산 해양]   안다리
내지[의학]   속가지

단상[금속]   홑모습
단상[전기 체신]   한상
단상[일반]   단위

동화[사회]   닮기
동화[사회]   구리돈
동화[상품]   겨울신

두순[농학]   덧입술
두순[생물]   머리입술
두순[생물]   머리방패뼈

등화[일반]   등불
등화[의학]   광귤꽃
등화[전기 체신]   고루기

대금[일반]   값

대금[문예]	큰쟁과리
대금[문예]	저대
대지[지질 지리]	큰덕
대지[건설]	터
대지[문예]	받침종이
대지[생물]	큰가지
락석[의학]	마삭줄
락석[건설]	돌따내기, 돌떨어짐
락석[광업]	떨어진돌, 돌떨어지기
락화[농학]	꽃떨어지기
락화[사회]	줄불
락화[문예]	인두그림
로두[의학]	뿌리꼭지
로두[의학]	검정쥐눈이풀
로두[일반]	길거리, 길가
모사[상품]	털실
모사[문예(미술)]	옮겨그리기, 옮겨새기기
모사[기계]	본따기
보판[임학]	고임대
보판[운수]	걸음판

보판[수산 해양]　　　덧판

우각[생물]　　　오른쪽조가비
우각[생물]　　　오른쪽뿔
우각[생물]　　　소뿔

진피[의학]　　　귤껍질
진피[의학]　　　속가죽
진피[농학]　　　참껍질

제[사회(교육)]　　　(글)제목
제[의학]　　　냉이
제[의학]　　　배꼽
제[축산]　　　발쪽, 발통

천공[광업]　　　(구멍)뚫기
천공[문예]　　　걸구멍
천공[자연]　　　하늘

초지[경공업]　　　종이뽑기
초지[축산]　　　풀판
초지[지질 지리]　　　풀땅

출구[일반어]　　　나가는 곳
출구[금속]　　　날구멍
출구[전기 체신]　　　걸릴구멍

측각[건설]　　　각재기
측각[생물]　　　옆다리

측각[의학]	옆뿔
하수[의학]	처지기
하수[수산 해양]	강물
하수[건설]	버린물
하수[문예(연극)]	왼편
후구[의학]	냄새홈
후구[축산]	뒤몸
후구[생물]	뒤홈
후구[생물]	뒤입

이처럼 수많은 한자말을 고유한 우리 말로 다듬고 그것을 적극 살려 쓰는 과정에 고유어 단어조성에서는 새로운 수법이 창조되었으며 다듬은 말을 살려 쓰는 과정에 새 의미들도 많이 분화되어 쓰이기 시작함으로써 고유어 단어의 쓰임에서는 일련의 변화가 일어났다.

예를 들어서 운수부문에서 종전에 쓰던 ≪주차장, 종착역, 임상화물, 분상화물≫ 등을 ≪차마당, 마감역, 알짐, 가루짐≫ 등으로 다듬은 것은 한자말 조성구조를 기계적으로 옮겨 놓지 않고 고유어조성의 전통적 수법을 살려서 고친 것이다. 그리고 수산부문에서 ≪어로작업, 포경작업, 항행수로≫ 등의 한자말을 ≪고기잡이, 고래잡이, 배길≫로 다듬은 것도 한자말 구조를 대담하게 벗어나 고유어 맛이 나게 민족적 특성을 살려서 다듬은 실례이다.

그 뿐 아니라 사람들 속에서 널리 쓰는 말을 가지고 한자말을 다듬은 경우도 있다. 예를 들어서 수산부문에서 ≪할복, 저예망, 어포부≫ 등을 ≪밸따기, 훑치기, 부꺼리≫ 등으로 다듬은 것은 사람들이 흔히 써온 말을 찾아서 살려 쓴 것이다.

지난 수십 년 동안 어려운 한자말로 된 학술용어를 다듬는 어휘정리사업을 힘있게 벌려 온 결과 어려운 한자말이 언어생활에서 점차 사라지고 우리 말 어휘구성에서 고유어가 차지하는 비중이 훨씬 높아지게 되었으며 모든 사람들이 우리 고유어를 더 아끼고 사랑하는 기풍이 서게 되었다.

어휘정리사업의 일환으로서 고장이름에서 한자말 대신에 고유어를 찾아쓰는 문제에 대해서도 깊은 관심을 돌리었다.

북에서는 힘든 한자말로 된 지명과 고유어로 된 지명의 이중체계를 없애기 위한 지명조사 결정을 채택하였다. 그리고 중앙에는 전국지명조사위원회를 두고 각 도, 시, 군들에는 지명조사위원회를, 리, 동급단위에는 지명조사조를 조직하여 중앙으로부터 지방에 이르기까지 지명 조사를 위한 정연한 기구체계를 세우고 이 사업에 착수하도록 하였다.

그리하여 전국적 범위에서 지명조사가 정연한 질서에 따라 조직적으로 진행될 수 있었으며 1966년 하반기부터 1967년 말까지 1년 반 사이에 진행한 조사의 결과 행정구역지명 4,700여 개와 자연부락, 산, 골, 강, 벌 등 자연지명 47만 6,760개를 장악하는 성과를 거두었다.

그 과정에 묻혀 있던 아름다운 지명들이 수많이 되살아나게 되었으며 구시대가 지명에 끼쳐 놓은 잔재들도 적지 않게 찾아내게 되었다.

우선 종전에 관습적으로 내려 왔던 지명에서 고유어를 쓰도록 하였다.

냉정(冷井)리 → 찬우물리
삼정(三井)리 → 세우물리
의암(衣岩)동 → 옷바위동
송우(松隅)동 → 솔모로동

그리고 행정구역의 개편이 넓은 범위에서 진행될 때 여러 단위의 군, 동 리급 단위의 이름을 고유어로 지어 부르도록 하는 조치도 취하였다. 그리하여 평양시의 경우만 해도 ≪긴재동, 긴마을동, 긴골동, 웃고개동, 앞새동, 웃메동, 독골동, 새마을동, 새살림동, 붉은거리동, 련못동, 능금동≫과 같이 고유어로 된 동이름이 새로 생겨나게 되었으며 은률군에서 일부 지역을 떼내어 새로운 군을 내올 때는 ≪과일군≫이라는 군이름도 생겨나게 되었다.

또한 구시대의 유물인 여진말 기원의 ≪독로강≫, ≪오로군≫은 ≪장자강≫, ≪영광군≫으로 고치고 이성계의 ≪사적≫과 관련된 ≪영흥군≫, ≪룡흥강≫은 ≪금야군≫, ≪금야강≫으로 고치도록 하였다.

지명분야에서 일어난 이러한 변화는 예로부터 사람들 속에서 불리어 왔던 고유한 우리 말 지명을 찾아 쓰며 구시대가 남겨 놓은 결과를 가시고 새로운 시대의 시대정신과 정서에 맞게 지명을 다듬어 쓴 것으로서 어휘정리사업이 거둔 중요한 성과의 하나이다.

지난날에는 고유어와 한자말의 이중체계가 우리 말 어휘구성을 특징짓는 하나의 표징처럼 되어 있었고 양적으로도 한자말의 비중이 더 높았으나 어휘정리사업이 성과적으로 진행된 결과 고유한 우리 말을 기본으로 하는 하나의 단어체계가 이루어지게 되었으며 어휘구성에서 한자말의 비중은 현저히 줄어들게 되었다.

이것은 어휘구성의 측면에서 평양문화어의 우수성을 말해 주는 중요한 표징의 하나이다.

제6장 다른 나라의 국명과 지명, 외래어의 표기

1. 다른 나라의 국명과 지명, 외래어의 표기원칙

2. 다른 나라의 국명과 지명, 외래어표기의 심화발전

다른 나라의 국명과 지명, 외래어의 표기

1. 다른 나라의 국명과 지명, 외래어의 표기원칙

외래어문제를 잘 처리하려면 외래어 정리사업을 잘 할뿐 아니라 그 표기 형태도 정확히 확정하여야 한다. 그것은 외래어가 어음적 측면에서 볼 때 우리 말과 다른 일련의 특성을 가지고 있기 때문이다.

특히 외래어가 제3국을 통하여 들어 왔을 경우에 그 표기형태가 다른 것만큼 외래어 표기형태를 잘 정하는 것은 중요한 의의를 가지게 되는 것이 다.

북에서는 해방직후 러시아를 통하여 다른 나라 말이 적지 않게 들어 온 것만큼 새로운 외래어 표기법 제정에 큰 관심을 돌리었으며 그 표기실천에 서는 적지 않은 변화들이 일어났다.

북에서는 다른 나라의 고유명사는 일본말이나 중국말을 통하여 들어 온 대로 발음할 것이 아니라 그 나라 발음을 그대로 따라서 발음도 하고 쓸 것에 대한 원칙을 제기하였다. 다른 나라의 이름과 수도이름, 사람이름을 그 나라 발음하는 대로 말하고 적는 것은 그 나라 사람들의 감정에 부합되는 것으로서 자못 의의가 크다.

다른 나라의 이름과 수도이름, 사람이름 등 고유명사를 그 나라 사람들의 발음대로 적지 않고 일본말이나 중국말식으로 발음하고 적는 것은 구시대의 유물을 그냥 그대로 넘겨받아 쓰는 것으로서 자주성을 지향하는 북의 요구에도 합당치 않는 것이었다.

우리 말은 세계 어느 나라 말의 발음이든지 자유자재로 적을 수 있는 우수한 어음과 문자를 가진 언어이다. 따라서 민족적 자부심에 배치되게 일본말이나 중국말 식으로 표현할 하등의 근거가 없는 것이다.

다른 나라의 국명과 지명을 표기하는 문제는 넓게 보아 ≪외국말적기법≫에 포함된다. ≪외국말적기법≫은 다른 나라 말의 단어를 그 소리대로 우리 글자로 옮겨 적는 규범이다. 이 옮겨 적기는 뜻옮김이 아니라 소리옮김이다. 따라서 ≪외국말적기법≫은 하나는 발음상의 규범이고 다른 하나는 적기의 규범이다. ≪외국말적기법≫은 이와 같이 발음면과 적기면의 양면성을 띤다.

≪외국말적기법≫의 규범화 대상은 ≪외국말≫일반이 아니라 개별적인 외국어의 단어이다. ≪외국말 적기법≫의 규범화 대상이 외국어의 단어라고 하는 개념은 ≪외래어≫의 개념과 다른 것이다. 외래어는 다른 언어의 단어가 평양문화어의 어휘구성 속에 들어 와서 평양문화어로 되여 버린 외국어바탕이 있는 평양문화어의 단어이다. 예를 들어 평양문화어의 명사 ≪땅크≫는 영어의 ≪tank(탱크)≫에 바탕을 두고 있으나 평양문화어에 들어 와서 말소리가 ≪땅크≫라는 평양문화어로 된 외래어이다. 북의 경우 외국말 적기법의 대상으로 되는 단어는 주로 명사이다. 외국말의 동사가 그대로 평양문화어의 동사로는 되지 못한다. 외국말적기법의 대상으로 되는 명사는 고유명사와 보통명사를 다 포괄하며 고유명사도 나라이름과 수도이름, 사람이름 등 폭이 넓으며 보통명사도 일반명사와 과학기술분야의 용어, 문학예술용어와 체육용어 등 범위가 넓다.

《외국말적기법》을 적용하여야 할 언어의 범위도 매우 넓다. 가까운 이웃 나라들의 언어 뿐 아니라 역사가 오래고 통용범위가 넓은 유럽의 언어들은 다 외국말적기법의 대상언어이다. 그런데 이런 언어들은 그 음운체계가 평양문화어의 음운체계와 질적인 차이가 있는 것으로 하여 《외국말적기법》을 잘 만든다는 것은 결코 쉬운 일이 아니다.

외국말적기법에서 고유명사에 대한 문제는 특별히 신중성을 요구한다. 나라이름, 수도이름, 사람이름 등은 그 나라, 그 민족의 존엄과 관련되어 있기 때문이다. 사실 지난 시기 나라이름을 적는 데서도 이러저러한 편향을 나타내는 경우가 있었다. 꾸바는 에스빠냐어의 사용지대로서 자기 나라의 이름을 라틴어계통의 음운체계에 따라 《꾸바》라고 하였지만 미국은 영어식 발음에 따라 《큐바》라고 불렀다. 남의 나라이름을 그 나라에서 부르는 대로 부르지 않고 자기 나라 발음식으로 고쳐서 부르는 것은 민족적 감정을 자극하는 행위이다.

북에서 제때에 《큐바》라는 이름을 버리고 《꾸바》라고 부른 것은 그 나라의 언어생활 실태로 보아 전적으로 정당한 처사였다.

북에서는 《마쟈르》도 이전에 부르던 《항가리》라는 이름 대신에 러시아식으로 《웽그리아》라고 불렀다. 오늘날 그 나라 사람들이 《마쟈르》라고 하기 때문에 《마쟈르》로 하고 있다. 《항가리-행그리》는 마쟈르인들에 대한 멸시와 모욕의 빛갈이 짙게 어려 있다고 할 수 있다. 왜냐하면 《항가리-행그리》라는 발음에는 영어로 《굶주리다》는 뜻이 있기 때문이다.

나라이름을 한자로 적으면서 국가적, 민족적 감정을 드러낸 실례는 일본에서 미국을 처음에는 《아름다울 미》자로 표기하다가 후에 《쌀 미》자로 그리고 다시금 《아름다울 미》자로 표기한 것과 같은 것이다. 나라이름을 비롯하여 외국의 고유명칭을 정하는 문제는 이처럼 심중한 문제이다.

특히 북에서 이 문제는 지난 시기 다른 나라의 고유명사들이 일본말이나 중국말을 거쳐서 들어 온 경우가 적지 않기 때문에 보다 더 절실한 문제로 제기되었다.

이로부터 북에서는 외국말적기 규범화에서 해당 나라대중의 의사와 감정을 충분히 참작하고 그 나라에서 발음하는 대로 최대한 접근시킬 수 있도록 하는 원칙을 제시함으로써 ≪외국말적기법≫에서 주체성과 민족성을 훌륭히 구현할 수 있게 되었다.

≪외국말적기법≫에서는 첫째로, 음운대응의 원칙을 기본으로 하여야 한다.

외국말을 적는데서 음운대응의 원칙을 기본으로 한다는 것은 해당 외국어의 자음과 모음을 우리 글자의 자음자와 모음자에 각각 대응시켜서 적는다는 것을 말한다.

외국말적기를 그 나라에서 그 나라 사람들이 하는 대로 한다는 것은 결코 발음상의 미세한 변종들까지 다 그대로 옮겨 적어야 한다는 것은 아니다. 외국말 단어의 어음적 외피를 그 나라 사람들이 하는 발음 그대로 완전히 옮겨 적는다는 것은 불가능하다. 그것은 하나의 자음이나 모음도 그것이 실현되는 어음론적 위치에 따라 때로는 이렇게, 때로는 저렇게 발음되기 때문에 외국말의 어음구성과 우리 말의 음운구성이 1 : 1 대응이 될 수 없기 때문이다.

러시아의 수도이름은 ≪MOCKBA≫이다. 평양문화어의 러시아말 적기법에는 이 고유명사를 ≪모스크바≫라고 적도록 되어 있다. 그런데 실지에 있어서 러시아의 표준발음으로 수도 ≪MOCKBA≫의 어음적 외피가 ≪모스크바≫인 것은 아니다.

우선 이 단어는 역점이 모음 ≪A≫에 떨어진다. 그리하여 역점 앞에 있는 ≪o≫는 ≪a≫로 발음한다는 발음규범에 의하여 앞머리에 놓여 있는 모음 ≪o≫는 ≪a≫로 발음한다.

또한 ≪모스크바≫라고 ≪바≫자로 적었는데 러시아어발음으로는 ≪바≫

가 아니라 ≪와≫에 가깝게 발음된다. 그리고 러시아어의 ≪c≫음은 ≪쓰≫
에 가깝지만 조음기저가 서로 다르다. 결국은 ≪MOCKBA≫를 ≪모스크바≫
가 아니라 ≪마쓰크와≫라고 적어야 한다는 결과가 나온다. 그러나 이렇게
외국말적기법을 개별적인 단어마다 하나하나 따라 다니면서 적는 식으로
규범화할 수는 없다.

규범화는 일반적이고 보편적인 기준을 세워서 언제, 어떤 단어를 누가
적는다 하여도 규범집에 있는 규정조항대로 하도록 하는 방법에 의거하여
야 한다. 매번 전문가들이 모여 앉아서 한 단어 한 단어를 이렇게 하라 저
렇게 하라 하고 정해 주는 방법은 규범화의 방법론이 아니다.

여기에서 유일한 방법론은 음운대응의 원칙을 견지하는 것이다. 그리하
여 러시아어에서≪o≫는 역점의 앞에 놓였건 뒤에 놓였건 ≪ㅗ≫로 적는
다, ≪c≫는 위치에 관계없이 ≪ㅅ≫로 적는다, ≪B≫는 ≪ㅂ≫로 적는다
등의 식으로 대응시켜 놓아야 한다. 그런즉 ≪그 나라에서 하는 대로≫ 한
다는 것은 어디까지나 상대적인 것이지 결코 완전히 꼭 같이 한다는 것을
의미하지 않는다.

음운대응의 원칙을 적용하는데서 가장 큰 난점은 외국어에 있는 음운이
우리 말에 없는 경우이다.

서양의 언어들에는 ≪b/p≫가 있고 또 ≪v/f≫도 있다. ≪b/p≫는 입술
터스침소리이고 ≪v/f≫는 입술이스침소리이다. 우리 말에는 이런 입술이
스침소리가 없다. 이로부터 ≪v/f≫를 어떻게 적고 발음하겠는가 하는 문
제가 제기된다. 해방 전에는 ≪v≫를 ≪ㅂ˚≫로, ≪f≫를 ≪ㅍ˚≫로 표기
하기도 하였으나 그 후에는 ≪v≫는 ≪ㅂ≫로, ≪f≫는 ≪ㅍ≫로 처리하였
다.

평양문화어의 경우는 음운구성과 음절구성이 풍부하기 때문에 다른 나
라의 언어음을 거의 유사하게 적을 수 있지만 그렇지 못한 언어들은 이런
문제가 사실상 어려운 문제의 하나이다. 일본어의 경우를 보면 음절구성이

빈약하기 때문에 외국말적기에서 영어의 ≪a≫를 ≪에≫에 해당하는 소리마디로 적는 경우가 있다. 예컨대 영어의 ≪apple≫을 ≪エプル(에뿌루)≫와 같이 적는다. 우리 말에는 ≪애≫가 있기 때문에 ≪a〔æ〕≫를 ≪애≫에 대응시키고 ≪apple≫을 ≪애플≫이라고 적을 수 있는 가능성을 가진다. 이것은 ≪エプル(에뿌루)≫보다 원음에 가깝고 외국말적기의 규범화에서 원어의 발음에 접근시킬 수 있게 하여 준다. 물론 외국말적기에서 음운대응의 원칙을 구현하자면 해당 외국어 자체가 음운과 문자의 대응이 원만하여야 한다. 영어나 프랑스어는 발음과 표기사이에 큰 차이가 있다. 그러므로 글자로 적어 놓은 영어나 프랑스어의 단어들을 우리 말의 글자에 대응시켜 영어 적기법이나 프랑스어 적기법을 규범화할 수 없다.

영어에서는 ≪man≫에서의 ≪a≫를 ≪ㅐ≫에 가깝게 발음하지만 ≪woman≫의 경우에 ≪a≫는 ≪ㅓ≫에 가깝게 발음한다. 실제로 보면 영어의 ≪a≫는 ≪에이≫, ≪애≫, ≪어≫, ≪아≫, ≪오≫ 등 다양하게 발음된다. 프랑스어에서는 적기와 발음과의 차이가 영어보다 더 심하다. 이런 실정에서 프랑스말 적기에서는 글자는 대상도 하지 않고 처음부터 발음기호를 대상으로 하는 방법을 취하고 있다.

≪외국말적기법≫에서는 둘째로, 언어의 유형에 맞게 하는 방법이 있다.

외국말적기법의 기본원칙이 음운대응의 원칙이라고 하여 아무 유형의 언어에나 다 이 원칙이 적용되어야 하는 것은 아니다. 외국말적기법에서 음운대응의 원칙이 알맞는 언어는 주로 세계 언어의 많은 비중을 차지하는 굴절어나 교착어이다. 고립어에서는 사정리 다르다. 한어와 같은 고립어에서는 하나의 음절이 하나의 단어로 되는 것이 많고 음절의 종류는 많아서 400~500개 정도이다. 음절들은 일정한 자음과 모음의 결합체들이다. 그러므로 음절의 적기를 잘 하면 단어의 적기가 잘 될 수 있는 가능성을 가진다.

평양문화어에서는 중국말 적기법을 음운대응의 원칙을 적용하는 방법을 취하지 않고 자음과 모음의 결합에 의하여 음절들이 이루어지는 법칙성에 따라서 약 400여 개의 중국어의 음절들을 우리 글자로 대응시켜서 적는 방법을 취하였다. 이것은 고립어인 중국어의 특성에 맞는 독특한 외국말 적기의 하나이다.

외국말 단어의 적기를 규범화하는 것은 고도의 창조적인 사업이다. 외국말 단어는 음운대응의 원칙에 의하여서도 또는 언어유형에 따라서도 적을 수 있지만 이 밖에도 가능한 효과적인 방법을 적용할 수 있다. 그 가운데서 대표적인 것은 단어조성적 접속사를 따로 뽑아 일괄 처리하는 것이다. 예를 들어 영어 단어에서 접미사적 요소 ≪~tion≫이나 ≪~less≫ 등은 개개의 음운을 따지지 않고 직접 이 음운결합체를 대상으로 하여 그 발음과 적기를 규범화할 수 있다. 사실상 ≪~tion≫은 우리 말로 ≪~슌, ~숀, ~션≫ 등으로 표기할 수 있으며 ≪~less≫는 ≪~리스, ~레스≫ 등으로 할 여지가 있다. 이런 것을 별도로 묶어서 처리하는 것은 규범의 시행에서 아주 효과적인 것이다.

≪외국말적기법≫에서는 셋째로, 음절식 글자에 대한 고려를 하는 것이다.

외국말적기법을 규범화하는데서는 발음상의 문제만이 아니라 적기에서의 문제도 고려하여야 하며 여기에서 적기방식 문제는 중요한 조건이다. 자모글자를 그대로 풀어서 가로 쓰는 언어에 대하여서는 다르게 고려할 것이 없다.

우리 글자는 자모문자이지만 문자사용에서는 자모들을 음절단위로 묶어서 결국 음절식 문자를 사용한다. 적기수단과 적기방식의 이러한 특성은 외국말 적기를 규범화하는 데서도 일정한 관계를 가지게 한다.

만일 외국말을 그 나라에서의 발음과 같게 적겠다는 한 가지 생각만 고집한다면 사람들이 써 본 적이 없는 까다로운 음절글자까지 만들어 적지 않으면 안 되게 된다. 사람들이 쓰지 않던 부호를 덧붙여 가면서 외국말 단어를 적어서는 안 되며 전혀 쓰지 않던 괴벽한 음절글자를 이용하여 외국말 단어적기법을 규범화하는 것은 좋은 일이 아니다. 아무리 부호를 덧붙이고 괴상한 음절글자까지 적용한다고 하여도 외국말 단어의 어음적 겉모습을 모조리 꼭 같이 적을 수는 없다.

우리 말은 발음이 비상히 풍부하고 우리 글자로는 세계 여러 나라들의 말의 발음을 《자유자재》로 적을 수 있다. 그러나 일반대중이 문자생활에서 단 한번도 써 본 적이 없는 괴상한 음절문자까지 만들어서는 안 된다. 다른 나라에서 우리 말 단어를 적는 것을 보면 그야말로 《엇비슷하게》하는 것으로 만족하고 있으며 그렇게 하는 것을 어쩔 수 없는 것으로 여기고 있다. 왜냐하면 말소리의 부족으로 음운대응이 되지 않고 음절식 대응도 원만하지 않기 때문이다. 예를 들어 일본어에서는 《평양》을 《ピョンヤン》이라고 쓰고 있다. 이것은 일본말로는 《뻥양》으로서 발음되며 《평양》의 우리 말의 발음과는 거리가 멀다. 또한 《김치》는 《기무찌》로, 《쪽발이》라는 단어에 대해서는 《쪼빠리》라는 식으로 적고 있다. 이것은 일본어의 음운수와 음절결합의 부족으로부터 나오는 것이다.

우리 말은 음운과 음절결합이 풍부하고 다양한 것으로 하여 다른 나라의 말소리를 거의 그대로 적거나 말할 수 있는 우수한 언어로 되고 있다. 우리 민족은 우리 말이 얼마나 발음이 풍부하고 우리 글자가 얼마나 우수한 글자인가에 대하여 응당한 민족적 긍지와 자부심을 가져야 한다.

2. 다른 나라의 국명과 지명, 외래어표기의 심화발전

북의 외국말 적기법은 크게 4단계를 거쳐서 심화발전되었다.

최초의 외국말 적기법은 1955년에 출판된 《조선어외래어표기법》이다.

《조선어외래어표기법》의 주요한 특징은 첫째로, 표기대상을 《외래어》로 정한 것이다.

《조선어외래어표기법》의 머리말에서는 《이 〈조선어외래어표기법〉에서 외래어라고 부르는 것은 조선어 가운데서 외국의 지명, 인명 등 고유명사도 포함하는 그의 외국적기원이 명백한 단어들을 의미한다》고 규정하였다. 여기에서 알 수 있는 바와 같이 《외래어》에는 어휘구성을 이루는 외래어와 우리 말 가운데서 사용되는 외국의 고유명사가 포함된다. 예를 들어 외래어인 《블로크, 땅크》 등과 고유명사인 《끼예브, 홀로도위치》 등을 함께 취급하였다. 책의 뒤 부분에는 부록으로 《조선어외래어어휘집》을 주었는데 여기에는 우리 말 어휘구성에 들어 있는 1900여 개의 외래어를 올림말로 실었다.

《조선어외래어표기법》의 특징은 둘째로, 표기범위에서 외래어를 우리 말 자모로 표기하는 것과 우리 말 단어를 외국자모로 표기하는 것 등 넓은 측면을 포괄하고 있는 것이다. 이 표기법은 크게 세부분으로 구성되어 있는데 첫 부분은 《조선어외래어표기법》, 둘째 부분은 《외국자모에 의한 조선어표기법》, 셋째 부분은 《조선어의 어음전사법》이다.

《조선어외래어표기법》의 특징은 셋째로, 대상하는 언어수를 러시아어자모와 국제발음 기호에 국한시킨 것이다.

《조선어외래어표기법》에서는 《로씨야어자모와 조선어자모를 직접 대조함으로써 외래어의 어음구성 및 그의 표기법을 확정하는 경우와 국제발음기호와 조선어자모와의 대조를 매개로 해서 외래어의 어음구성 및 그의 표기법을 확정하는 경우에 관한 일반적규칙》을 규정하였다. 그러므로 러시아어와 같이 맞춤법이 형태주의에 입각하고 있는 언어로부터 유래한 외래어의 표기법을 확정함에 있어서는 러시아어자모와 우리 말 자모를 직접 대조시키며 영어나 프랑스어와 같이 맞춤법이 역사주의에 립각하고 있는 언어로부터 유래한 외래어의 표기법을 확정함에 있어서는 원어의 음운을 표시한 보조적 음성기호(국제발음기호)와 우리 말자모와의 대조를 매개로 하였다.

《조선어외래어표기법》은 북의 국제적 지위가 높아지고 정치, 경제, 문화 등 모든 분야에서 세계 여러 나라들과의 관계가 더욱 더 넓어지고 긴밀해 진 현실적 조건에 맞게 사람들의 문자생활을 보다 원만하게 보장하는데 있어서 중요한 역할을 하였다.

북에서 외국말 적기법의 둘째 단계는 《조선어외래어표기법》이 나온 이 후부터 1969년 1월 《외국말적기법》이 나올 때까지로 볼 수 있다.

《조선어외래어표기법》이 출판된 이후 14년간의 연구정형을 집대성하여 나온 《외국말적기법》은 머리말과 총칙에서 다음과 같이 서술하였다.

《4천만 조선인민의 경애하는 수령 김일성동지의 현명한 령도 아래 오늘 우리 나라의 국제적 지위는 끊임없이 높아가고 정치, 경제, 과학, 문화의 모든 분야에서 세계 여러 나라들과의 교류가 더욱 활발하여지고 있다.

이러한 사정은 외국말의 단어를 우리 글로 적는 규정을 더욱 과학적으로 정밀화하고 보다 많은 언어에 적용할 수 있게 할 것을 요구한다.

조선민주주의인민공화국 사회과학원은 이러한 현실의 요구에 비추어 〈외국말적기법〉규정을 채택하여 공포한다.

이 〈외국말적기법〉은 로씨야말, 중국말, 일본말, 라틴말, 독일말, 영어 및 프랑스말의 단어를 우리 글자로 적는 규정을 담고 있다. 그리고 라틴말에 대한 규정은 에스빠냐말, 뽀르뚜갈말, 이딸리아말에도 적용할 수 있게 되어있다.

《우리 말의 어휘구성에 들어온 일부 외래어는 따로 규정하여 적도록 한다.》

총칙에서는 《1. 외국말적기법은 일부 외국말의 단어를 통일적으로 적는데 리용한다. 2. 외국말적기법은 원어의 발음에 가깝게 하되 조선말 말소리의 특성과 발음상의 버릇을 존중하며 지금의 조선말 글자체계에 따른다. 3. 이미 외래어로 들어와 굳어진 것은 따로 사정하여 처리한다.》라고 밝히었다.

≪외국말적기법≫이 ≪조선어외래어표기법≫과 차이나는 점을 보면 다음과 같다.

그 차이점은 첫째로, 표기대상이 ≪외래어≫로부터 ≪외국말≫로 바뀐 것이다.

외국말에는 원칙적으로 다른 나라의 고유명사 즉 사람이름, 고장이름, 나라이름 등이 속한다고 보고 이것만을 대상으로 하였으며 일반명사의 경우는 ≪굳어진것만 따로 사정하여 처리한다≫고 규정하였다.

그 차이는 둘째로, 외국말을 우리 말 자모로 적는 방법만을 취급한 것이다.

≪조선어외래어 표기법≫에서는 외래어를 우리 말 자모로 표기하는 방법뿐 아니라 다른 나라 자모에 의한 조선어표기법과 조선어의 어음전사법을 함께 취급하였다면 ≪외국말적기법≫에서는 다른 나라 말의 단어 특히 고유명사를 우리 말 자모로 적는 방법만을 취급하였다.

그 차이는 셋째로, 대상하는 언어 수가 훨씬 늘어난 것이다.

≪조선어외래어표기법≫에서는 러시아말자모를 강조하고 국제 발음기호를 대상으로 하여 여러 나라 말을 적을 수 있는 규범을 제정하였다면 ≪외국말적기법≫에서는 러시아어, 중국어, 일본어, 라틴어, 독일어, 영어, 프랑스어의 단어를 우리 글자로 적는 법을 구체적으로 제시하였다.

그 차이는 넷째로, 세부사항들이 수정 보충된 것이다.

다른 언어규범들이 끊임없이 수정 보충되어 완성되는 것처럼 외국말 적기법도 보다 과학적이며 합리적인 세칙으로 완성된다.

≪외국말적기법≫은 제1장 러시아말단어, 제2장 중국말단어, 제3장 일본말단어, 제4장 라틴말단어, 제5장 독일말단어, 제6장 영어단어, 제7장 프랑스말단어의 적기법으로 구성되어 있다.

제1장의 내용은 다음과 같다.

이 장에서는 슬라브어족의 다른 언어들(벌가리아말, 뽈스까말 등)의 어휘와 슬라브글자로 적는 몽골말의 어휘들을 우리 글자로 적는데도 적용하며 이 때에는 해당 어휘를 러시아글자로 옮겨 적는데 근거하여 이 장의 규정을 적용한다고 밝히고 총 23항으로 된 세부조항들을 밝히었다.

제1항에서는 ≪지금 쓰이는 로씨야말 글자의 이름은 우리 글로는 다음과 같이 적는다≫고 하고 그 대응표를 주었다.

Аа(아) Бб(베) Вв(웨) Гг(게) Дд(데)

Ее(예) Ёё(요) Жж(줴) Зз(제) Ии(이)

Йй (짧은 이) Кк(까) Лл(엘) Мм(엠) Нн(엔)

Оо(오) Пп(뻬) Рр(에르) Сс(에스) Тт(떼)

Уу(우) Фф(에프) Хх(하) Цц(쩨) Чч(체)

Шш(쉐) Щщ(쒜) Ъъ(경음표) Ыы(의) Ьь(연음표)
Ээ(에) Юю(유) Яя(야)

제2항과 3항, 4항에서는 주로 모음자의 적기법을 주었다.

А—ㅏ, И—ㅣ, Ё—ㅛ, О—ㅗ

У—ㅜ, Э—에, Ю—ㅠ, Я—ㅑ

례;
Анна 안나　　　　　　　　　Игорь 이고리

Минск 민스크	Сухуми 쑤후미
Ёлка 욜까	Семён 쎄묜
Омск 옴스크	Семашко 쎄마슈꼬
Украина 우크라이나	Баку 바꾸
Эльбурс 엘부르스	НЭП 네쁘
Юра 유라	Брюков 브류꼬브
Якутск 야꾸쯔크	Баян 바얀
Россия 로씨야	Лермонтов 레르몬또브
Днепр 드네프르	Енисей 예니쎄이
Чапаев 차빠예브	Крым 크림
Шахты 샤흐띄	Будённый 브죤늬

제5항부터 21항까지는 개개의 자음과 경음, 연음, 반모음 등의 적기를 규정하였다.

제22항은 개별적 글자와 준말의 적기를 규정하였고 제23항은 전통적인 관습에 따라 적는 일부 단어들에 대하여 지적하였다.

Волга 볼가	Иван 이완

≪Правда≫ ≪쁘라우다≫ Владимир 울라지미르

Владивосток 울라지보스또크

제2장에서는 중국말 단어를 우리 글자로 적는 법을 규정하였다.

제2장은 3개의 항으로 되어 있고 자음자와 모음자의 결합관계를 도표로 보여주었다.

제1항에서는 ≪중국말단어는 중국말의 새 글자체계에 우리 글자를 대응시켜서 적는다≫고 규정하고 제2항에서는≪중국말 새 글자 체계에서 자음자는 우리 글자로 아래와 같이 대응시켜 적는다≫고 밝히었다.

b-ㅂ, c-ㅊ, d-ㄷ, f-ㅍ, g-ㄱ, h-ㅎ

j-ㅈ, k-ㅋ, l-ㄹ(ㄹㄹ), m-ㅁ, n-ㄴ, p-ㅍ

q-ㅊ, r-ㄹ, s-ㅆ, t-ㅌ, v-ㅂ, w-우

x-ㅅ, y-ㅣ, z-ㅉ, ch-ㅊ, sh-ㅅ, zh-ㅈ

제3항에서는 ≪중국말 새 글자체계에서 모음자(또는 받침있는 모음자)는 우리 글자로 아래와 같이 대응시켜 적는다≫고 규정하고 그 표를 주었다.

그 일부는 다음과 같다.

a-ㅏ,   ai-ㅏㅣ,   an-ㅏㄴ, ang-ㅏㅇ, ao-ㅏ오

e-ㅓ,   에, ei-ㅔ이, en-ㅓㄴ, eng-ㅓㅇ, er-ㅓㄹ

o - 오(ㅝ),   ou - ㅓ우,   y(i) - ㅡ,   i - ㅣ,   ia - ㅑ

ian - 옌(ㅣ엔), iang - ㅑㅇ,   iao - ㅑ오, ie - 예(ㅣ에)

in - ㅣㄴ,   ing - ㅣㅇ,   iong - ㅠㅇ, io - (요)

iu - ㅠ,   u - ㅜ,   ua - ㅘ,   uai - ㅘ이

uan - ㅘㄴ,   uang - ㅘㅇ,   ui - ㅔ이,   un - ㅜㄴ

ong - ㅜㅇ,   uo - ㅝ, …

자음자와 모음자(또는 받침있는 모음자)의 결합표를 보면 다음과 같다.

자음자		b	c	d	f	g	h	j	k	l	m	n	p	q	r	s	t	w	x	y	z	ch	sh	zh
모음자		ㅂ	ㅊ	ㄷ	ㅍ	ㄱ	ㅎ	ㅈ	ㅋ	ㄹ	ㅁ	ㄴ	ㅍ	ㅊ	ㄹ	ㅆ	ㅌ	ㅜ	ㅅ	ㅣ	ㅉ	ㅊ	ㅅ	ㅈ
a	ㅏ	바	차	다	파	가	하	/	카	라	마	나	파	/	/	싸	타	와	/	야	짜	차	사	자
ai	ㅏ이																							
an	ㅏㄴ	반	찬	단	판	간	한	/	칸	란	만	난	판	/	란	싼	탄	완	/	옌	짠	찬	산	잔
ang	ㅏㅇ	방	창	당	팡	강	항	/	캉	랑	망	낭	팡	/	랑	쌍	탕	왕	/	양	짱	창	상	장
ao	ㅏ오	바오	차오	다오	/	가오	하오	/	카오	라오	마오	나오	파오	/	라오	싸오	타오	/	/	야오	짜오	차오	사오	자오
e	ㅓ	/	처	더	/	거	허	/	커	터	/	너	/	/	러	써	터	/	/	예	쩌	처	서	저
e	ㅔ																							
ei	ㅔ이	베이	/	데이	페이	게이	헤이	/	/	레이	메이	네이	페이	/	/	쎄이	/	웨이	/	/	쩨이	/	세이	제이
en	ㅓㄴ	번	천	던	펀	건	헌	/	컨	/	먼	넌	펀	/	런	쎈	/	원	/	/	쩐	천	선	전
eng	ㅓㅇ	벙	청	덩	펑	겅	헝	/	컹	렁	멍	넝	펑	/	렁	썽	텅	웡	/	/	쩡	청	성	정
er	ㅓㄹ																							
uo	ㅝ	붜	/	/	풔	/	/	/	/	/	뭐	/	풔	/	/	/	/	워	/	/	/	/	/	/
ou	ㅓ우	/	처우	더우	퍼우	거우	허우	/	커우	러우	머우	너우	퍼우	/	러우	써우	터우	/	/	여우	쩌우	처우	서우	저우
y, i	ㅡ	/	츠																					
i	ㅣ	비	/	디	/	/	/	지	/	리	미	니	피	치	/	/	티	/	시	이	/	/	/	/

ia	ㅑ							쟈		랴				챠					샤						
ian	ㅣ엔	비엔		디엔				지엔		리엔	미엔	니엔	피엔	치앤			티앤		시앤						
iang	ㅑㅇ							쟝		량		냥		챵					샹						
iao	ㅑ오	뱌오		댜오				쟈오		랴오	먀오	냐오	퍄오	챠오			탸오		샤오						
ie	ㅣ에	비에		디에				지에		리에	미에	니에	피에	치에			티에		시에						
in	ㅣㄴ	빈						진		린	민	닌	핀	친					신	인					
ing	ㅣㅇ	빙		딩				징		링	밍	닝	핑	칭			팅		싱	잉					
iong	ㅠㅇ							중						충					슝						
io	ㅛ																			요					
iu	ㅠ			듀				쥬		류	뮤	뉴		츄					슈						
u	ㅜ	부	추	두	푸	구	후		쿠	루	무	누	푸		루	쑤	투	우				쭈	추	수	주
ua	와					과	화		콰						롸									솨	좌
uai	ㅘ이					과이	화이		콰이															솨이	좌이
uan	완		촨	돤		관	환		콴	롼		난			롼	쏸	퇀					짠	촨	산	좐
uang	왕					광	황		콱																
ui	ㅞ이		췌이	뒈이		궤이	훼이		퀘이						뤠이	쒜이	퉤이					쮀이	췌이	쉐이	줴이
un	ㅜㄴ		춘	둔		군	훈		쿤	룬		눈			룬	쑨	툰					쭌	춘	순	준
ong	ㅜㅇ		충	둥		궁	훙		쿵	룽		눙			룽	쏭	퉁			융		쭝	충	숭	중
uo	ㅓ		처	둬		궈	훠		쿼	뤄		눠			뤄	쒀	퉈					쭤	춰	쉬	줘

※ 비어 있는 칸은 대응이 없음을 나타낸다.

제3장에서는 일본말 단어를 우리 글자로 적는 법을 규정하였다.

제3장은 총 9개항으로 구성되었다.

제1항에서는 ≪일본말 단어는 지금 쓰이는 일본말 〈가나〉의 개별적글자 또는 글자결합의 발음을 우리 글자로 대응시키는 방법으로 적는다≫고 규정하고 제2항에서는 일본말 ≪가나≫의 기본글자와 그리고 이것들과 모음자와의 결합체를 표로 작성하여 보여 주고 있다.

〈모음자〉

	일본글자 우리글자					
홑모음	일본글자 우리글자	あ 아	い 이	う 우	え 에	お 오
겹모음	일본글자 우리글자	や 야		ゆ 유		よ 요
겹모음	일본글자 우리글자	わ 와				を 오

자음과 모음의 결합글자

일본글자 우리글자	か 까	き 끼	く 꾸	け 께	こ 꼬	きゃ 꺄	きゅ 뀨		きょ 꾜
〃	た 따			て 떼	と 또				
〃	ぱ 빠	ぴ 삐	ぷ 뿌	ぺ 뻬	ぽ 뽀	ぴゃ 빠	ぴゅ 쀼		ぴょ 뾰
〃	が 가	ぎ 기	ぐ 구	げ 게	ご 고	ぎゃ 갸	ぎゅ 규		ぎょ 교
〃	だ 다			で 데	ど 도				
〃	ば 바	び 비	ぶ 부	べ 베	ぼ 보	びゃ 뱌	ぴゅ 뷰		ぴょ 뵤
〃		ち 찌				ちゃ 짜	ちゅ 쮸	ちぇ 쩨	ちょ 쬬
〃	ツァ 짜		つ 쯔		ツォ 쪼				
〃	さ 사	し 시	す 스	せ 세	そ 소	しゃ 샤	しゅ 슈		しょ 쇼
〃	は 하	ひ 히	ふ 후	へ 헤	ほ 호	ひゃ 햐	ひゅ 휴		ひょ 효

〃	ファ 화	フィ 휘		フェ 훼	フォ 훠				
〃		ホイ 회				ホア 화			
〃	ざ 자	じ 지	ず 즈	ぜ 제	ぞ 조	じゃ 쟈	じゅ 쥬		じょ 죠
		ヂ 지							
	な 나	に 니	ぬ 누	ね 네	の 노	にゃ 냐	にゅ 뉴		にょ 뇨
〃	ま 마	み 미	む 무	め 메	も 모	みゃ 먀	みゅ 뮤		みょ 묘
〃	ん 응								
〃	ら 라	り 리	る 루	れ 레	ろ 로	りゃ 랴	りゅ 류		りょ 료

제3항부터 9항까지는 개별적인 특수한 경우의 글자 또는 글자결합체의 적기에 대한 규정을 주고 있다.

たかき 다까끼	ふくおか 후꾸오까
みやけ 미야께	よこはま 요꼬하마
さんきゃく 상꺄꾸	せんきょ 셍꾜
にいがた 니이가따	おのてら 오노떼라
かわさき 가와사끼	きょねん 교넹
とやま 도야마	にっこり 닉고리
そっくり 속구리	ほった 홋다
はってん 핫뎅	ぼっちゃん 봇쟝
きむら 기무라	ポンポン 뽐뽕

もんぺ 몸뻬	とっぴ 돕비
べっぷ 벱부	さっぽろ 삽보로
つしま 쯔시마	しまつ 시마쯔
にっき 닉기	みっか 믹가
にっさん 닛상	にった 닛다
えっちゃん 엣쟝	あっぱれ 압바레
じっぺんしゃ 집벤샤	わたくしは… 와따구시와
…へいきます 에이끼마스	はしもと 하시모또
へいたい 헤이따이	つうしん 쯔싱
どうし 도시	うえの 우에노
いのうえ 이노우에	さんいん 상잉
にほんご 니홍고	たんす 단스
きんざ 긴자	せんだい 센다이
こんろ 곤노	ばんば 밤바

제4장에서는 라틴말 단어를 우리 글자로 적는 법을 규정하였다.

이 장에서는 먼저 ≪라틴말글자로 옮겨 적은 그리스말이나 예스빠냐말, 뽀르뚜갈말, 이딸리아말에서 오는 말들을 적는데도 아울러 적용한다≫고 밝히고 총 19개의 항으로 구성하여 규정하였다.

제1항에서는 라틴말 글자와 그 이름을 우리 글로 적는 법을 규정하였다.

Aa 아,	Bb 베,	Cc 쩨,	Dd 데,	Ee 에
Ff 에프,	Gg 게,	Hh 하,	Ii 이,	Jj 요트
Kk 카,	Ll 엘,	Mm 엠,	Nn 엔	Oo 오
Pp 페,	Qq 쿠,	Rr 에르,	Ss 에스,	Tt 테

Uu 우   Vv 베,   Ww 두블베,   Xx 익스,   Yy 윕실론

Zz 제트

제2항부터 18항까지는 라틴말의 홑모음, 겹모음, 자음자들의 적기규칙을 규정하였으며 19항에서는 ≪라틴말의 개별적글자와 준말은 로어편에서와 같이 적는다≫고 밝히고 그 아래에서 그리스말 글자와 그 이름을 우리 글로 적는 규칙을 주었다.

Aα알파,   Bβ베타   Γγ감마,   Δδ델타

Eε엡실론,   Zζ제타,   Hη에타,   ΘΘ데타

Iι요타,   Kκ카파,   Λλ람다,   Mμ뮤,

Nν뉴,   Ξξ크시,   Oo오미크론,   Ππ파이

Pρ로,   Σσ시그마,   Tτ타우,   Yυ윕실론

Φφ화이, 피,   Xχ카이, 키,   Ψψ프시,   Ωω오메가

제5장은 독일말 단어를 우리 글자로 적는 법을 규정하였다

제1항은 지금 쓰이는 독일말 글자와 그 이름을 우리 글로 적는 규칙을 주었다.

Aa아,   Bb베,   Cc쩨,   Dd데,   Ee에

Ff에프,   Gg게,   Hh 하,   Ii이,   Jj요트

Kk카, Ll엘, Mm엠, Nn엔, Oo오

Pp페, Qq쿠, Rr에르, Ss에스, Tt테

Uu우, Vv파우, Ww웨, Xx익스, Yy윕실론

Zz쩨트, (Ää)에, (Öö)외, (Üü)위, (ß)에스쩨르

제2항, 3항, 4항, 5항에서는 홑모음과 겹모음, 반모음을 적는 법을 규정하였다.

Anna 안나	Hamburg 함부르그
Engels 엥겔스	Eckermann 에케르만
Grimm 그림	Ideologie 이데올로기
Otto 오토	Nord 노르드
Ludwig 루드위히	Humboldt 훔볼트
Thälmann 텔만	Köln 쾰른
Schneemann 슈네만	Tanhaüser 탄호이제르
Neumann 노이만	Euler 오일레르
Baumann 바우만	Jakob 야꼽

Jena 예나   Jüngst 윙스트

제6항부터 27항까지는 자음이 홀로 쓰이는 경우와 자음이 겹쳐서 쓰이는 경우의 적는 법을 규정하였다.

그 일부를 보면 다음과 같다.

Wunderlich 분데를리히   Wagner 와그네르

Schwann 슈완   Werther 웨르테르

Wilhelm 윌헬름   Wolfgang 월프강

Helmholz 헬름홀   Ranke 랑케

Ernst 에른스트   Hauptmann 하우프트만

Khan 칸   Bach 바하

Berlin 베를린   Habsburg 합스부르그

Einstein 아인슈타인   Westfalen 웨스트팔렌

Schubert 슈베르트   München 뮨헨

Salzburg 잘쯔부르그   Deutsch 도이취

Xenophon 크세노폰   Luxemburg 룩셈부르그

제28항은 독일말의 개별적 글자와 준말을 러시아말 적기의 제1장 22항과 같이 적는다는 것을 밝히었고 제29항에서는 예외로 처리한 규정도 러시아말 적기의 23항과 같다는 것을 규정하였다.

예: Karl Marx 칼 맑스

제6장은 영어단어를 우리 글자로 적는 법을 규정하였다.

이 장에서는 머리말에서 6장의 내용과 7장의 일부 내용이 이 표기법의 기타 장들에서 취급한 외국말들, 중국말을 제외한 다른 외국말들에서 오는 외래어를 국제음성기호를 거쳐서 부득이 적어야 할 경우에도 적용한다는 것을 강조하였다.

제1항에서는 영어단어를 우리 글자로 대응시킬 때 국제음성기호를 걸쳐서 적는 것을 기본으로 한다고 밝히고 국제음성기호를 주었다.

제2항과 3항에서는 홑모음과 겹모음의 적기법을, 제4항부터 19항까지는 자음의 적기법을 규정하였다.

그 일부를 보면 다음과 같다.

fielding 필딩	Stanleyville 스탠리빌
hand 핸드	class 클라스
Cook 쿠크	Liverpool 리버플
Cape town 케이프 타운	Glasgow 글라스고
Chicago 쉬카고	Florida 플로리다

New York 뉴욕   Champion 챔피온

Cambridge 캐임브리지   Pepsin 펩신

Oxford 옥스포드   Boston 보스톤

Darwin 다윈   Gulliver 걸리버

Slogan 슬로간   England 잉글랜드

Thackeray 새커리   Smith 스미스

Circle 써클   Zigzag 지그자그

Mississippi 미씨씨피

　제20항은 합성어에서 악센트관계로 생기는 말소리의 변종을 없는 것으로 하고 원음의 발음대로 적는다고 규정하였다.

Scottland 스코트랜드   Oxford 옥스포드

Sportsman 스포츠맨

　제21항에서는 개별적 글자와 준말은 러시아어편에서와 같이 적으며 지금 쓰이는 영어글자의 이름은 우리 글로 적는 법을 규정하였다.

Aa 에이   Bb 비   Cc 씨   Dd 디   Ee 이

Ff 에프   Gg 지   Hh 에이취   Ii 아이   Jj 제이

Kk 케이   Ll 엘   Mm 엠   Nn 엔   Oo 오

Pp 피   Qq 큐   Rr 아르   Ss 에스   Tt 티

Uu 유   Vv 브이   Ww 더불유   Xx 엑스   Yy 와이

Zz 제트

제7장은 프랑스말 단어를 우리 글자로 적는 법을 규정하였다.

제1항에서는 프랑스말 단어는 국제음성기호를 거쳐서 적되 여기에 쓰이는 국제음성기호로서는 영어의 1항의 것들 밖에 일부가 더 쓰인다고 규정하였다.

제2항에서는 프랑스말 단어를 국제음성기호를 거쳐서 적는데는 영어단어 적기법의 해당 내용과 함께 3항 이후의 내용이 첨가된다는 것을 규정하였다.

제3항과 4항은 모음의 적기법을, 5항과 6항은 반모음들, 제7항은 콧소리모음의 적기법을 규정하였다. 제8항부터 12항까지는 자음의 적기법을 적용하고 제13항에서는〔wa〕(≪oi≫, ≪oy≫를 적는데서 온 것)의 적기법을 취급하였다.

아래에서 그 종합내용을 보기로 한다.

Rousseau 루쏘   Rene 르네   Flaubert 플로베르

Hugo 유고   Commune 콤뮨   Marianne 마리안느

제14항에서는 프랑스말의 준말을 영어단어 적기의 21항과 같이 적으며 개별적 글자들의 이름을 우리 말로 적는법을 규정하였다.

Aa 아, Bb 베, Cc 쎄, Dd 데, Ee 에

Ff 에프, Gg 제, Hh 아쉬 Ii 이, Jj 쥐

Kk 까, Ll 엘, Mm 엠, Nn 엔, Oo 오

Pp 뻬 Qq 꾸, 뀌, Rr 에르, Ss 에스, Tt 떼

Uu 유, 위, Vv 베 Ww 두블베, Xx 익스, Yy 이그레크

Zz 제드

≪외국말적기법≫은 ≪조선어외래어표기법≫에 비하여 많은 발전을 하였으나 아직도 원래 언어의 발음에 최대한 접근시키지 못하였거나 전통적인 관습에 따라 적는 현상들을 남겨 두고 있었다.

북의 국어사정위원회는 발전하는 현실의 요구를 반영하여 1969년에 공포한 ≪외국말적기법≫을 다시 검토하고 수정 보충하였고 새로 18개나라 말의 외국말 적기규정을 더 첨가하여 25개 나라의 ≪외국말적기법≫을 다시금 내놓았다.

1981년에 내놓은 ≪외국말적기법≫은 이미 규정하였던 중국말, 러시아말, 독일말, 프랑스말, 영어단어, 일본말, 라틴말의 적기법의 기본 틀거리를 크게 변화시키지 않고 구체적인 규정 세칙에서 외국말의 원음과 차이나는 점을 줄이고 보다 더 정밀화하였으며 이와 함께 몽골말, 불가리아말, 체코말과 슬로벤스꼬말, 폴랜드말, 알바니아말, 유고슬라비아말, 노르웨이

말, 덴마크말, 말라이시아말, 스웨덴말, 핀란드말, 네데르란드말, 스페인말, 아프리카의 여러말, 이탈리아말, 인도네시아말, 에스파니아말의 적기법을 새로 규정하였다. 특히 아프리카나라들과의 교류와 협조가 강화된 당시의 현실적 요구에 맞게 ≪아프리카 나라말들의 단어를 우리 말 글자로 적는 법≫을 설정하고 프랑스말식 적기법으로 쓰여진 세네갈, 말리, 니제르, 챠드, 기네, 또고, 베닌, 까메룬, 중앙아프리카, 가봉, 꽁고, 르완다, 부룬디, 꼬모르 등 원주민들의 말들과 그밖에 자이르말의 단어를 우리 글자로 적는 법 그리고 영어식 적기법으로 쓰여진 에티오피아, 케냐, 잠비아, 말라위, 우간다, 탄자니아, 감비아, 시에라레온, 가나, 나이제리아, 리베리아, 짐바브웨, 보쯔와나 등의 원주민들의 말 단어를 우리 글로 적는 법을 규정하였다.

새로 제정한 ≪외국말적기법≫은 잠정적으로 써 보면서 완성하는 것을 전제로 하였다.

이 시기에 나온 ≪외국말적기법≫은 북의 언어생활에서 주체성과 민족성을 고수하고 발전시켜 나가는데서 중요한 역할을 할 수 있었다.

최근에 와서 북의 대외적 권위가 높아지고 정치, 경제, 문화, 과학기술 등 모든 분야에서 세계 여러 나라들과의 교류가 급속히 확대발전하고 있다. 이에 따라 오늘 평양문화어에는 다른 나라의 인명과 지명, 과학기술과 관련된 외래어들이 적지 않게 들어오고 있다. 이러한 현실은 외국말을 정확히 적을 수 있는 보다 과학적인 외국말 적기법을 제정할 것을 절실히 요구하였다.

북의 국어사정위원회는 2001년에 주체적인 언어사상을 받들고 주체성, 민족성, 과학성이 보장된 새 ≪외국말적기법≫을 만들어 세상에 내 놓았다.

국어사정위원회에서 만든 새 ≪외국말적기법≫은 어음구조가 같지 않은 다른 나라의 말을 우리 말로 옮기는 표기규범의 특성을 고려하여 우리 민족어의 어음구조에 맞으면서도 사람들의 서사생활에 부담을 주지 않게 과학성과 편리성의 원칙을 견지하였다.

　새 ≪외국말적기법≫이 완성되어 나옴으로써 외국말 표기와 외국말 사용분야에서 주체성과 민족성이 고수되고 정확하고 통일적인 외국말을 사용할 수 있는 언어규범이 마련되었다.

　새 ≪외국말적기법≫에서는 머리말과 일러두기를 주고 러시아어, 일본어, 영어, 라틴어, 프랑스어, 중국어, 스페인어, 독일어, 아랍어의 단어를 우리 글자로 적는 법을 규정하였다.

　일러두기를 그대로 소개하면 다음과 같다.

　"1) 매개 적기법들에서 해당 언어의 자모를 알려주거나 자모이름을 적는 법을 밝혀주는 항목에서 괄호≪( )≫안에 넣은 것은 그 언어에서 외래어를 적을 때 쓰는 글자이다.

　2) 개별적적기법들에서 우리 글자로 대응시킬 외국말글자들은 해당 언어의 자모순에 따라 올리는 것을 원칙으로 하였다.

　여기서 적기법 사용의 편리를 고려하여 그와 달리한 것은 다음과 같다.

　• 기본자모의 변형글자는 해당 언어의 자모순에 관계없이 기본자모의 다음에 올렸다.

　• 글자결합은 해당 언어의 자모순에 맞게 올렸으며 그 첫 글자의 자모순자리에서만 취급하고 뒤의 글자의 자리에 거듭 올리지 않았다.

　• 해당 언어의 자모차례에서 서로 가까이 있으면서 우리 글자로 같게 적게 되는 외국말글자들을 편리상 함께 취급하였다.

　3) 세계 여러 나라 말의 겹모음글자결합체를 우리 글자로 적는데서 그의 개별적모음자들을 각각 홑모음자와 같게 적게 되는 경우에는 그 겹모음글자 결합체를 따로 올리지 않았다.

　4) 우리 말 단어의 모음을 적는데서 우리의 모음자가 소리마디의 첫 글자와 가운데 글자로 쓰이게 되는 경우에 소리가 없는 소리마디의 첫 글자 ≪ㅇ≫은 따로 밝히지 않고 그것들을 ≪ㅏ≫, ≪ㅣ≫, ≪ㅟ≫ 등과 같은

낱소리모음자로 표시하였다. 그러므로 모음으로 시작되는 소리마디글자를
쓸 때에는 거기에 ≪ㅇ≫자를 덧붙여주어야 한다.

　　　예: ㅏ―아, ㅔ―웨

　5) 대응적기표의 ≪조건≫란은 원어글자가 해당 단어에서 가지고 있는
위치적 및 결합적 조건을 비롯하여 그것을 우리 글자로 적는데 작용하는
여러 가지 요인들을 밝혀준다. ≪조건≫란에 아무것도 씌어 있지 않는 것은
≪모든 경우≫를 말한다.

　6) 적기법들에 쓰인 부호들은 각각 다음과 같은 내용들을 표시한다.

　　　≪ㅇ_≫　　 : 소리마디의 첫 글자
　　　≪_ㅇ≫　　 : 소리마디의 끝 글자(받침)
　　　≪_ㅇㅇ_≫ : 앞소리마디의 끝 글자(받침)와 뒤소리마디의 첫 글자

　7) 원어의 글자를 없는 것으로 치고 우리 글자를 대응시키지 않는 경우"

　이상과 같은 일러두기를 제시함으로써 적기법의 해설에서 반복을 피하
고 단순화할 수 있게 되었다.

　2001년에 내놓은 ≪외국말적기법≫은 언어생활 특히 외국말 사용 분
야에서 사대주의적 요소들을 청산하고 주체를 확립하며 서사생활을 민족
어의 어음구조에 맞게 하여 사람들에게 부담을 적게 주고 과학성을 보장하
는데 크게 이바지하고 있다.

　북에서는 ≪외국말적기법≫에서의 주체성의 원칙에 따라 지난 시기 여
러 차례에 걸쳐 다른 나라의 나라이름과 수도이름을 수정하였다.

　그 일부를 보면 다음과 같다.

1949년	1964년	1965~1999년	2000년
몽고 울란바토르	울란바또르	몽골 울라바따르	
중국 북경		베이징	
월남 하노이		웰남	
비률빈 마닐라		필리핀	
인도네시아 족쟈카르타	쟈카르타	쟈까르따	
샴 방코크	타이		
마래	말라이 쿠알라룸푸르		말레이시아 꾸알라룸뿌르
비르마 랑궁	버마 랑군		먄마 양곤
네팔 카투만두	카트만두		까뚜만드
인도 (카라치)	(셀리)	인디아	· 뉴델리
아프가니스탄 카불	아프카니스탄		아프가니스탄 카불
토이기 이스탄불	앙카라	뛰르끼예	앙까라
오-만 마스카트	오만		마스까트
바레인 마나마하	바레인(제도) 마나마		바레인
트란스요르단 암만	요르단		
씨랴아 다마스카스	다마스커스	수리아	다마스끄

	파키스탄 라왈핀디		이슬라마바드
오지리 윈나		오스트리아 윈	
백이의 브륫셀	벨기 브류셀	벨지끄	브류셀
화란 암스테르담		네데를란드	
분란 헹실키	헬싱키	핀란드	
서전 스톡홀롬		스웨리예	
덴마크 코펜하겐	덴마크 코펜하겐	단마르크	쾨뻰하븐
빙도 라이캬비크	아이슬랜드 레이캬비크	이슬란드	
영제국 런던	영국		
불란서 파리		프랑스 빠리	
서서 베른		스위스	
이태리 로마		이딸리아	
포도아 리스본		뽀르뚜갈	리스봉
희랍 아테네		그리스	
서반아 마드리드		에스빠냐	
레바논 베이루트	베이루트		바이루트
사우디아라비아 맥카	메카		리야드

일본 동경	도꾜		
쏘련 모쓰크바			로씨야 모스크바
파란 와르샤와		뽈스까	
체코슬로바키아 쁘라그	체코슬로바키야 쁘라가	체스꼬슬로벤스꼬 쁘라하	체스꼬
항가리 부다 페스트	웽그리야	마쟈르	부다뻬슈트
루—마니아 부다레스트	루마니야 부카레스트	로므니아 부꾸레슈띠	
불가리아 쏘피아	볼가리야 쏘피야	벌가리아	쏘피아
유—고슬라비야 벨그라—드	유고슬라비야 벨그라드	베오그라드	유고슬라비아
알바니아 티라나	알바니야		알바니아
독일 베를린(백림)	벨를린	도이췰란드	
애란 더블린			아일랜드
애급 카이로	아런	에짚트 카이라	까히라
리비아 트리폴리			타라불스
영령기아나 죠—지타운	영령기아나 죠지타운		가이아나
황금해안 아크라	가나		
북로—데시아 루사카	잠비아		
바스토랜드 마세주	바스돌랜드		레소토

남로—데시아 솔스버리	잠바브웨 솔스베리		잠바브에 하라레
알제리아 알지에		알제리 알제	알좌라이르
호주 캔베라		오스트랄리아	
맥시코 맥시코		메히꼬 메히꼬	
큐바 하바나	꾸바	아바나	
파나마 파나마		빠나마 빠나마	
에쿠아도르 퀴토		에꽈도르 끼또	에꽈또르
칠리 산티아고	산챠고	칠레 산띠아고	싼띠아고
페루 리마		뻬르	뻬루
하이띠 포르트—프린스	포르트프린스		아이띠 뽀르트쁘랭스

※ 비어 있는 칸은 그 앞의 것과 같음을 나타낸다.

최근에 발표된 북남간에 외래어 표기 방식을 합의하였다는 보도가 있었기에 그 내용을 여기에 옮겨 소개하고자 한다. 합의하여 확정한 내용은 아래와 같다.

▌ 북남겨레말 외래어 표기방식

겨레말큰사전 북남 편찬위원회가 2008년 2월 19일과 20일 개성에서 가진 제13차 회의를 통해 「겨레말큰사전」에 올라 갈 외래어의 표기 방식을 합의했다. 북남은 지난해 말 3만개의 어휘를 이 사전에 올리기로 합의

했으며, 이 가운데 외래어는 1천 500여 개를 차지한다. 이 중 북남간 표기가 다른 700여 개의 어휘에 대해 일부는 북, 남 어느 한쪽 것으로 통일하고 나머지 일부는 북남 양측 표기를 병기키로 한 것이다. 700여 개의 외래어 중 남측 표기법을 따르는 것이 33%, 북측 표기법을 따르는 것이 12%, 양측 표기를 병기하는 것이 55%가량으로 절반 이상이 병기대상이다.

북남 편찬위가 정한 원칙은 크게 ▲ 자음에서 가능한 한 된소리를 피하고(까→가, 카) ▲ 저모음은 가능하면 고모음으로 표기하며(아→어), ▲ 받침 파렬음은 피하고(아우트→아웃) ▲ '에이(A) 이중모음'은 살린다(에→에이)는 것 등 4가지다. 이 같은 원칙을 따르되 양측 사회에서 완전히 굳어져 버린 올림말은 대원칙에 어긋나더라도 「겨레말큰사전」에 복수 표기하게 된다. 도저히 고칠 수 없어 사전에 병기하기로 한 대표적 외래어는 '마이너스'와 '미누스', '트랙터'와 '뜨락또르', '테이블'과 '테블' 등이 있다.

러시아식 발음에 따른 '미누스'는 북측의 소학교부터 컴퓨터 분야에 이르기까지 널리 쓰이고 있고, '뜨락또르' 역시 농장원을 비롯한 대부분의 북측의 주민들이 사용하고 있기 때문에 병기하기로 한 것이다. 또 받침 파렬음 표기를 피한다는 원칙에 따라 북측의 '베이씨크'는 '베이직'이라는 남측 표기대로, 'A 이중모음'을 살린다는 원칙에 따라 북측의 '껨'과 '스케트', '페지' 등은 각각 '게임', '스케이트', '페이지'로 바뀌게 됐다.

'A 이중모음'을 살린다는 원칙에 따라 '테블'도 '테이블'로 고칠 것을 남측이 제안했으나 "'테이블'이라고 하면 주민들이 도저히 알아듣지 못한다."고 거부해 'A 이중모음'의 경우도 일부 병기하기로 했다. 남측이 북측 용어를 받아들인 것으로는 '꽁트'나 '클라이막스' 등을 꼽을 수 있는데, '콩트'와 '클라이맥스'가 남측 표준어이지만 실제론 북측 표기에 가깝게 발음하기 때문에 북측 요구를 받아들인 것이다. 남측 표준어인 '피시', '서비스', '서브', '버스' 등도 실제 발음은 북측대로 '피씨', '써비스', '써브', '뻐스'에 가깝지만, 이를 손댈 경우 남측의 외래어 표기법 자체가 흔들릴 수 있기 때문에 남측과 북측 표기를 병기하기로 했다.

한편 겨레말큰사전 남북공동편찬사업회 남측 편찬위원회는 2013년 「겨레말큰사전」 발간을 위해 3월부터 북남이 함께 집필을 시작해 2011년까지 기본적인 작업을 마치겠다고 밝혔다.

남측의 경우는 (1) 외래어는 다른 언어에서 온 것이다. (2) 외래어는 우리 말에 동화된 것이다. (3) 외래어는 단어이다라는 뜻풀이를 해 놓았다.

그리고 남측의 외래어표기법은 1941년 조선어학회에서 '외래어 표기법 통일안'으로 펴낸 것이 처음이며 그 후에 몇 십년 동안의 거듭되는 보충과 수정을 거쳐서 현재 시행되고 있는 '외래어표기법'은 문교부 고시 제85-11로서 1986년 1월 7일에 고시되었다. 1992년 문화부 고시로 동구 5개 언어, 1995년 문화체육부 고시로 북구 3개 언어에 대한 외래어표기법에 대하여 후속작업을 하였다. 그 구체적인 내용은 다음과 같은 것이다.

⑴ 외래어는 국어의 현용 24자모만으로 적는다.
⑵ 외래어의 1음운은 원칙적으로 1기호로 적는다
⑶ 받침에는 'ㄱ, ㄴ, ㄹ, ㅁ, ㅂ, ㅅ, ㅇ'만을 쓴다.
⑷ 파렬음표기에는 된소리를 쓰지 않는 것을 원칙으로 한다.
⑸ 이미 굳어진 외래어는 관용법을 존중하되, 그 범위와 용례는
　　따로 정한다.

그런데 남측에서 십 몇 년 동안 적용해 온 외래어표기법은 크게 두 가지의 원칙을 가지고 있다.

1) 원음중시원칙이다.

외래어 표기법의 기본은 할 수 있는 대로 외국어 발음을 가깝게 표기하자는 것이다. 이것은 한글맞춤법의 기본정신과 일치하는 것이다. 한글맞춤

법은 '소리대로' 적는 것이 먼저이다. '소리대로'를 어떻게 파악하는냐 하는 문제에 있어서는 음소주의 표기법과 형태주의 표기법으로 나누어 생각할 수 있지만 근본적으로는 소리 나는 대로 적는 것이 한글맞춤법의 기본정신이라는 점에서 소리에 대해 우위를 인정하는 것은 외래어표기법과 한글맞춤법이 서로 같다고 할 수 있다. 이러한 면에서 외래어표기법은 일관된 한글맞춤법의 표기원리를 따르고 있는 것이다. 그런데 남측의 표기법의 문제점은 《소리대로》의 원칙을 내세웠지만 된소리의 표기를 제한하였기 때문에 결국은 이 원칙자체를 파괴하고 있는 모순점을 안고 있는 것이다. 즉 로만어계통의 언어들에서는 순한소리와 된소리의 대립이 있음에도 불구하고 된소리를 일부 순한소리와 거센소리로 표기하고 발음해 원음을 중시한다고는 하지만 사실상 원음을 무시하고 있는 것이다. 실례로 《이딸리아》를 《이탈리아》로 표기하고 발음하는 것이 대표적인 것이다.

2) 국어의 특성을 중시하는 원칙이다.

외래어는 국어이므로 국어의 음절구조에 따르게 된다. 외래어의 발음을 정확하게 표기하기 위해 새로운 단어를 만들지 말아야 한다는 것이다. 즉 외래어표기법은 원지음을 중시하되 국어의 특성을 지키는 범위 안에서 원지음을 반영하는 것이다. 원지음을 지나치게 중시하여 국어에 없는 새로운 단어를 만들지 않으며 그 반대로 외래어도 국어임을 지나치게 강조하여 원지음과 일부러 다르게 하려고도 하지 않는다. 즉 모순되어 보이는 두 가지를 적절하게 조화시켜나가는 것이다. 국어의 특성을 지키고 원지음을 반영해야 한다는 이 원칙은 북과 남에서 공통적인 원칙이다.

제 7 장 민족어의 발전에 이바지하는 언어규범

1. 언어규범의 필요성
2. 《한글맞춤법통일안》의 문제점
3. 언어규범의 심화발전

민족어의 발전에 이바지하는 언어규범

1. 언어규범의 필요성

언어는 인간생활에서 없어서는 안될 가장 귀중한 수단이며 사람들 사이의 교제에서 힘 있는 수단이다. 인간의 생활과 사람들의 사유활동은 언어를 떠나서 이루어질 수 없으며 사유의 내용은 언어가 없이는 다른 사람들에게 충분히 전달될 수 없다.

사회적 존재인 인간에게 있어서 언어는 그야말로 생활의 힘 있는 무기이다.

사람이 사회를 이루고 살며 발전할 수 있는 것은 서로 의사를 나누면서 공동의 노력으로 정신적 및 물질적 부를 창조해 나갈 수 있는 언어수단을 가지고 있기 때문이다.

언어생활은 언어를 가지고 살아가는 사람들의 생활이다. 언어를 사용하는 것은 각 사람이며 따라서 그 과정에 여러 가지 다른 형태의 언어요소를 사용할 수 있는 여지가 생길 수 있으며 이것은 사람들 사이의 의사교환에 부정적인 영향을 줄 수 있다. 따라서 언어와 그 사용의 통일성을 담보해 주는 일련의 언어규범이 반드시 필요하게 된다.

북에서는 언어규범이 민족어의 특징과 요구를 일반화하여 모든 사람들이 공동으로 지켜야 할 언어사용준칙을 규제하고 있으며 언어규범에 맞지 않는 부정확한 말은 사회의 언어규범화를 확립하는데 해로운 영향을 준다는 입장에서 언어규범의 필요성을 강조하고 이를 진행하였다.

언어규범은 해당 민족어의 특징과 요구를 반영하여 사회를 이루는 일반 대중 모두가 공동으로 지키도록 함으로써 언어구조를 더욱 정확하고 아름다운 것으로 발전시키고 사람들 사이의 교제를 원만히 해나가도록 하며 민족어의 통일적 발전에 이바지 하도록 제정되어야 한다.

언어는 그 기원상의 특성으로부터 볼 때 언어규범을 생명으로 하는 현상으로서 규범의 존재를 전제로 한다.

언어의 사용은 오랜 역사적 과정을 거쳐 오면서 여러 가지 동요와 변화를 하였으며 언어 그 자체가 변화 발전하면서 언어규범도 변화되었다.

언어규범의 작성과 보급, 그 집행을 어떤 원칙에서 해나가는가 하는 것은 해당 민족어와 민족어 발전의 전면모를 담보해 주는 중요한 문제이다.

평양문화어가 오늘과 같이 주체성과 민족성을 철저히 구현한 민족어의 전형으로 활짝 꽃펴 날 수 있었던 것은 그것을 담보해 주는 언어규범이 있었기 때문이라고 생각한다. 때문에 해방 후 북에서 진행한 언어규범화에 대하여 살펴 볼 필요가 있다.

해방 후 북에서는 1947년 12월 26일 ≪문자개혁에 대하여≫를 비롯한 김일성주석의 여러 로작들에 입각하여 우리 말의 특성에 맞게 언어규범을 잘 만들고 그것을 언어생활에 철저히 구현하도록 하는 계기를 마련하였다.

북에서는 해방 후부터 1933년에 간행한 ≪한글맞춤법통일안≫의 일부 조항들에서 부족점과 제한성을 찾고 그것을 개정하기 위한 사업을 진행하였다. 해방전 ≪한글맞춤법통일안≫은 일제가 강요한 우리 말 말살정책에 의하여 민족어가 탄압을 당하고 심지어 그 사용마저 금지 당하였던 어려운 환경 속에서 민족의 넋을 지키려는 애국적인 어학자들에 의하여 만들어 진 것으로서 당시로서는 우리 말의 철자법을 바로 잡는데서 긍정적인 역할을 하였다. 그러나 ≪한글맞춤법통일안≫은 여러 가지 제한성을 가지고 있었다.

2. ≪한글맞춤법통일안≫의 문제점

그것은 첫째로, 해방 후의 시대적 배경으로 보아 ≪한글맞춤법통일안≫이 뒤떨어 진 것이었다.

≪한글맞춤법통일안≫의 제한성은 여러 측면에서 나타났지만 그 가운데서도 과학성이 부족하고 그 규범의 근본 기둥이 잘못 설정된 것이었다. 그것을 몇가지로 보면 다음과 같다. 문제는 세계의 대다수 언어들에서 단어의 첫 소리에≪ㄹ, ㄴ≫이 자유롭게 발음되고 있으며 우리 말의 경우 사람들이 얼마든지 발음할 수 있고 ≪훈민정음≫에서도 ≪라, 랴, 러, 려, …≫와 ≪나, 냐, 너, 녀, 노, 뇨, 누, 뉴, …≫ 등을 정확히 발음해 왔음에도 불구하고 어두음 ≪ㄹ, ㄴ≫의 발음을 부정한 것이다. 특히 표기와 발음의 불일치를 강조하면서 그것을 일치시켜 발음하는 것을 힘들다고 하는 것은 사람들을 역사의 주체로 보지 않고 수단으로만 여기는 관점으로부터 나오는 견해인 것이다.

당시 북에서는 해방 후 당과 국가의 민족문화건설방침에 따라 성인들이 문맹을 퇴치하고 모든 청소년들이 민주교육을 받는 유리한 환경에서 이 문제는 얼마든지 바로 잡을 수 있었다.

1946년 8월 공산당과 신민당의 합당 이후 당의 명칭문제가 제기되면서 한자어의 어두음 ≪ㄹ, ㄴ≫ 문제는 더욱 심각하게 제기되었다. 그것은 ≪로동당≫을 ≪로동당≫으로 하겠는가, 아니면 ≪한글맞춤법통일안≫ 대로 ≪노동당≫이라고 하겠는가 하는 것이었다.

이런 시대적 흐름을 타고 ≪한글맞춤법통일안≫의 개정문제가 제기되었다.

그것은 둘째로, ≪한글맞춤법통일안≫에서 외래어 표기법과 한자어 표기법이 모순되어 있었던 것이다. 예를 들어 ≪라지오, 로케트, 리베트, 리봉, …≫ 등의 외래어는 그대로 표기도 하고 발음도 하는 것을 허용하면서도 한자어에서 금지시킨 것은 아무리 보아도 언어음의 발전법칙에 맞지 않는 것이다. 사람의 언어음은 끊임없는 변화발전과정에 놓여있다. 이런 발전적인 견지에서 보지 않고 한자어 표기에서 ≪ㄹ, ㄴ≫의 일부 쓰임을 한정한 것은 보수적인 것이며 타당성이 없는 것이다.

그것은 셋째로, 철자법에서 표음주의 일면만을 강조하였지만 일부 언어현실 자료는 이와 모순되는 점이 있는 것이다.

사실상 철자법에서 완전한 표음주의란 있을 수 없으며 특히 우리 말의 경우 형태를 고정시키는 편이 대중의 독서와 이해에 훨씬 이로운 것이었다. 따라서 철자법에서 체계성을 보장하고 표음성을 만족시키자면 ≪한글맞춤법통일안≫을 개정하여야만 하였다. ≪한글맞춤법통일안≫은 이 외에도 여러 가지 문제점들을 안고 있었다. 아래에서 북측에서 진행한 언어규범의 심화발전을 통해서 일부 더 지적하기로 한다.

3. 언어규범의 심화발전

북의 자료에 의하면 북에서는 김일성주석이 1948년 1월 14일 조선어문연구회 회장과 한 담화에서 제시한 과업을 받들고 맞춤법을 전 사회적으로 통일시키고 과학적이며 인민적인 문법규범을 만들기 위해 연구사업을 활발히 벌리어 나갔다. 그 이후 언어학자들은 ≪조선어철자법의 기초≫(조선어문연구회가 발행한 잡지 ≪조선어연구≫)와 새로운 규범책인 ≪조선어문법≫을 1949년에 세상에 내놓았다.

언어학자들은 전쟁의 어려운 시기에도 맞춤법, 띄어쓰기법, 문장부호법에 대한 연구를 진행하였으며 이에 기초하여 전쟁직후인 1954년에 ≪조선어철자법≫을 또 다시 세상에 내 놓았다.

≪조선어철자법≫은 머리말에서 ≪현행 조선어철자법에 부분적인 동요가 존재하며 광범한 사회층에서 조선어철자법의 통일에 대한 요망이 절실함을 인정하고 1954년초 과학원 조선어 및 조선문학 연구소 안에 〈조선어철자법규정작성위원회〉를 조직하여 〈조선어철자법〉초안을 작성케 하였으며 1954년 4월 초안이 완성되었고 그 후 2개월간에 걸친 공개적이며 집체적인 심중한 토의를 거쳐 〈조선어철자법〉을 발간하게 하였다≫고 강조하여 발간의 목적과 성격을 정확히 밝히었다.

≪조선어철자법≫은 표음주의원칙으로부터 형태주의원칙으로, 내려쓰기에서 가로쓰기에로, ≪표준말은 대체로 현재 중유사회에서 쓰는 서울말로 한다≫를 ≪표준어는 조선인민사이에 사용되는 공통성이 가장 많은 현대어가운데서 이를 정한다≫로 하여 ≪한글 맞춤법통일안≫과 구별되는 점을 명백히 밝히었다.

맞춤법상에서 눈에 뜨이게 나타난 점을 보면 첫째로, 자모수와 그 순서를 달리 규정한 것이다.

≪한글맞춤법통일안≫에서는 우리 말의 자모를 24개로 규정하고 나머지 자모는 겹치어 쓴다는 규정을 주었으나 ≪조선어철자법≫에서는 우리 말의 자모를 40개로 규정하였고 그 배렬순서는 아래와 같이 정하였다.

ㄱ, ㄴ, ㄷ, ㄹ, ㅁ, ㅂ, ㅅ, ㅇ, ㅈ, ㅊ, ㅋ, ㅌ, ㅍ, ㅎ,

ㄲ, ㄸ, ㅃ, ㅆ, ㅉ,

ㅏ, ㅑ, ㅓ, ㅕ, ㅗ, ㅛ, ㅜ, ㅠ, ㅡ, ㅣ,

ㅐ, ㅒ, ㅔ, ㅖ, ㅚ, ㅟ, ㅢ, ㅘ, ㅝ, ㅙ, ㅞ

여기에서 자음 ≪ㄲ, ㄸ, ㅃ, ㅆ, ㅉ≫나 모음 ≪ㅐ, ㅔ, ㅒ, ㅖ, …≫ 등을 독자적인 자모로 인정한 것은 소리도 모양도 차이가 뚜렷한 조건에서 어음문자학 상으로 타당성을 가진다.

　둘째로, 자모의 이름을 체계화하고 일관시킨 것이다.

　사실상 ≪한글맞춤법통일안≫에서 ≪ㄱ, ㄴ, ㄷ, …≫을 ≪기역, 니은, 디귿, …≫이라고 발음하도록 한 것은 일관성이 부족하다. 그러나 ≪조선어철자법≫에서는 ≪ㄱ, ㄴ, ㄷ, ㄲ, ㄸ, ㅃ, …≫를 ≪기윽, 니은, 디읃, 된기윽, 된디읃, 된비읍, …≫으로 이름을 주어 서로 초성과 종성의 위치에서의 발음현상을 보여 주면서도 모음을 하나로 통일시켜 일관성을 보장하였다.

　셋째로, ≪한글맞춤법통일안≫에서 한자어 기원의 본음 ≪냐, 녀, 뇨, 뉴, 니, 녜≫나 ≪랴, 려, 료, 류, 리, 례≫가 단어의 첫 머리에 오는 경우 ≪야, 여, 요, 유, 이, 예≫로, 역시 ≪라, 로, 루, 르, 래, 뢰≫를 ≪나, 노, 누, 느, 내, 뇌≫로 적는다고 규정한 것을 ≪조선어철자법≫에서는 본음을 그대로 적는 원칙으로 한다고 개정한 것이다.

로동자	○	노동자	×
니탄	○	이탄	×
래일	○	내일	×
녀성	○	여성	×

　넷째로, 이음토 ≪어≫, 시간토 ≪었≫이 이어내기에 의해 ≪여, 였≫으로 발음될 수 있는 경우는 그대로 적는다고 규정하였다.

기여	○	기어	×
되여	○	되어	×
희여	○	희어	×
해가 지였다	○	해가 지었다.	×

다섯째로, 합성어를 표기하는 경우에 사이표를 치는 규범을 제정함으로써 발음의 정확성을 보장하고 합성어의 뜻을 인차 알 수 있게 한 것이다.

    날´짐승 [날찜승]　　낚시´대　[낙씨때]
    겹´이불 [겹니불]　　앞´이마　[암니마]
    군´적　[군쩍] : <군적을 묻다>와의 차이 강조
    호´수　[호쑤] : <호수에서 배 타기>와의 차이 강조

여섯째로, 접미사 ≪이, 히≫의 적기규정을 명백히 하였으며 일부 표준어들을 수정하여 뜻이 명백히 안겨 오고 발음에 편리하게 하면서도 형태를 고정시킨 것이다.

  예:　덤덤히
       기어이
       달걀　　　―― 닭알
       아내　　　―― 안해
       도둑　　　―― 도적
       드디어　　―― 드디여

≪조선어철자법≫은 띄어쓰기와 문장부호법에서도 새로운 전진을 가져왔다.

≪한글맞춤법통일안≫에서는 띄어쓰기규정은 한개의 항으로 간단히 규정하였다면 ≪조선어철자법≫에서는 11개의 항으로 구체적인 세칙을 제시함으로써 띄어쓰기에서 일련의 혼란을 피하게 하고 통일적인 서사생활에 적극 이바지하도록 하였다. 또한 문장부호법에서도 이전에 사용하던 인용표나 거듭인용표를 버리고 다른 것으로 바꾸었으며 하이픈(―)을 새롭게 설정하였다.

≪조선어철자법≫에서 규정한 문장부호들은 다음과 같다.

점(.), 두점(:), 반점(,), 반두점(:), 의문표(?),
감탄표(!), 인용표(≪ ≫), 거듭인용표(〈 〉), 하이픈(−),
점선(……), 괄호(( ) , 〔 〕, { })

지난날 ≪한글맞춤법통일안≫에서 제기되었던 부족점들을 포착하고 1954
년에 수정발표된 ≪조선어철자법≫은 사람들에게 편리하고 알기 쉽게 만
들어진 것으로서 대중의 한결같은 사랑과 지지를 받았으며 학교들에서 국
어교육을 강화하고 전 사회적으로 언어규범의 통일성을 보장하는 데서 커
다란 역할을 하였다.

≪조선어철자법≫은 우선 사람들이 늘 쓰는 말과 글에 기초하여 만들어
진 글말규범으로서 우리 나라 역사에서 처음 있는 가장 대중적이며 과학적
인 글말규범이다. 또한 맞춤법이 가장 합리적이고 과학적인 형태주의원칙
에서 제정되어 사람들의 글말생활에 많은 도움을 주었다.

≪조선어철자법≫의 제정리 가지는 가장 중요한 의의는 시대의 요구와
일반대중의 지향에 맞게 제정된 글말규범을 가지게 됨으로써 우리 말을 주
체적으로 발전시키고 우리 말의 민족적 특성을 살리며 일반대중의 언어생
활을 더욱 개선해 나가기 위한 넓은 길을 열어 놓은 것이다.

≪조선어철자법≫이 나온 다음해인 1955년 12월 28일 김일성주석이
사상사업에서 교조주의와 형식주의를 퇴치하고 주체를 확립할 것에 대한
지침을 세우고 사회생활의 모든 분야에서 주체를 튼튼히 세우도록 하였다.
김일성주석의 ≪조선어를 발전시키기 위한 몇가지 문제≫와 ≪조선어의
민족적특성을 옳게 살려나갈데 대하여≫의 발표를 통하여 우리 민족어의
구체적인 발전방향이 결정되었다.

그 후 북의 언어학자들은 언어규범의 통일성을 더욱 철저히 보장하면서

주체적인 언어규범을 만들기 위한 연구사업을 힘차게 벌리어 나갔다. 연구사업은 맞춤법, 띄어쓰기법, 문장부호법, 발음법, 외래어표기법 등 언어규범의 전반내용을 포괄하였다. 그리고 언어규범이 평양문화어의 주체성과 민족성을 철저히 보장하고 더욱 빛 내어 나가는데 이바지하는 규범이 되도록 하는 원칙을 견지하였다.

언어학자들은 연구사업을 심화시켜 1966년에 ≪조선말규범집≫을 완성하여 발표하였다.

≪조선말규범집≫은 1954년에 발표된 ≪조선어철자법≫을 기본으로 하면서 일부 체계를 과학적인 내용에 맞게 합리적으로 고치었으며 광범한 대중의 언어생활과 맞지 않는 일부 조항들을 수정하거나 없앴고 새로운 조항들을 더 설정하는 방향에서 언어규범의 주체성과 민족성을 보다 더 튼튼히 담보하도록 하였다.

≪조선말규범집≫은 머리말에 ≪오늘 우리 인민은 조선로동당의 정확한 령도밑에 사회주의의 높은 봉우리를 향하여 힘차게 내달리면서 민족적인 대번영을 이룩하고 있다. 이러한 발전하는 현실은 우리 말을 더한층 발달시키고 인민들의 언어생활에서 문화성을 더욱더 높일것을 요구한다. 그러므로 우리들이 글을 쓰고 말을 하는데서 지켜야 할 온갖 규범들을 과학적으로 더욱 정밀화하는 것은 매우 큰 의의를 가진다.

이 규범집은 맞춤법, 띄어쓰기, 문장부호법 및 표준발음법과 관련된 규범들을 더욱 정밀화한 규정을 담고 있다≫라고 언어규범의 중요성과 필요성을 강조하였으며 그 전반 포괄범위를 밝히었다.

≪조선말규범집≫은 민족어의 주체성과 민족성을 담보해줄 수 있도록 불필요하거나 불합리한 일부 규정들을 없애고수정 보충하였다.

우선 ≪조선말규범집≫의 총칙에서 ≪맞춤법은 단어에서 뜻을 가지는 매개의 부분을 언제나 같게 적는 원칙을 기본으로 한다≫고 하면서 형태주의원칙을 견지하는 것을 강조하였다.

《맞춤법》의 3항에서는 받침 《ㄷ, ㅌ, ㅅ, ㅆ, ㅈ, ㅊ》 가운데서 어느 하나로 적어야 할 까닭이 없는 것은 전통적인 관습에 따라 《ㅅ》로 적는다고 규정하였다.

예: 벙긋벙긋
　　무릇
　　얼핏

이것은 원래 《조선어철자법》의 제11항과 제12항에서 《받침》과 관련한 규정을 취급한 것인데 현실에 맞지 않는 조항이기 때문에 그 해설을 없애고 언어발전의 현실적 조건에 맞게 새롭게 집약화하여 규정한 것으로서 의의가 있다.

맞춤법 18항과 19항에서는 《종전에 써오던 사이표(´)는 발음교육 등을 목적으로 하는 특수한 경우를 제외하고는 모두 없앤다.》라고 규정하여 대중의 높아진 언어의식과 언어지식 수준을 충분히 반영하였다.

언어학자들은 우리 말의 소리끊음현상과 《된소리화》에 대한 과학적인 분석에 기초하여 《사이 ㅅ》 현상이 어디까지나 말소리결합에서 일어나는 말소리 변화현상의 한 형태라는 것을 밝히고 맞춤법에서는 《사이(ㅅ)》을 첨가하거나 《사이표(´)》를 치는 것이 불필요하다는 것을 일치하게 인정하고 없애도록 하였다. 이러한 규정은 그 후 사람들의 언어생활에서 그 정당성과 합리성이 실증되었다.

《조선말규범집》의 맞춤법은 그 이전의 《조선어철자법》보다 합리적으로 구성되었고 이해하기 쉬운 실례들을 취하였으며 일부 항목들을 없애고 새로운 항목들을 설정해 우리 민족어의 《맞춤법》규범을 새로운 높은 단계에로 끌어 올리었다.

다음으로 ≪조선말규범집≫의 ≪띄어쓰기≫규범은 ≪조선어철자법≫에 비하여 보다 더 구체화되었으며 과학적인 띄어쓰기규범으로서 일반대중의 글말생활에 적극 이바지하게 되었다. 특히 종래에 띄어 쓰던 일부 명사, 수사, 대명사, 동사, 형용사 등의 항목에서 주로 붙어 쓰는 것을 위주로 규범을 세밀화하여 글말의 인식적 및 시각적 효과성, 대중의 독서 능력을 높이는데 크게 이바지하였다.

다음으로 ≪조선말규범집≫의 문장부호법에서는 지난 시기 ≪조선어철자법≫에서 문장부호를 11개항으로 규정하여 놓고 사용에 대하여 간단히 해설하는 것으로 그친 점을 극복하여 총칙과 19개항으로 분류하고 그 사용법에 대하여 구체적으로 해설하였다.

≪조선말규범집≫의 문장부호법에는 17개의 문장부호와 그 이름, 기능에 대하여 서술하였다.

점(.), 두점(:), 반두점(;), 반점(,)

의문표(?), 감탄표(!), 이음표(－), 풀이표(—)

줄임표(…), 인용표(≪ ≫), 밑점(…), 반달괄호(( ))

꺽쇠괄호([ ]), 같음표(〃), 물결표(～)

숨김표(○○○), 거듭인용표(〈 〉)

종전과 비교해 보면 괄호(『 』, { })를 없애고 밑점(…), 숨김표(○○○), 같음표(〃), 물결표(～)를 더 넣었다.

지난 시기에 쓰던 ≪『 』, { } ≫와 같은 부호는 오늘의 글말생활에서 불필요한 것으로서 사실 그것 없이도 글말의 기능을 충분히 나타낼 수 있었다.

이것은 발전하는 현실과 사람들의 글말생활 실태에 대한 구체적인 분석과 문장부호의 기능에 대한 과학적인 분석에 기초한 정당한 조치였다. 그리고 새로 넣은 밑점과 숨김표, 같음표, 물결표 등과 같은 것은 글말생활에 절실히 필요한 것으로서 이러한 문장부호의 제정은 현실발전의 요구를 반영한 합리적인 조치였다.

문장부호법에서는 모든 문장부호의 특성과 그 사용법을 해설하는 데서 근본적인 개선을 가지어 왔다. 특히 19항에서는 ≪대목이나 장, 절 등을 갈라주는 부호와 그 짜는 차례는 다음과 같이 통일하며 그 이름도 하나로 정하여 부른다≫라고 규정하고 구체적인 실례를 주었다.

Ⅰ, Ⅱ, Ⅲ, Ⅳ, Ⅴ, … 로마숫자 일, 이, 삼, 사, 오, …
1, 2, 3, 4, 5, … 아라비아숫자 일, 이, 삼, 사, 오, …
1), 2), 3), 4), 5), … 반괄호 일, 이, 삼, 사, 오, …
(1), (2), (3), (4), (5), … 괄호 일, 이, 삼, 사, 오, …
①, ②, ③, ④, ⑤, … 동그라미 일, 이, 삼, 사, 오, …

문장부호법은 대중이 글말생활을 원만히 할 수 있도록 한 과학적이며 대중적인 문장부호법이다.

평양의 학자들이 만든 ≪조선말규범집≫초안에서는 자모의 수를 24자로 하자는 의견과 40자로 하자는 의견이 있었는데 지금처럼 40자로 쓰는 것이 좋겠다고 결정하였다.

사실상 그 당시 일부 언어학자들 속에서는 자모의 수를 24자로 하자는 의견이 제기되었다.

그러나 이것은 일반대중의 문자생활에서 혼란을 가져 올 수 있었으며 문자와 음운의 이상적인 1:1 대응을 파괴할 수 있었다.

≪조선말규범집≫에서는 ≪맞춤법≫, ≪띄어쓰기≫, ≪문장부호법≫, ≪표

준발음법≫에 대한 규정을 과학적으로 정밀화하였으며 민족어를 주체적으로 발전시킬 데 대한 민족어발전의 총체적인 방향과 언어생활에서 통일성과 문화성을 보장할 데 대한 요구를 철저히 반영하게 되었다.

또한 북에서는 문법규범과 어휘규범을 세우는데서도 커다란 성과를 거두었다. 각급 학교들에서 우리 말 교육을 위한 조선어문법 교과서들이 ≪국어≫, ≪국어문법≫, ≪조선어문법≫ 등의 이름을 달고 출판되어 문법규범화 사업에 적지 않는 기여를 하였다. 날을 따라 발전하는 민족어의 현실을 반영하여 북에서는 보다 과학적이며 대중적인 문법규범을 세울데 대한 조치를 취하였다. 그리하여 언어학자들이 집체적으로 ≪문화어문법규범≫을 내 놓음으로써 문법규범이 높은 수준에서 세워질 수 있었다. 그리고 어휘규범화사업에도 특별한 관심을 돌리어 주석사전 편찬사업이 힘있게 벌어져 전6권으로 된 ≪조선말사전≫이 출판되었다. 민족어를 주체적으로 발전시키며 언어생활에 구현하기 위한 사업이 전사회적으로 벌어지는 새로운 환경은 사전편찬 사업에서도 주체성과 과학성의 원칙을 견지할 것을 요구하였다.

1960년대 후반기부터 주체적이며 규범적인 사전편찬사업이 벌어져 ≪현대조선말사전≫(1968년), ≪조선문화어사전≫(1972년), ≪현대조선말사전≫ 제2판이 편찬되어 세상에 나오게 되었다.

이 사전들은 종전의 사전들이 가지고 있던 부족점을 극복하고 올림말의 선정, 뜻풀이, 예문들이 철저히 주체적이고 대중적이며 과학적인 원칙을 구현하여 글말규범을 비롯한 언어규범을 대중적 토대위에 올리어 세우는데 이바지하였으며 사람들 속에 널리 보급되었다.

이처럼 ≪조선말규범집≫에서 제정된 조선말규범은 각종 사전을 통하여 확고하게 되었으며 대중의 언어생활에서 통일성과 문화성을 보장하고 민족어의 특성을 살리며 그것을 주체적으로 발전시키는데서 중요한 역할을 하였다.

그 후 북의 ≪조선말규범집≫은 1988년에 다시금 수정보충되었다.

이 규범집은 기본적으로 1966년의 내용과 같지만 일부 조항과 예들을 합리적인 것으로 조절하였다.

우선 총칙에서 ≪조선말맞춤법은 단어에서 뜻을 가지는 매개 부분을 언제나 같게 적는 원칙을 기본으로 하면서 일부 경우 소리나는대로 적거나 관습을 따르는 것을 허용한다≫라고 규정하였다. 결국 형태주의원칙은 여전히 지키면서 역사적으로 굳어진 예외의 경우에 대해서는 여유를 두고 완화시킨 것이다.

제1장에서는 자음글자 ≪ㅇ≫의 이름을 종전에 ≪으≫로 부르던 것을 ≪ㅡ≫자와의 혼동을 피하기 위하여 ≪응≫으로 수정하였으며 제3장의 ≪말줄기와 토의 적기≫ 제13항을 정밀화하고 제4장의 ≪합친말의 적기≫에서 66년의 규범에 있던 사이표와 관련한 항목을 완전히 빼버렸다. 제6장의 ≪말뿌리와 접미사(또는 일부 토)의 적기≫에서 제20항 ≪말뿌리와 접미사가 어울려 파생어를 이룰적에 빠진 소리는 빠진대로 적는다≫, 그리고 제24항 ≪부사에서 접미사 〈이〉나 〈히〉가 그 어느 하나로만 소리나는 것은 그 소리대로 적는다≫고 규정함으로써 종전의 일부 내용을 보충하고 정밀화하였다.

예: 바늘질　　⇒　　바느질
　　겨울내　　⇒　　겨우내
　　깨끗하다　⇒　　깨끗이
　　용감하다　⇒　　용감히

1988년의 ≪조선말규범집≫에서는 맞춤법뿐만 아니라 띄어쓰기와 문장부호법의 조항들도 정밀화하여 놓았다.

이것은 민족어의 구조적 특성을 살리어 사람들의 언어생활을 더욱 개선해 나가는데 크게 이바지하였다.

오늘 북의 사회생활의 모든 분야에서 주체성과 민족성이 높이 발휘되고 꽃피어 나고 있다.

평양문화어의 주체성과 민족성을 높이 발양시키는데서 언어규범의 기능과 역할은 아주 중요하다.

오늘 언어규범화사업은 새로운 발전단계에 들어섰으며 북의 언어규범은 평양문화어의 주체성과 민족성을 담보해 주고 동시에 대중성과 과학성을 안받침해 주는 언어규범이 되고 있다.

북의 언어학분야에서 이러한 언어규범을 제정할 수 있은 것은 언어학자들이 언어연구사업에서 일관하게 밀고 나가야 할 방향과 방도를 하나하나 구체적으로 밝혀 주고 현명하게 이끌어 준 김일성주석과 김정일국방위원장의 영도가 있었기 때문이라고 북의 언어학자들과 사람들은 한결같이 말하고 있다.

언어규범이 평양문화어의 주체성과 민족성을 활짝 꽃 피워 나가는데 훌륭히 복무할 수 있은 것은 언어규범화사업의 원칙을 떠나서 생각할 수 없다.

북의 언어규범화사업에서 내세운 원칙은 첫째로, 주체성과 민족성을 구현한 것이다.

언어규범화는 민족어단위로 진행된다. 사실상 이 세상에 범언어라는 존재는 있을 수 없으며 구체적인 민족어가 존재할 뿐이다. 모든 민족어마다 자기의 음운체계와 어휘구성 체계를 가지고 있으며 자기의 문법구조와 표현방식이 있다. 따라서 모든 언어에 다 적용되는 언어규범화 방도나 수법은 있을 수 없는 것이다.

언어규범화의 담당자, 수행자도 각 민족이다. 따라서 언어의 주인이며 언어규범화의 담당자인 일반대중이 민족어의특성에 맞게 규범화사업을 목적, 지향성 있게 해 나가야 한다.

언어규범화사업에서는 주체성과 민족성을 구현하는 것이 가장 중요하다.

언어규범화사업에서 주체성을 구현한다는 것은 규범화의 담당자이며 주체인 일반대중이 규범화사업의 주인이라는 관점과 입장을 가지고 자기 식으로 규범화사업을 벌려 나간다는 것을 의미한다.

해당 민족어의 규범화를 위해서는 언어사용에서의 동요성에 의하여 언어체계의 상대적 공고성을 약화시키는 현상들을 옳게 포착하고 대책을 세우는 것이다. 이것은 규범화의 대상을 확정하는 사업으로서 그 어떤 언어집단의 사람들이 대신할 수 없으며 오직 해당 민족어의 주인들만이 할 수 있는 일이다. 따라서 규범화의 주체가 올바른 관점과 입장을 가지고 이 사업을 목적 지향성 있게 진행해 나가야 성과를 거둘 수 있다.

언어규범화의 세계적인 ≪모델≫이란 있을 수 없으며 언어규범화는 민족어의 구조와 언어사용의 구체적인 실정에 따라 진행하여야 한다. 언어의 주인들이 자기 머리로 생각하고 자기의 언어실태에 맞는 규범화방도를 찾아내야 한다. 언어규범화에서 주체성을 구현하는 문제는 언어구조와 언어사용의 두 측면에서 언어구조, 언어체계 그 자체를 기준으로 하는가, 아니면 민족어의 실제적인 사용자를 기준으로 하는가 하는 문제와도 중요하게 관련되어 있다.

모든 사업은 철저히 사람을 기본으로 하고 사람들의 이익의 견지에서 진행되어야 한다. 언어를 사용하는 사람에 대한 고려가 없이 언어규범화를 순수 언어구조를 정확히 반영하는 것만을 염두에 두어서는 안 된다. 사실상 주체의 언어사상에 기초한 규범화사업이 진행되기 전까지의 모든 규범화는 언어체계를 기준으로 하는 규범화로 일관되어 있다. 언어규범화는 어디까지나 일반대중을 위한 것이고 민족어를 사용하는 민족을 위한 것이다. 규범화가 언어를 사용하는 이들의 이해관계에 맞지 않는다면 그런 규범화는 의의가 없다.

띄어쓰기규범도 마찬가지이다. 일반대중의 독서능력을 높이고 언어의 통신적 기능을 원만히 하는 데 도움을 주기위하여 띄어쓰기를 하는 것이지 언어가 단어를 기본 단위로 하고 있기 때문에 단어를 단위로 하여 띄어쓰는 수밖에 없어서 띄어쓰기를 하는 것이 결코 아니다. 일반대중 위주의 띄어쓰기 규범인가 아니면 언어위주의 띄어쓰기 규범인가, 이렇게 문제를 세울 때 어디까지나 대중위주의 입장에 서는 것이 바로 규범화에서 주체성을 구현하는 것이다.

언어규범화는 철저히 언어위주의 규범화로 될 것이 아니라 사람위주의 규범화로 되어야 한다. 물론 일반대중 위주의 규범화를 지향한다고 하여 언어체계와 언어구조를 무시하고 개별적인 사람들의 주관적 욕망에 따라 아무렇게나 하여서는 안 된다. 일반대중 자체가 이렇게 하는 것을 바라지 않는다. 언어의 체계와 구조를 무시하고 사람들이 제멋대로 이리 저리 마구 뜯어 고치는 것이 규범화인 것이 결코 아니며 사실상 그렇게 하려고 하여도 그것은 불가능한 것이다.

언어규범화에서 주체성을 구현하는 것은 민족성을 구현하는 것과 밀접히 연관되어 있다.

언어규범화에서 민족성을 구현하는 것은 민족어에 대한민족성원들의 옳은 인식과 이해에 기초하여 민족어의 고유한 특성을 지키며 더욱 발전시켜 나간다는 것을 의미한다. 언어는 범인류적인 것이 아니라 해당 민족의 민족어로 존재하며 타민족어와의 차이를 가진다. 민족어에 대하여서는 해당 민족성원들이 제일 잘 안다. 꼭 같은 어음결합도 언어마다 그 실현방식에서 차이가 있다. 평양문화어의 경우 앞소리마디의 끝소리 ≪ㄴ≫과 뒤소리마디의 첫소리 ≪ㄹ≫이 잇달릴 때 뒤의 ≪ㄹ≫의 영향을 받아 앞의 ≪ㄴ≫이 ≪ㄹ≫로 소리 나는 거꿀닮기 현상은 예로부터 전통적으로 진행되었다.

가령 단어 ≪천리마≫가 발음에서 [철리매로 되는 것은 우리 말에서는 자연스러운 현상이지만 영어나 러시아어, 일본어에서는 일어나지 않는다.

영어······   in road ⇒ [inroud] ○, [irroud] ×

러시아어… сонливый ⇒ [sonlibwi] ○, [sollibwi] ×
일본어…   クンレン ⇒ [kunreng] ○, [kurreng] ×

많은 언어들에서 거꿀닮기 발음을 하지 않는다고 해서 우리의 언어규범을 그렇게 정의하고 억지로 발음해야 한다고 강요할 수 없는 것이다.

언어규범에서 주체성과 민족성을 구현하는 것은 우리민족어가 처하여 있는 환경에서 더욱 더 절박한 문제로 나선다.

역사적으로 우리 민족은 일제의 악독한 식민지동화정책의 피해를 당하였다. 또한 우리 민족은 소위 ≪언어대국≫들의 사이에 위치하고 있으며 외세에 의하여 강요당하는 반세기 이상의 국토의 분열로 우리 말은 북과 남에서 서로 다른 환경에 놓이어 있고 언어규범도 같지 않다.

지금 남에서는 우리 말이 자기의 고유한 민족적 특성을 보존하지 못하고 영어와 일본어 등이 뒤섞인 잡탕말로 변하였으며 심지어는 ≪국회≫라는 데서까지 우리 말을 쓰지 않고 영어말마디를 마구 쓰고 있는 형편이다. 세계가 민족어의 건전한 발전과 그 사용에서 심각한 사회적 문제를 안고 있는 형편에서 만일 언어규범화에서 주체적인 대를 세우지 못하고 민족성을 구현하지 못한다면 민족의 언어생활은 말할 수 없는 처지에 굴러 떨어지게 될 것이다. 때문에 우리 민족어의 언어규범화 사업에서는 주체적인 대를 튼튼히 세우고 고유한 민족적 특성이 살아 숨 쉬고 누구에게나 친숙하고 세련된 평양문화어를 기준으로 삼아야 하는 것은 두말 할 필요조차 없다. 그리고 고유한 우리 말을 기본으로 하여 시대의 요구에 맞게 언어를 발전시켜 나간다는 원칙을 세우지 못하고 현대성의 요구를 전면에 내세우지 못한다면 우리 민족이 쓴 적이 있는 말은 다 우리 말이라는 식의 사고를 할 것이며 괴상한 한자말들과 용어들도 모두 뒤섞이게 되고 규범화사업에서 복고주의와 사대주의를 비롯한 여러 가지 편향을 면할 수 없게 된다.

언어규범화사업에서 내세운 원칙은 둘째로, 평이성과대중성을 보장한 것이다.

규범은 언어의 전 사회적인 사용을 위한 것이다. 규범을 통일적으로 시행하자면 그것이 일반대중에게 있어서 배우기 쉽고 쓰기 쉬우면서도 편리한 것으로 되어야 한다.

언어규범화 사업에서 평이성, 대중성을 보장하는 것은 언어가 광범한 대중의 소유물이며 생활에서 부단히 사용되면서 서로의 사상교환의 수단이 되기 때문이다.

우리 민족어가 교착어인 조건에서 그 규범화는 굴절어의 규범화에서 제기되지도 않는 여러 가지 문제점을 가지고 있다. 따라서 우리 민족어의 규범화에서 과학성과 정확성을 보장하는 문제와 평이성, 대중성을 동시에 보장하는 문제는 함께 다루기 힘든 문제의 하나로 되지만 다 같이 고려하여야 한다. 아무리 평이하고 대중적인 규범을 만든다 하더라도 필요한 정도의 정밀화는 보장하여야 하며 규범을 정밀화하려면 이론화, 세밀화하여야 할 일들이 적지 않게 제기된다. 그러나 만일 정밀화를 하는데 치우치면 지나치게 세분화되거나 이론화됨으로써 일반대중이 잘 이해할 수 없거나 그것을 적용하는데서 부담으로 될 것이다. 규범화사업에서 견지하여야 하는 것은 이론화, 세밀화가 제기되기 전에 먼저 평이성과 대중성을 보장하는 것이다. 따라서 이 요구는 규범의 생활력을 보장하기 위해서 나서는 절실한 요구이다.

글말규범을 잘 제정하는 것은 독서능률을 높이기 위한 데 목적이 있지만 그것을 보장하는 《이상적인》 규범화는 조항들을 지나치게 세분화하게 된다. 그러므로 《이상적인》 수준을 추구하면서 대중적인 시행을 고려하지 않는다면 결국 광범한 대중이 규범화사업에서 떨어져 나가게 하는 결과를 가져 온다. 따라서 규범화사업은 규범조항이 너무 많아지지 않고 규범 적용의 기준이 알기 쉬우면서도 언어구조의 특성을 정확히 반영할 수 있는 과학적이고 대중적인 것으로 되어야 한다. 교착어인 우리 말의 규범화에서

보다 어려운 분야는 글말규범 분야이다. 특히 띄어쓰기규범에서 독서능률을 높이면서 사회적 통일성을 보장할 수 있게 한다는 것은 말처럼 쉬운 일이 아니다. 일부 민족어들에서 띄어쓰기를 하지 못하고 있는 중요한 요인의 하나가 과학성 보장과 평이성 보장을 동시에 하는 것이 어려운 데 있다.

규범화사업에서 평이성, 대중성을 보장하려면 될수록 ≪예외≫를 두지 않도록 하고 규범화의 원칙을 일관하게 관통시켜야 한다. 그러기 위하여 부문별 규범화에서 과학적인 원칙을 지켜야 한다. 맞춤법인 경우 형태주의원칙이 가장 과학적인 것이라면 형태주의원칙을 최대한 이용하고 다른 원칙을 적용하지 말아야 한다. 물론 규정의 개별적인 조항에서 몇개의 단어에 대하여 부득이 예외를 두어야 할 때가 있다. 그러나 원칙 자체에서 형태주의를 기본으로 하면서 표음주의, 역사주의 원칙도 같이 적용하는 것과 같은 것은 될수록 삼가 하여야 한다. 평양문화어의 맞춤법규범이 걸어 온 역사를 보면 맞춤법은 형태주의를 기본으로 하면서 그 적용범위를 이치에 맞게 확대하여 나감으로써 규범의 일관성을 보장하고 평이성, 대중성을 더 잘 보장하여 온 역사이었다. 실례로 수량수사에 접미사≪째≫를 덧붙여 차례 수사를 조성하는 우리 말의 단어조성규범인 경우 맞춤법상으로 이 규범을 구현해야 일관성과 대중성을 보장할 수 있었다. 1966년 ≪조선말규범집≫이 나오기까지는 차례수사의 적기에서 형태주의원칙을 일관하게 보장하지 못하였으며 두개 수사의 적기에서 표음주의를 그대로 유지하였다. 그것은 ≪셋+째≫, ≪넷+째≫의 구조로 된 차례수사를 ≪세째≫, ≪네째≫로 적은 것이다. 주체55(1966)년의 규범에서는 수사 ≪둘, 셋, 넷, 다섯, 여섯, 일곱, 여덟, 아홉, 열≫에 ≪째≫가 붙어서 차례수사가 조성되는 원리에 맞게 바로 잡음으로써 규범의 일관성을 보장하였다. 또한 종래에 동사 ≪치다≫에 바탕을 두고 그의 ≪여≫형에 의하여 이루어진 합성동사를 ≪처+갈기다, 처+굴리다, 처+넘기다, …≫와 같이 적던 것을 ≪쳐+갈기다, 쳐+굴리다, 쳐+넘기다, …≫로 수정하였다.

언어규범화사업에서 내세운 원칙은 셋째로, 세계의 언어발전의 공통적인 방향을 고려한 것이다.

언어규범을 제정하는데서 주체성, 민족성을 철저히 구현하는 기초위에서 세계의 언어발전의 공통적인 방향과 언어규범화의 일반적인 방향을 고려하는 것은 민족어의 규범화를 시대의 요구에 맞게 진행하기 위한 중요한 요구이다.

세계의 다양한 언어들이 구체적인 세부에서는 민족적 특성이 천태만상으로 표현되지만 품사들의 문장론적 기능과 문장성분들의 기능과 같은 것은 사유의 논리적 형식을 일반화하여 표현하는 범주들로서 원리상 작용하는 규범은 동일할 수 있다. 그리하여 많은 언어들의 문법규범 서술에서는 공통성을 띠는 부분들이 있게 된다. 예를 들어 문장에서 주어는 진술 주체이며 술어는 그에 대한 진술적 표식으로서 어순상으로 서술문의 주어가 앞에 놓이고 술어가 뒤에 놓일 수밖에 없게 되며 명사는 그 자체가 대상성의 의미를 체현하고 있는 것으로 하여 술어로 되자면 반드시 진술성의 문법적 기능을 할 수 있는 보조적 용언의 도움을 받게 되는 것과 같은 것은 모든 언어에 공통적일 수밖에 없다. 따라서 민족어들에 대한 규범화에서는 다른 언어들에서의 규범화를 잘 참작하여 자기 민족어와의 공통성과 차이성을 보다 명백히 파악한 토대 위에서 언어발전의 전망을 고려하여 진행하여야 한다. 즉 규범화사업은 언어구조에 대한 깊은 파악과 대비언어학적 요해가 선행된 기초 위에서 언어발전과 언어규범화의 세계적인 움직임을 염두에 두면서 앞날을 내다보고 해 나가야 한다.

음운체계와 문자체계를 어떻게 규범화하는가 하는 문제를 처리하는데서도 세계 여러 나라들에서 하고 있는 실태를 참작할 필요가 있다.

우리 말의 경우 된소리자음은 순한소리자음을 겹쳐서 ≪ㄲ, ㄸ, ㅃ, ㅆ, ㅉ≫로 적는 것으로 하여 순한소리 ≪ㄱ, ㄷ, ㅂ, ㅅ, ㅈ≫만 독자적인 음운으로 인정하고 거듭 쓴 ≪ㄲ, ㄸ, ㅃ, ㅆ, ㅉ≫는 독자적인 음운이 될 수 없다고 보는 이해가 오래 전부터 있었다. ≪훈민정음해례≫로부터 시작하여 ≪한글맞춤법통일안≫에도 그렇게 되어 있다. 문제는 ≪ㄲ, ㄸ, ㅃ, ㅆ, ㅉ≫를 각각 독자적인 음운으로 인정하는가 인정하지 않는가 그리고 음운과 문자의 대응관계를 어떻게 설정하는가 하는데 있다. 하나의 음운을 하나의 문자로 대응시키는 것은 사람들의 이해에 가장 알맞는 것이다. 음운론적으로는 순한소리만이 아니라 거센소리와 된소리도 각각 독자적인 음운이다. 거센소리는 순한소리에 후두마찰음 ≪ㅎ≫가, 된소리는 순한소리에 성문터침소리 ≪ㆆ≫가 더해져 이루어지는 소리이다. 따라서 된소리를 독자적인 음운으로 볼 수 없는 음운학적인 논거는 하나도 없다.

국제음성기호에도 거센소리만 인정하고 있거나 된소리만 인정하고 있는 것이 아니라 순한소리, 거센소리, 된소리를 각각 인정하고 있다. 게르만어 계통에는 순한소리에 대응하여 거센소리가 있어 그것들을 ≪g / k, d / t, b / p≫ 등으로 문자대응을 시키고 로만어계통에서는 순한소리에 대응하여 된소리가 있어 ≪g / k, d / t, b / p≫ 등으로 문자대응을 시키고 있다. 우리 말에서는 순한소리에 대응하여 거센소리가 있고 된소리도 있어 ≪3류음체계≫를 이루고 있다. 이 3류음 중의 어느 음은 문자로 인정하고 어느 음은 문자로 인정하지 말아야 한다는 것은 사실상 억지주장이다. 따라서 북의 1954년의 ≪조선어철자법≫에서 된소리를 독자적인 음운으로, 문자로 규정한 것은 정당한 조치이었다.

언어사용분야의 규범에서는 세계의 공통적인 경향성을 많이 찾아 볼 수 있다. 어느 민족이든지 언어생활을 보다 편리하게 하려는 지향에서는 공통성을 가진다. 한자의 사용을 부담으로 여기고 그것을 폐지, 제한하거나 자형만이라도 간략화하여 쓰자는 것은 한자를 사용하고 있는 어느 민족에게서나 공통적인 지향이다. 이에 대하여 여러 나라가 공통적인 움직임을 보이고 있다.

북에서와 베트남에서는 이미 한자사용을 폐지하였으며 일본에서도 한자

폐지에는 이르지 못하였지만 상용한자 수를 제한하고 매스컴에서 그 사용을 통제하고 있다.

북에서 규범화사업을 세계의 언어발전 추세에 맞게 진행한 구체적인 예는 다른 민족의 고유명칭을 그 나라 발음대로 적고 발음하는 것을 규범화한 데서도 찾아 볼 수 있다.

지난 시기에 나라이름과 수도이름, 고장이름들이 영어식으로 붙여 진 것을 그 나라에서 부르는 대로 고쳐 부른 것은 나라와 민족들의 자주성을 존중하는 표시로 되며 언어규범화에서 세계의 요구를 존중한 것이다.

언어규범화를 세계의 언어발전의 공통적인 방향을 고려하면서 완성하기 위해서는 국제공용어를 잘 참작하여야 한다. 국제적으로 통용되는 용어는 그대로 받아들여 사용하는 것이 좋다. 국제적인 통용어까지도 고유어로 새로 다듬는 것은 헐한 일이 아니며 그렇게 다듬어서 만든 말은 국제적인 통용성을 지닐 수 없다. 특히 과학기술분야에서 국제공용어와 공통기호를 사용하는 것은 이미 이루어진 국제적인 규범으로서 이것을 일부러 부인할 필요는 없다. 예를 들어 화학분야에서 쓰는 ≪알데히드≫를 세계가 공통적으로 쓰는데 이것을 일부러 우리 말로 고칠 필요는 없는 것이다. 숫자는 아랍글자를 쓰고 수식, 공식 등에서 로마자와 그리스문자 등을 써 온 것을 외면하고 자기 식의 새로운 숫자와 문자로 적어야만 한다는 법은 없다. 물론 무턱대고 남의 것을 마구 가져다 쓰는 현상에 대하여서는 응당한 경계를 하여야 한다. 그러나 세계 공통적인 발전방향을 고려하지 않는다면 언어규범과 언어생활에서 일면성을 초래한다. 우리는 세계 속에 살고 있다. 이런 조건에서 우리 말과 국제공용어를 다 같이 배워주고 언어생활에서 쓰도록 하여야 한다.

언어규범화에서 세계의 언어발전의 공통적인 방향을 고려하는 것은 현시대가 자주성의 시대이고 민족마다 자기의 언어와 언어규범을 민족의 이익과 시대의 추세에 맞게 발전시켜나가는 것만큼 더욱 중요한 문제로 나선다.

지난 시기 영어나 스페인어, 프랑스어나 독일어 등을 ≪가장 발전한 언어≫로 표방하면서 그 규범을 내세우고 강요하던 시대는 지나갔다. 하지만 오늘 미국이 ≪세계화≫, ≪국제화≫, ≪일체화≫를 강화하면서 언어분야에서도 ≪영어의 압력≫을 높이고 있는 현실은 언어규범화 사업을 똑바로 해나갈 것을 요구하고 있다.

세계 언어발전의 공통적인 방향을 고려하면서 언어규범화사업에서 주체성과 민족성을 철저히 구현하도록 한 것은 북에서 일관하게 주관해 온 원칙이었다.

북에서의 언어규범화사업은 위의 세 가지 원칙에 따라 성과적으로 진행되었다.

모든 사회현상이 그러하듯이 언어와 언어규범은 그 급속한 발전을 담보하는 결정적 요인이 있어야 한다.

우리의 민족어가 오랜 역사적 기간에 걸쳐 언어발전의정상적인 길을 걷지 못한 혹심한 결과를 그토록 빨리 가시고 높은 수준에서 규범화 된 평양문화어로 꽃펴 나게 된 것은 전적으로 주체적인 언어규범화 사상이론이 있었기 때문이다.

북에서의 언어규범화 사업의 전 역사는 오직 위대한 사상리론에 의해서만 언어가 자기의 고유성을 보존하고 꽃 피우면서 규범성을 강화해 나갈 수 있었다는 것을 보여 주고 있다. 북에서의 언어규범화사업은 이 문제를 민족문제, 나라의 과학문화 발전과 철저히 결부시켜 진행하였으며 세계가 지향하는 언이발전의 공통적인 방향도 고려하면서 온갖 좌우경적 편향을 미리 막고 가장 곧바른 길을 따라 성과적으로 추진되어 왔다. 북에서 한편 일부 사람들이 언어생활의 규범화에서 가장 중요한 문제의 하나인 글자문제를 조급하게 제기하면서 글자개혁을 들고 나온 공명주의적 편향을 제때에 제지시키고 글자문제를 가장 정확히 풀 수 있은것은 고귀한 역사적 경험이다.

언어구조의 규범성을 보장하는데서 중심고리는 어휘분야이다. 어휘분야는 가장 쉽게 변하며 민족어의 고유성이 가장 쉽게 침해당하는 분야이다. 북에서는 어휘정리사업을 언어규범화의 기본 문제로 보고 일관하게 밀고 나감으로써 어휘구성에서 주체성과 민족성이 구현된 어휘들이 많은 자리를 차지하게 하였다.

북에서 해방직후부터 진행된 언어정화운동과 사회주의건설시기에 본격적으로 다그쳐 진 말다듬기사업은 대중적인 언어규범화사업의 중심고리이었다. 뜻이 서로 같은 고유어와 한자어가 있을 때 될수록 고유어를 쓰고 한자어를 쓰는 경우에는 우리 말로 굳어진 것만 쓰며 우리의 고유한 어근을 가지고 우리 말을 더 풍부히 하고 발전시키었다. 예를 들어≪ 방, 학교, 과학기술, 삼각형, …≫ 등과 같은 단어들은 이미 우리 말로 되었으므로 ≪학교≫를 ≪배움집≫으로, ≪삼각형≫을 ≪세모꼴≫로 고칠 필요는 없는 것이다.

북에서는 언어규범화 사업을 당과 국가의 지도와 강력한 장악 통제 밑에서 진행하였다.

언어규범화 사업은 민족어 사용집단 전체를 대상으로 하여 제정된 언어규범을 통일적으로 지키고 그대로 사용하도록 하기 위한 사업이므로 국가의 지도와 장악 통제가 미치지 않고서는 성과를 거둘 수 없다.

역사적으로 많은 나라들에서 언어규범화는 국가가 진행하는 사업으로 되어 있었다. 다민족국가에서는 언어문제와 언어사용의 규범화 문제가 민족문제와 직접 연관되어 있는 것으로 하여 응당히 국가적 사업으로 진행되었다. 다민족국가가 아니라고 해도 언어규범과 언어사용규범을 전 사회에 공포하고 그것이 통일적으로 시행되도록 하는데서 행정적인 힘을 동원하지 않을 수 없다.

북에서 언어규범화를 위한 국가적 조치는 새 조국건설의 첫 시기부터 시작되었다. 먼저 글말생활 분야에서 한자사용을 폐지함으로써 사람들을 낡은 글말생활에서 해방하고 참으로 자주적이며 창조적인 글말생활 환경을 안겨 주었다. 한자사용의 폐지는 한자어가 만들어질 수 있는 원천 자체를 크게 봉쇄하여 버렸고 단어만들기에서는 고유어를 바탕으로 하여 새 말을 만들어 나갈 수 있는 넓은 길을 열어 놓았다. 한자는 뜻글자이기 때문에 한자로 적어 놓은 말은 그 글자의 뜻을 보면 단어의 뜻이 짐작된다. 그러나 한자로 적지 않고 우리 글자로 적어 놓으면 새 한자어는 그 뜻을 알기 어렵다. 그러므로 한자사용을 금지시키면 새 말을 한자어 식으로 마음대로 만들어 내는 것을 막아 주게 된다. 실로 수천년 동안 써 내려 오던 한자를 노동당시대에 와서 대담하게 폐지한 것은 글말생활에서의 일대 역사적 전환점으로 되었다.

북에서 언어규범화사업을 전문적으로 담당 수행하는 기관인 《학술용어사정위원회》도 한자사용을 폐지한 해인 1949년에 창설되었다.

《학술용어사정위원회》는 학술용어분야에서 불필요한 외래어들과 까다로운 한자어들을 하나하나 검토하여 고유한 우리 말로 새로 다듬을 것은 다듬고 알기 쉬운 말로 바꿀 것은 바꾸면서 어휘정리사업의 첫 걸음을 떼었다. 국가적 조치에 의하여 학술용어를 사정하기 위한 전문기관이 설치되게 된 것은 과학기술 분야의 전문가들로 하여금 지난날의 낡은 학술용어들에 대하여 주체적 안목에서 다시 비판적으로 생각해 보게 하고 언어문제에 대한 관점에서 새로운 전환을 가지어 오게 하였다. 학술용어사정위원회는 낡은 한자말 식 학술용어들을 더 알기 쉬운 말로 고치거나 더 좋기는 고유어휘로 새로 다듬는 일을 해당 과학자, 교육자들을 동원하여 진행하고 그 내용을 인쇄물로 정리하여 교육부문, 과학부문의 기관들과 전문가들에게 통보하는 사업을 계통적으로 진행하였다. 특히 일본말 식 학술용어와 직업어들을 우리 말로 바로 잡는 일을 분야별로 진행하였다. 한 가지 예를 들어 지난날 광업분야에서 사용하던 《뎀바, 기리바리, 노리까이, 데구리,

후까시, 앙꼬, 도깡, …≫ 등과 같은 직업어들이 ≪천정구멍, 번침동발, 차갈이, 수굴, 구멍가시기, 충전물, 하수관, …≫ 등으로 바뀌어 쓰이게 되었으니 이 얼마나 민족의 정서가 진하게 풍기고 가슴이 후련한 언어표현인가.

북에서 언어규범화사업이 국가적 지도 밑에 전면적으로 더욱 심도 있게 진행된 것은 역사상 처음으로 민족어를 주체적으로 발전시키는 사업을 통일적으로 장악 지도하는 국가기관으로서 내각직속 국어사정위원회와 그 상무기관이 나온 이후부터이다.

국어사정위원회는 그 산하에 언어규범화사업을 통일적으로 조직집행하는 일반어 분과와 20여 개의 부문별 학술용어 분과들을 두고 여기에 중앙과 지방의 연구기관, 고등교육기관에서 일하는 우수한 과학역량들을 위원으로 망라하여 조선말규범과 각종 출판보도물의 언어와 사회의 전반적 언어실태를 요해 장악하고 필요한 조치를 취하도록 하였으며 각 분야의 학술용어 다듬기사업을 힘있게 밀고 나가도록 지도하였다.

언어규범화 문제는 모든 국가의 관심사로 되지 않을 수 없으나 북에서와 같이 내각 부총리급을 책임자로 하는 전문국가기구가 나라의 우수한 과학자, 전문가를 통일적으로 지휘하여 20~30년을 주기로 언어규범을 세련시키고 전국적인 언어생활에서 규범성을 높이어 나간 것은 세계에서 찾아 보기 어렵다.

북에서의 언어규범화 사업은 규범을 작성하고 공포하는데 그치는 단순한 행정업무로서가 아니라 모든 부문, 모든 단위에서 통일적으로 시행되도록 국가적인 지도와 후원, 통제가 미치는 대중적인 사회적 교육사업의 한 고리로 진행되었다.

1963년에 출판한 ≪조선어학≫ 제2호의 ≪학계소식≫ 통보자료만을 보아도 잘 알 수 있다. 여기서는 ≪문화혁명을 추진시킴에 있어서 중요한 역할을 담당하고 있는 언어학자들은 아름다운 우리 말로 이야기하며 글을 쓰도록 근로자들을 적극 도와주고 있다. 특히 과학원 언어문학연구소 연구집 단은 평양시내 근로자들과 학생, 문필가들 속에서 문풍을 확립하며 언어의 문화성을 제고하며 언어정화사업을 촉진시키기 위하여 다양한 사업을 조직진행하고 있다. 그들은 공장, 기업소, 농촌, 각급 기관들에 나가 강연, 해설담화를 하고 있다.…뿐만 아니라 전국 각도, 시, 군에까지 나가 언어생활에서 제기되는 문제들을 풀어주고 있다≫라고 쓰고 있다.

이처럼 언어규범화 사업을 당과 국가가 직접 주관하고 힘있게 밀고 나간 결과 언어규범이 평양문화어의 주체성과 민족성을 고수하고 빛내어 나가는데 적극 이바지할 수 있었다.

북에서 언어규범화 사업이 성과적으로 진행된 것은 전체 대중이 높은 열의와 민족적 자각을 가지고 주인답게 참가하였기 때문이었다.

지난 시기의 언어규범화사업은 주로 언어학자들이 발음규범이나 글말규범을 만들어 놓으면 다른 분야의 사람들은 그대로 지키려는 사람은 지키고 거기에 아무런 관심도 돌리지 않는 사람은 지키지 않는 식으로 되어 있었다. 그러나 우리 민족은 일제의 식민지통치시기 자기의 말과 글을 가지고 있으면서도 마음대로 쓰지 못하였던 피눈물의 과거역사를 체험하였던 것만큼 언어규범화 사업이 일제의 식민지적 잔재를 청산하는 사업의 일환으로 벌어지자 이 사업에 적극적으로 떨쳐나섰다. 일제에 의하여 강요된 일본말 찌꺼기들을 입에 올리지 않으며 고유한 우리 말을 찾아내고 살려 쓰는 것이 사회적 기풍으로 되었으며 우리 글을 규범에 맞게 정확히 쓰는 것이 사람들의 한결 같은 심정이었다. 말다듬기 사업이 신문지상 토론의 방법으로 벌어졌을 때 여기에는 사실상 전문가들보다도 광범한 노동자, 농민, 사무원, 가정주부, 연로한 사람들이 더 많이, 더 적극적으로 참가하였다. 이 과정에 ≪괘도≫가 ≪걸그림≫으로, ≪계발식교수≫가 ≪깨우쳐주는 교수≫로 다듬어진 것과 같은 것은 대중의 지혜의 산물이었다.

띄어쓰기규범이 종전과는 달리 붙여 쓰는 방향으로 고쳐지는데 대하여 교육부문과 출판보도 부문의 교육자, 기자, 편집원들은 물론 일반대중이 절대적인 지지와 공감을 표시하였으며 어휘규범을 세우는 사업에서도 대중의 열의가 높이 발양되었다. 평양토배기말을 배우며 자라난 사람들도 우리 말의 표준으로 되어야 할 어휘들을 규범화하는 사업에서 토배기 평양지방의 말을 고집하지 않았다. 예를 들어 평안도지방의 이전 토배기말로서 ≪몬주≫가 있었지만 그것보다도 전국에 일반화되어 있는 ≪먼지≫를 쓰자고 하였으며 평안도 지방의 말인 ≪오마니≫가 문화어로 채택되지 못한데 대하여 의견을 가지는 사람은 없었다. 문화어의 규범적 어휘에는 평안도, 함경도, 황해도뿐 아니라 남쪽의 여러 지방에서 오래 전부터 즐겨 써오고 대중의 마음에 드는 좋은 어휘들이 적지 않게 들어 왔다. 이것도 대중의 한결 같은 평가에 의한 것이었다. 시집을 간 딸을 가리켜서 ≪집난이(세간을 난 사람)≫라고 하니 이 얼마나 듣기에도 감미롭고 구수하며 이해에도 좋은가. ≪따발총≫이 함경도 지방말인 ≪따바리≫를 바탕으로 만들어졌다는 것은 잘 아는 사실이다.

이처럼 일반대중의 적극적인 지지와 성원속에 북에서의 언어규범화 사업은 성과적으로 진행되었으며 북의 일심단결의 참 모습은 언어규범화 사업에서도 그대로 발휘되었다.

북에서 언어규범화 사업이 성과적으로 진행됨으로써 이 규범을 무기로 하여 언어생활에서 주체성과 민족성을 활짝 꽃 피울 수 있었다.

오늘 평양문화어의 언어규범은 위대한 장군님의 선군혁명령도를 높이 받들고 주체의 사회주의강성대국 건설에 떨쳐나선 전체 대중의 언어생활에 적극 구현되어 그 생활력을 높이 발양하고 있다.

주체성과 민족성이 활짝 꽃 핀 평양문화어의 언어규범은 민족의 자랑이고 긍지로 되며 그 어떤 모진 풍파 속에서도 우리 민족어가 자기 발전의 가장 곧바른 길을 꿋꿋이 걸어 나갈 수 있게 하는 귀중한 교과서의 역할을 하고 있는 것이다.

1. 북과 남의 서로 다른 입말, 글말

우리 말은 입말과 글말이 있습니다. 그런데 북과 남이 갈라져 서로 오도 가도 못하는 세월이 반 백 년이 넘게 흐르다 보니 말을 듣기는 들어도 그 말의 정확한 뜻을 헤아리지 못하고 알아듣기 힘든 처지에 놓이게 되었습니다.

이런 것들을 그 동안 필자가 북과 남을 오가며 일상생활 가운데서 체험 하고 느꼈던 북과 남의 서로 다른 입말과 글말을 부분적으로 정리해 보았 습니다.

(1) 만일 북에 사는 사람이 평양을 방문한 남에 사는 동포를 만나서 다 음과 같은 말을 한다고 합시다.

> <점심은 옥류관에 가서 **국수**를 하도록 합세다. 그런데 시간이 많
> 지 않으니 지철로 갑시다. 선생은 아이가 몇입니까?>
> <댁은 어떻습니까?>
> <처녀가 하나 있는데 요즘 몸이 난다고 **몸까기**를 해서 2킬로 깠
> 답니다. >
>
> 식당에 도착하여 음식을 먹으며 옆 (식)탁에서 다른 손님들이 나누
> 는 이야기를 들었습니다.
> <거 입지 좀 주시라요.> 하니
> 접대원이 손님의 부탁을 듣고 대답하기를 <안됐습니다. 선생님>
> 했습니다.

즉 남에서 북에 온 동포에게 누군가가 설명을 해주지 않으면 북에 살고
있는 동포에게서 들은 이야기를 정확하게 인식할 수 없게 될 것입니다.
〈아니 나는 냉면을 먹고 싶은데 옥류관까지 와가지고 웬 국수를 먹자고
그래, 그리고 지철은 또 뭔가? 처녀가 2킬로를 깠다는 말은 또 뭐며 입지
는 또 뭐야?〉 할 것입니다.

북에서는 국수와 냉면을 같은 뜻으로 종종 사용합니다. 그리고 남에서
말하는 지하철을 북에서는 지철이라고 하며 선생이라는 말은 손님을 존중
해서 부르는 호칭이며 딸을 종종 처녀라고 말합니다. 나이가 제법 든 딸이
아닐지라도 그렇게 부릅니다. 몸무게를 줄였다는 뜻으로 〈깠다〉는 말을 합
니다. 입지는 입을 닦는 휴지를 의미하며 안됐다는 말은 부탁한 입지가 없
다는 뜻입니다.

(2) 제가 살고 있는 오스트레일리아 멜버른에서 평양에 오려면 여러 번 비행기를 갈아타고 옵니다. 여행을 하다 보면 아무래도 노독이 있어 피곤해 보이겠지요. 어느 날 평양에 도착해서 제가 연구하는 대학에 들어서는데 오랜만에 만난 선생이 하는 말이 귀에 설었습니다.

<그 동안 앓지 않았습니까? 아! 선생님 못쓰게 됐습니다.> 하고 인사를 했습니다. 처음 들어보는 인사말이라서 순간 당황하지 않을 수 없었습니다. 후에 알게 된 사실이지만 북에서는 오랜만에 만난 사람에게 하는 인사말이 남에서처럼 <오랜만입니다. 그 동안 안녕하셨습니까?>라는 말보다는 앞에서 소개한 <앓지 않았습니까?>라는 말을 더 많이 합니다. 그리고 몸이 건강해보이지 않을 때 하는 말이 <못쓰게 됐다>는 말을 합니다.

한번은 식당에서 봉사하는 낯익은 접대원이 보이지를 않아서 안부를 물었습니다. 그랬더니 하는 말이 제가 찾는 그 접대원은 시집을 갔는데 얼마전에 만나봤다고 하면서 하는 말이 <은옥언니 시집을 가더니 영 못쓰게 됐습니다> 해서 저는 무슨 큰 사고가 난 줄 알았습니다. 그래서 되묻기를 <무슨 사고가 있었나요?>하고 물었던 기억이 있습니다. 그 말의 의미인 즉 얼굴이 처녀 때 하고는 달리 많이 수척하고 힘들어 보이더라는 말을 저에게 그렇게 옮긴 것이었습니다.

(3) 하루는 이발을 할 때가 되어서 이발관에 갔습니다. 여자 이발사 나이가 한 삼십은 돼 보여서 물었습니다.

<동무는 결혼을 했습니까? >

<예, 했습니다.>

<그럼 아이가 있습니까?> 했더니

<하나 있습니다> 이야기는 계속되었습니다.

<몇 살입니까?>

<두 살입니다.>

<뭡니까?>

<총각입니다>

<그런데 선생님은 자식이 몇입니까?>

<난 셋입니다>

<세대주는 뭘 하시나요?> 하고 다시 물었습니다.

<군관(장교)입니다>

<그럼 계급이 뭡니까?>

<아니 계급이 뭐라니요?>

이 이야기 가운데서도 드러난 것처럼 서로 이해하지 못하는 부분이 나옵니다. 즉 북에서는 이제 겨우 두 살밖에 안된 사내아이를 두고도 총각이라고 말합니다. 아들이라는 것이지요. 그리고 저에게 선생님이라고 존칭을 사용하는 걸 봐서는 분명 무시하는 건 아닌데 자녀가 몇이냐는 말을 쓰지 않고 자식이라는 말을 사용했습니다. 또한 남에서 흔히 쓰는 남편이라는 말보다는 세대주라는 말을 많이 씁니다. 맨 처음 잘 몰라서 군관의 계급을 물었는데 북에서는 계급이라고 하는 말을 그럴 때는 쓰지 않고 그 대신 〔군사칭호〕라는 말을 합니다. 그러니 〈군사칭호가 뭡니까?〉하고 물으면 〈중좌입니다.〉하는 식으로 대답을 하는 것입니다.

(4) 초여름 이른 아침에 대동강가에 나갔더니 어린아이도 아닌 나이가 제법 된 어떤 **늙은이**가 매미를 잡고 있기에 다가가서 물었습니다. 무엇에 쓰려고 그러느냐는 질문에 기관지에 좋다고 해서 약으로 쓰려고 한다고 대답했습니다. 그래서 다시 그걸 어떻게 해서 먹느냐고 물으니 〈닦아서 먹는다〉고 했습니다. 그래서 닦아서 그걸 어떻게 생으로 먹나 비린내가 많이 날텐데… 그래서 그 얘길 숙소에 돌아와서 옆에 있는 사람에게 하니 〈닦다〉라는 말의 의미를 알려 주었습니다. 즉 닦는다는 말은 약간 물기가 있는 것을 타지 않을 정도로 익혀서 먹는 것을 말합니다. 그리고 북에서는 나이 든 사람을 말할 때 그냥 자연스럽게 늙은이 라는 말을 씁니다. 즉 〔노인〕 혹은 〔노인양반〕 이런 말을 쓰지 않는다는 것입니다.

(5) 초겨울 어느 날 아침 운동을 하기 위하여 밖으로 나오는데 같이 온 사람이 말하였습니다.

> 〈오늘은 지자기의 날이라서 그런지 몸이 영 **말쩹니다**. 기온도 미누스로 내려가고 선생 혼자서 다녀오십시오. 그러나 **자유주의** 해서는 안됩니다.〉

여기서 이야기하고 있는 지자기의 날을 입말로 들을 때는 〈쥐를 잡는 날〉이라는 말이 아닌가 할 만큼 오해할 수 있는 말입니다. 글말로 써 놓으니 쉽게 구분이 갑니다만 처음엔 무슨 말인지 알아 듣기 쉽지 않았습니다. 어쨌든 그 말의 뜻은 〔지구자기〕의 줄인 말로 '지구의 자석성질과 그것이 만드는 자기마당'을 이르는 말이라고 조선말 대사전에 풀어 설명을 하고 있는데 이 날은 순환기계통의 질병을 가지고 있는 환자들이 자기의 영향을 많이 받기 때문에 주의를 할 필요가 있다고 합니다. 그래서 심장병이나 혈압환자들은 조심을 해야 한다는 것입니다. 이 〈지자기의 날〉이라는 말은 북에서는 참 많이 쓰는 말인데 남에서는 거의 쓰지 않는 말입니다. 〔말째다〕라는 말은 어딘가 모르게 몸이 거북하고 편안하지 않을 때 쓰는 말입니다.

그리고 〔미누스〕라는 말은 영어의 마이너스를 러시아식으로 발음한 것으로 기온이 영하라는 뜻으로 썼던 것입니다. 이런 러시아식의 단어들이 매우 드물게 북의 입말 가운데 남아있는 것을 관찰할 수 있습니다. 몇 가지만 실례를 들어 보겠습니다.

까비네트(캐비닛), 깜빠니야(캠페인), 꼬삐(카피), 땅크(탱크), 뜨락또르(트랙터), 까벨(케이블), 빠찌(배지) 등.

그리고 〔자유주의 하지 말라〕는 말도 북에서는 흔히 입말 가운데 나타나는 것인데 그 말의 뜻은 무슨 정치적인 개념을 가지고 쓰는 말이 아니고 남에서 쓰는 말로 풀어 설명하자면 〔개인 행동을 하지 말라〕는 뜻입니다. 〔자유주의 하지 말라〕는 말과 비슷한 말로 〔자본주의 하지 말라〕는 입말도 있는데 이 말의 뜻은 집단적으로 어떤 일을 하면서 개인의 이익만을 위하여 어떤 일을 하지 말라는 말입니다.

(6) 북에 와서 운동경기를 텔레비젼으로 시청하다가 몇 번이나 헷갈렸던(북에서는 삿갈리다) 적이 있었습니다. 축구경기를 하고 있는데 방송 진행자가 〈시간 되었습니다〉하고 말했습니다. 그래서 이제부터 경기가 시작되는가 보다 하고 기다렸더니 경기를 시작하는 게 아니고 경기를 마치고 있

었습니다. 그 말은 경기가 다 끝났다는 소위 〔타임 아웃〕의 의미로 사용하고 있었습니다.

(7) 여기서는 북에서 쓰는 글말에 대해서 하나 소개하도록 하겠습니다. 북의 글말엔 줄여서 쓰는 말이 많다는 느낌을 받았습니다. 이것 또한 남과 다른 부분 가운데 하나입니다.

책을 읽는데 [지어]라는 말이 나왔습니다. 문장의 앞 뒤를 살려보니 그 단어가 뜻하는 것이 남에서 쓰는 [심지어]라는 것을 알 수 있었지만 처음에는 낯선 단어였습니다. **[늄밥곽]** 역시 줄여서 쓰는 말인데 그건 [알루미늄 도시락]을 뜻하는 것이었습니다. **[례하면]**은 [예를 들어 말하자면]이라는 뜻입니다. **[마가을]**은 [마감 무렵의 가을철]을 두고 하는 말입니다. **[괄량이]** 역시 [말괄량이]를, **[대방]**은 [상대방]을, **[성원]**은 [구성원]을 줄여서 그렇게 씁니다.

(8) 한번은 어떤 행사에 참여하게 되어 여러 사람이 한 식탁에서 같이 식사를 하게 되었습니다. 그런데 봉사하는 접대원이 밥을 커다란 양푼그릇에 담아 가지고 오면서 〈덧밥입니다.〉 하고 말했습니다. 참 좋은 우리 말이라는 생각이 들었습니다. 남에서는 〔덧밥〕이라는 말을 쓰지 않습니다. 남에서 나온 전자 국어사전에서 〔덧밥〕를 치니까 덧밥은 나오지 않고 근접 단어라고 하면서 〔덧바지〕가 뜨는 걸 봤습니다. 이런 경우에 남에서는 〔덧〕보다는 〔덤〕이라는 말을 더 자주 사용하는데 출처가 어디에서 온 말인지 잘 모르겠습니다. 그러나 남에서도 〔덧니〕, 〔덧버선〕 〔덧문〕 같은 말은 쓴다고 알고 있습니다.

(9) [위생사업]이라는 말도 첨 들을 때 낯선 말 가운데 하나였습니다. 함께 집필하는 교수님이 말끔히 이발을 하고 오셨기에

> <이발을 하셨군요> 했더니
> <예 위생사업 좀 했습니다>하고 말을 받았습니다. 이 말은 매우 폭넓게 쓰이고 있다는 생각이 들었습니다. 즉 건강과 관련된 부문에서 [위생]이라는 말이 들어간 단어가 많았습니다. [위생실], [위생지] 심지어 여자들이 매달 하게 되는 생리도 북에서는 [위생한다]라고 말합니다.

(10) 비행장에서 있었던 일을 소개할까 합니다. 우선 몇 년 전에 평양에 들어오기 위해서 처음으로 입국신고서를 받아 들었을 때의 그 기분은 아직도 기억에 생생합니다. 흔히 남에서 쓰는 생년월일 대신 [**난날**]이라고 적혀 있었습니다. 참신하고 마음에 탁 안겨오는 단어라서 정말 좋았습니다. [손짐]이라는 단어와 [부친짐] 그리고 [손전화]라는 단어도 우리 식 표현이라서 좋았습니다. 서류에 기록을 다 마치고 하는 [서명] 혹은 [사인]을 북에서는 [**수표**]라고 한다는 것도 그 때 배웠습니다. 비행기에 오르자 안내원이 <자리표 좀 봐 주십시오> 하고 안내를 했는데 그것 또한 듣던 중 반가운 우리 말이었습니다. 자리에 앉자 비행기 앞쪽에 적혀 있는 [**박 띠를 매시오**]하는 말이 사실 저를 부끄럽게 만들었습니다. 그래서 그때 스스로 다짐을 했습니다. <조선어 공부 좀 해야겠구나…>하고. 평양 순안비행장에 가까이 왔을 때 안내원은 이렇게 말하는 것이었습니다. <우리 비행기는 10분 후에 평양 순안비행장에 **내리게 됩니다**….> 남에서 쓰는 [착륙한다]는 말을 하지 않았습니다. 순수한 우리 말로 비행기가 내리게 된다는 말 역시 가슴에 안겨 오는 우리 말이었습니다.

(11) 식당에서 있었던 일을 하나 더 소개하겠습니다. 밥을 먹기 위해 식당에 갔는데 접대원이

> <선생님은 뭘 좋아 하십니까?>하고 물었습니다.
> <난 수산물을 좋아 하는데…> 했더니
> <그럼 동태탕이나 **동태식혜**를 해 보십시오. **보가지탕**도 있고 생 **낙지** 무침도 잘합니다. 아니면 **단고기**를 하시겠습니까?>
> 주문을 하고 있는 중에 옆에 있던 선생이
> <**종합남새** 하나 시킵시다. 그리고 **샘물** 하나 줘요>하고 말했습니다. 그러자 주문을 받은 접대원이 공손히 인사를 하며
> <예 알았습니다. **인차** **올리겠습니다.**>하고 주방 쪽으로 갔습니다.

남쪽 사람들은 보통 〔식혜〕하면 〔감주〕라고도 말하기도 하고 〔단술〕이라고도 하는 단물을 상상합니다. 그런데 〔동태식혜, 가자미식혜〕라고 하니 단물과 수산물이 어떻게 조화를 이루었는지 상상이 안 가는 것입니다. 나중에 식탁에 올라 온 것을 보니 생선무침 종류인데 약간 시간을 두고 숙성시킨 요리이었습니다. 그런데 생낙지는 우리의 상상을 초월했습니다. 사전 예비지식이 전혀 없던 우리들은 음식을 날라온 접대원과 가벼운 시비가 생겼습니다. 〈왜 낙지를 주문했는데 엉뚱한 오징어를 가지고 왔느냐? 이건 오징어지 낙지가 아니다.〉 라는 것이었습니다. 그래서 그때 남에서 말하는 오징어는 북에서는 낙지라고 하고 북에서는 낙지를 오징어라고 한다는 것을 처음 배우게 되었습니다. 〔보가지〕도 남에서 온 사람에게는 매우 낯선 말이지요. 그건 남에서 〔복어〕라고 하는 것이고 〔남새〕는 〔채소〕라는 말입니다. 남에서 〔생수〕라고 하는 〔샘물〕도 좀 더 우리 식 표현이라고 생각이

되었습니다. 〔단고기〕가 남에서 말하는 〔보신탕〕이나 〔개고기〕를 의미한다
는 것도 배웠고 〔인차〕라는 말은 〔곧 즉 시간 끌지 않고 바로〕라는 의미로
쓰고 있다는 것을 배우며 즐겁게 식사를 했습니다.

(12) 〔**시끄럽다**〕는 말과 〔**바빠하다**〕는 말에 대한 남과 북의 차이점에
대하여 설명해 보겠습니다. 북에서는 입말에서 종종 〔시끄럽다〕라는 말을
쓰곤 하는데 그 말의 뜻이 남에서 흔히 쓰는 〔조용하지 않다〕라는 의미로
쓰이기도 하지만 또 다른 뜻으로 더 많이 쓰이는 것 같습니다. 즉 '**어떤
일이 문제가 생겨서 꼬이고 번거롭게 되어 귀찮다**'라는 의미로 씁니다.
그래서 〈만일 그걸 그렇게 한다면 시끄럽지 뭐〉 하는 식으로 씁니다.
  〔그렇게 하면 바쁘지 뭐〕하는 말도 주의하지 않으면 잘못 오해할 수 있
는 말 가운데 하나입니다. 〔바빠하다〕는 말에는 일이 많아서 시간적으로
서두른다는 뜻도 전혀 없지는 않지만 〔그렇게 하면 바쁘지 뭐〕할 때는 그
보다는 '**힘들고 괴로워서 어렵다**'는 뜻으로 더 쓰이는 말입니다.

(13) 남에 사는 동포들에게는 〔동무와 동지〕에 대한 설명이 필요하다
고 생각됩니다. 왜냐하면 북에 오면 매우 자연스럽게 듣는 말이 〔동무와
동지〕라는 말인데 어떻게 구분을 지어서 써야 하는지 궁금히 여길 것이기
때문입니다.

> 비행기 안에서는 [안내원 동무], 식당에서는 [접대원 동무], 여관에
> 오면 자연스럽게 [관리원 동무] 라는 말을 많이 듣습니다. 그런데 때
> 로는 [과장 동지], [처장 동지]라는 말을 하는 것도 듣게 됩니다.
> 이 [동무와 동지]가 어떻게 다른 지 살펴보겠습니다.

> 본래 [동무]나 [동지]라는 말은 약간의 정치적인 배경을 전제하고 쓰는 말입니다. 다시 말하면 혁명사업을 이룩하기 위하여 같이 일하는 사람으로서 같은 또래이거나 아랫사람을 부를 때는 [동무]이지만 자기보다 지위가 높거나 나이가 많은 사람에게는 [동지]라는 말을 씁니다. 그러나 입말에서 종종 [동지]라는 말은 같은 뜻을 가지고 같은 목적을 향하여 가는 사람들끼리 서로를 고무하기 위하여 사용하는 말이기도 합니다.

그렇기 때문에 엄격한 의미에서 해외에서 온 동포들이 북에 있는 동포들에게 〔동무나 동지〕라는 말을 쓰는 것은 본래의 의미에서 벗어나는 일입니다. 그러나 최근 들어서 이 말은 어떤 정치적인 뜻을 담지 않고 폭 넓게 쓰이고 있다는 생각이 듭니다.

(14) 호텔에서 있었던 일입니다. 짐을 풀고 몸을 씻기 위하여 세면실에 갔을 때 작은 플라스틱 병에 〔머리물비누〕, 〔머리물영양비누〕라는 것이 있었습니다. 흔히 말하는 〔샴푸〕와 〔린스〕를 그렇게 우리 식으로 풀어서 표기한 것이었는데 실생활 속에 우리 말이 뿌리를 내리고 있다는 인상을 갖게 되었습니다. 그리고 흔히 말하는 〔스킨 로션〕를 〔살결물〕이라고 한 것도 순 우리 식 표현이었습니다. 흔히 남에서 〔이태리타올〕 혹은 〔샤워타올〕이라고 하는 것을 〔거품수건〕이라고 하는데 이것도 참신한 표현이라고 생각되었습니다. 남에서는 냉동기하면 큰 공장에서 돌리는 대형 냉장고를 두고 말하는데 북에서는 일반적으로 〔랭동기〕라고 하고 에어컨은 〔랭풍기〕라고 합니다. 창가에 드리워져 있는 커튼도 우리 식으로 〔창문 가리개〕입니다.

그런데 호텔 방 안에 놓아 둔 안내문에 적힌 말은 설명이 없이는 이해하기 힘든 문구가 하나 있었습니다. 〔우리 호텔은 통신관계시설도 그쯘히 갖추어져 통신과 관련한 손님들의 봉사적요구를 원만히 충족시켜드리고 있습니다.〕 조선말대사전에서 〔그쯘하다〕를 찾아보니 '빠짐없이 충분히 다 갖추어져 있다' 라고 풀어 설명을 하고 있습니다.

(15) 북에서 전화가 왔을 때 먼저 〔**전화 받습니다**〕하고 서로 이야기를 마칠 때는 〔**전화 놓습니다**〕하는 표현도 남에서 일상적으로 쓰는 것과 달라서 흥미 있었습니다. 남에서는 보통 사무실에서 공적인 일로 전화를 받을 때도 그냥 〔누구입니다〕하고 이야기를 마칠 때의 표현도 보통 〔전화 끊겠습니다〕, 〔들어 가십시오〕하는 식으로 마무리를 합니다만 북에서는 모든 사람이 다 그런 식으로 하지는 않지만 〔전화 받습니다〕, 〔전화 놓습니다〕라고 합니다. 또한 교환을 통해서 전화할 때 부탁하는 말이 서로 달랐습니다. 남쪽에서는 〔어디어디를 부탁합니다〕 하겠지만 북에서는 〔**책방 좀 주십시오, 접수 좀 주십시오**〕 하는데 〔주십시오〕라고 하는 것도 저에게는 새롭게 들렸습니다.

(16) 평양에 와서 책을 몇 권 샀습니다. 그런데 제가 사려고 하는 책이 그 책방에 없어서 〈다른 서점은 어디에 있습니까?〉 하고 물었더니 제가 하는 말을 알아 듣지 못했습니다. 즉 북에서는 서점이라는 말을 쓰지 않고 〔**책방**〕이라고 해야 압니다. 그리고 책을 세는 단위가 물론 〔권〕이지만 두 권 혹은 세 권이라고 말할 때는 〔**두 퀀, 세 퀀**〕이라고 발음을 하며 〔돐〕이라는 말도 연이어 읽을 때 〔돌쓸〕이라고 발음합니다. 즉 〔공화국창건 60돐을 맞이하여〕할 때 〔공화국 창건 **예순돌쓸**을 마지하여〕라고 발음합니다. 남에서 그냥 〔돌〕이라고 발음하는 것과 차이가 있습니다.

(17) 평양에 와서 매우 낯선 말 가운데 하나가 〔닭공장〕, 〔돼지공장〕,

〔오리공장〕이라는 말이었습니다. 아니 어떻게 짐승을 공장에서 키우나? 말이 좀 맞지 않는구나 하고 내심 그 말뜻을 알아보고 싶었습니다. 날마다 읽는 로동신문에서도 〔닭공장〕, 〔오리공장〕이라는 말이 계속 나오는 걸 보고 짐작하기를 닭이나 오리를 죽여서 가공하는 공장을 두고 그렇게 말하나 보다 생각했습니다. 그러나 나중에 사전을 찾아보니 거기에는 이렇게 풀어서 설명이 되어 있었습니다. "기계화된 현대식 설치를 갖추고 공업적인 방법으로 짐승을 기르는 건물이나 기업체"를 공장이라고 말한다고 하였습니다. 그러나 남에서는 전혀 이런 의미로 사용하지 않습니다. 중국말의 흔적이라고 생각하는데 닭을 기르거나 돼지를 기르는 곳을 〔양계장〕, 〔양돈장〕이라고 합니다.

(18) 여기서 잠시 글말에 관한 것 한 두 개를 다루어 보도록 하겠습니다. 2008년 3월 4일 화요일 로동신문 6면에 〔미국이 아무리 **아닌보살하여도**〕라는 기사를 읽으며 도무지 그 뜻을 헤아릴 수가 없었습니다. 〔보살〕이라는 말에서 처음 생각나는 것은 종교적인 용어로 불교나 무속신앙에서 쓰는 〔보살〕정도로 밖에는 떠오르는 것이 없었습니다. 그러나 앞 뒤 문맥의 흐름을 봐서 전혀 그런 말 같지는 않은데 그 뜻을 모르니 너무 답답했습니다. 책방으로 달려가서 조선말대사전을 들춰 보고서야 그 말의 의미가 "아무리 모르는채 해도, 아무리 감추려 해도"라는 뜻이라는 걸 알았을 때 속이 후련했습니다.

(19) 화보에 난 기사 가운데 〔**희한한 화장품공장, 희한한 경질유리그릇들**〕 이라는 기사가 있었는데 이것 또한 도무지 짐작이 가질 않았습니다. 제가 알고 있는 〔희한하다〕라는 말은 약간 부정적인 의미로 "좀 별스럽고 이상하다"라는 의미였기 때문입니다. 그러니 그 의미를 그 문장에 적용시켜 다시 읽어 봤지만 뜻이 통하지 않았습니다. 정말 희한한 문장이구나!

정말 별스럽고 이상한 문장도 다 있구나! 하고 일단 미루어 놨다가 나중에 제가 아는 대학에 가서 선생님께 물으니 그 뜻을 밝히 알려 주었습니다. 그 말의 의미인 즉 [희한한]은 꾸밈씨로 "좋은 일이나 물건 또한 대상 등이 좀처럼 볼 수 없게 드물고 기이하다"는 뜻이었습니다. 그러니 화장품 공장과 경질유리 그릇들이 좀처럼 보기 드문 좋은 화장품이며 그릇이라는 뜻이었습니다.

(20) 언젠가 비행장에서 택시를 타고 로동신문사 앞에 있는 숙소에 도착하여 수속을 하는 중에 겪었던 일입니다. 접수를 맡아보던 얼굴을 아는 여직원이 〈선생님 손등에 김이 있구만요〉 하고 말했습니다.

그 말을 듣는 순간, 내가 밥을 먹다가 무슨 김이 손등에 묻었다는 말인가 하고 잠시 손등을 살펴본 적이 있습니다. 그러나 그녀가 말하는 [김]은 남에서 말하는 [점]을 두고 하는 말이었습니다. 나의 왼쪽 손등에는 검은 참깨 크기만한 까만 점이 하나 있습니다. 북에서는 이렇게 남에서 말하는 [점]을 [김]이라고 합니다.

북에서 유명한 김철 시인이 쓴 [김철작품집(상)] 327 페이지에 보면 제대군인이 전쟁 중에 잃어버렸던 자기 딸을 애육원에서 찾는 장면이 나옵니다. 그 때 그 아버지가 그 딸을 찾을 수 있었던 결정적인 표식이 [김]이었습니다.

> '(그 애는 제 에미를 꼭 닮았었지… 만일 저 애의 오른쪽 팔목에 검은 김이 있어준다면…)
> 그는 제 딸이 하루하루 자라면서 오른쪽 팔목에 신기하게도 귀엽고 까만 김이 점점 진해가고 또렷해가던 것이 생각났다…'

(21) 학위논문을 쓸 때의 일입니다. 제한된 시간 안에 할 일이 너무 많았습니다. 오스트레일리아에서 써 가지고 온 논문을 지도교수께 제출하면 상당히 철저하게 지적을 해 주셨습니다. 그래서 단어 하나 철자법 하나에 이르기까지 매우 세심하게 살펴서 논문을 써야 했습니다. 그러나 언제나 검사를 받으면 지적 사항이 항상 나왔습니다. 그러던 어느 날 논문작성이 막바지에 이르고 마지막으로 〔공개심의〕 기간이 얼마 남지 않았을 때였습니다. 그러나 할 일이 넘쳤습니다. 그 때 처음 들은 말이 지금도 잊혀지지 않는 〔그럼 전투합시다〕 하는 말입니다. 북에서 쓰는 〔전투합시다〕라는 말은 나에게 강한 정신력을 길러주었습니다. 이 말의 뜻은 정해진 기간까지 일이 되도록 철저하게 혁명적으로 일을 해 나아가자는 뜻입니다. 즉 전투하는 것처럼 목적을 달성하기 위하여 어떤 의미에서는 잠자는 것, 밥 먹는 것도 평상시와 같이 하지 말고 목적한 일을 이루어내도록 최선을 다하여 기필코 뜻을 달성하자는 의미의 말입니다.

(22) 북에 와서 처음 들은 것이 한 두 가지가 아니지만 듣고나서 "아마 이런 것을 두고 하는 말일 것이다" 하고 어느 정도 짐작조차 하기 힘들었던 것 가운데 하나가 〔원주필〕이라는 말이었습니다. 〔원주필〕이라는 말을 들었을 때 저는 무슨 설계사들이 쓰는 도구를 말하는 줄로 알았습니다. 그런데 알고 보니 그것은 남에서 〔볼펜〕이라고 하는 필기도구를 두고 하는 말이었습니다. 또한 〔에이사지〕, 〔비오지〕라는 말을 들을 때도 척 알아듣지 못한 것은 매 한가지입니다. 그것은 복사할 때 사용하는 종이 즉 〔A4〕나 〔B5〕용지를 말하는 것이었습니다.

여기서 한 가지만 추가하자면 대학에서 이야기를 나누다가 들은 〔우리 아이는 직통생입니다.〕라는 말인데 이해가 되지 않았습니다. 북에서는 보통 고등중학교(남에서의 고2에 해당)를 졸업하고 군대에 나가는데 군대에 가지 않고 대학에 곧바로 진학한 학생을 두고 하는 말이 〔직통생〕입니다.

(23) 저처럼 해외에 살고 있는 동포들이 북에 올 경우에 나름대로 여러 가지 목적을 가지고 올 것입니다. 어떤 사람은 그저 관광 삼아 오는 사람도 있을 것이고 어떤 사람은 사업차 오는 사람도 있을 것이고 저처럼 집필을 목적으로 정기적으로 드나드는 사람들도 있을 것입니다. 어쨌든 해당 부문에 사람을 만나야 일을 정해진 시간에 성과적으로 볼 수가 있겠지요. 그래서 몇 시에 어디에서 누구를 어떻게 만나서 무슨 사업을 할 것인지를 미리미리 계획을 세우고 구체적으로 일을 맞물려 놓는 것이 절대적으로 필요합니다. 이렇게 어떤 일을 성과적으로 하기 위하여 그 일을 맡아야 할 모든 사람들과 상대방이 적극적으로 움직이도록 계획을 세우고 사업을 짜는 이런 것을 일컬어 북에서는 〔조직사업〕이라고 말합니다. 그래서 평양에 도착하면 종종 듣는 말이 〔조직사업을 다 해두었습니다.〕하는 말입니다. 이 일은 주로 안내원들이 맡아 하는데 좋은 제도라고 생각합니다.

(24) 마지막으로 북에서 쓰는 글말 가운데 남에서 쓰는 것과 다른 가장 대표적인 것을 몇 개만 추려 보겠습니다. 남에서 쓰는 〔외치다〕라는 말을 쓸 때 북에서는 〔웨치다〕라고 씁니다. 그리고 남에서 위치를 표시하는 〔위〕에 라는 말을 북에서는 그냥 〔우에 있다〕라고 씁니다. 그래서 〔나무가지 우에 까치가 앉아 있다〕하는 식으로 씁니다. 그리고 남에서는 보통 문장을 마칠 때 〔되었다〕라고 쓰지만 북에서는 〔되였다〕라고 씁니다. 역시 문장을 마칠 때 쓰게 되는 말 가운데 〔..으로 된다〕라는 말을 북에서는 많이 쓰는데 이것은 남쪽 식으로 표현하자면 〔…이다〕입니다. 또한 문장을 마칠 때 쓰는 〔하였다〕를 북에서는 〔놀았다〕로 종종 씁니다. 예를 들자면 "사람들의 문자생활을 보다 원만하게 보장하는데 있어서 중요한 **역할을 놀았다.**"라고 쓰는 것입니다. 한편 남에서는 불완전 명사 〔것〕을 언제나 앞에 있는 단어와 떼어서 쓰지만 북에서는 앞에 단어와 언제나 붙여서 씁니다. 한편 남에서는 〔폐쇄〕라고 쓰지만 북에서는 〔ㅖ〕를 쓰지 않고 〔ㅔ〕를

써서 〔페쇄〕라고 씁니다. 그리고 남에서 말하는 〔아내〕를 북에서는 〔안해〕라고 쓰며 어떤 일을 〔효과적으로 했다〕 할 때 〔은을 내다〕라고 쓰는데 이 말 역시 저에게는 귀에 설고 눈에 선 말이었습니다.

물론 이런 차이 때문에 서로 말을 주고 받는데 큰 장애가 있는 것은 아닙니다. 그것은 우리가 다 같은 우리 말을 쓰고 있기 때문이지요.

그러나 평양에 가서 처음 들었을 때 귀에 선 것이 있었고 또 처음 보았을 때 눈에 선 것이 있었기 때문에 독자 여러분에게 혹시 참고가 될까 해서 몇 가지를 적어 보았습니다.

2. 북과 남의 자모 순서와 그 이름

북	남
ㄱ(기윽)	ㄱ(기역)
ㄴ(니은)	ㄲ(쌍기역)
ㄷ(드읃)	ㄴ(니은)
ㄹ(리을)	ㄷ(드읃)
ㅁ(미음)	ㄸ(쌍드읃)
ㅂ(비읍)	ㄹ(리을)
ㅅ(시읏)	ㅁ(미음)
ㅇ(이응)	ㅂ(비읍)
ㅈ(지읒)	ㅃ(쌍비읍)
ㅊ(치읓)	ㅅ(시옷)
ㅋ(키읔)	ㅆ(쌍시옷)
ㅌ(티읕)	ㅇ(이응)
ㅍ(피읖)	ㅈ(지읒)
ㅎ(히읗)	ㅉ(쌍지읒)
ㄲ(된기윽)	ㅊ(치읓)

ㄸ(된디읃)	ㅋ(키읔)
ㅃ(된비읍)	ㅌ(티읕)
ㅆ(된시읏)	ㅍ(피읖)
ㅉ(된지읏)	ㅎ(히읗)
ㅏ(아)	ㅏ(아)
ㅑ(야)	ㅐ(애)
ㅓ(어)	ㅑ(야)
ㅕ(여)	ㅒ(얘)
ㅗ(오)	ㅓ(어)
ㅛ(요)	ㅔ(에)
ㅜ(우)	ㅕ(여)
ㅠ(유)	ㅖ(예)
ㅡ(으)	ㅗ(오)
ㅣ(이)	ㅘ(와)
ㅐ(애)	ㅙ(왜)
ㅒ(얘)	ㅚ(외)
ㅔ(에)	ㅛ(요)
ㅖ(예)	ㅜ(우)
ㅚ(외)	ㅝ(워)
ㅟ(위)	ㅞ(웨)
ㅢ(의)	ㅟ(위)
ㅘ(와)	ㅠ(유)
ㅝ(워)	ㅡ(으)
ㅙ(왜)	ㅢ(의)
ㅞ(웨)	ㅣ(이)

 * 북에서 나온 사전의 올림말은 위의 자모순으로 되어 있습니다. 즉 된소리자는 따로 묶어서 ≪ㅎ≫자 뒤에 놓이고 모음자는 된소리자의 뒤에 놓입니다.

따라서 ≪ㅇ≫자 항목에는 올림말이 없습니다.

3. 세계 여러 나라와 그 수도이름에 대한 북과 남의 비교

남		북	
나라이름	수도이름	나라이름	수도이름
가나	아크라	가나	아크라
가봉	리브르빌	가봉	리브르빌
가이아나	조지타운	가이아나	죠지타운
감비아	반줄	감비아	반쥴
과테말라	과테말라	과떼말라	과떼말라
그레나다	세인트조지스	그레네이더	쎄인트죠지스
그루지야	트빌리시	그루지야	뜨빌리씨
그리스	아테네	그리스	아테네
기니	코나크리	기네	꼬나크리
기니비사우	비사우	기네-비싸우	비싸우
나미비아	빈트후크	나미비아	윈드후크
나우루	야렌	나우루	야렌
나이지리아	아부자	나이제리아	아부쟈
남아프리카	프리토리아(행정) 볼룸폰데인(사법) 케이프타운(입법)	남아프리카	프레토리아 블룸폰태인 케이프타운
네덜란드	암스테르담(공식), 헤이그(행정)	네데를란드	암스테르담
네팔	카트만두	네팔	까뜨만두
노르웨이	오슬로	노르웨이	오슬로
뉴질랜드	웰링턴	뉴질랜드	웰링톤
니제르	니아메	니제르	니아메
니카라과	마나과	니까라과	마나과
덴마크	코펜하겐	단마르크	쾨뻰하븐
도미니카공화국	산토도밍고	도미니까공화국	싼또도민고
독일	베를린	도이췰란드	베를린
라오스	비엔티안	라오스	비엔티안

라이베리아	몬로비아	리베리아	몬로비아
라트비아	리가	라뜨비아	리가
러시아	모스크바	로씨야	모스크바
레바논	베이루트	레바논	바이루트
레소토	마세루	레소토	마세루
루마니아	부쿠레슈티	로므니아	부꾸레슈띠
룩셈부르크	룩셈부르크	룩셈부르그	룩셈부르그
르완다	키갈리	루완다	끼갈리
리비아	트리폴리	리비아	타라불스
리투아니아	빌뉴스	리뜨바	윌뉴스
리히텐슈타인	파두츠	리히텐슈타인	바뚜쯔
마다가스카르	안타나나리보	마다가스까르	안따나나리부
마셜제도	마주로	마셜제도	마쥬로
마케도니아	스코페	마께도니아	스꼬뻬
말라위	릴롱궤	말라위	리롱웨
말레이시아	쿠알라룸푸르	말레이시아	꾸알라룸뿌르
말리	바마코	말리	바마코
멕시코	멕시코시	메히꼬	메히꼬
모나코	모나코	모나꼬	모나꼬
모로코	라바트	마로끄	라바트
모리셔스	포트루이스	모리셔스	포트루이스
모리타니	누악쇼트	모리따니	누악쇼뜨
모잠비크	마푸투	모잠비끄	마뿌또
몰도바	키시너우	몰도바	끼쉬뇨브
몰디브	말레	말디브	말레
몰타	발레타	말따	왈레따
몽골	울란바토르	몽골	울란바따르
미국	워싱턴	미국	워싱톤
미얀마	양곤	만마	양곤
바누아투	포트빌라	바누아투	포트빌라
바레인	마나마	바레인	마나마

바베이도스	브리지타운	바베이도즈	브리지타운
바하마	나소	바하마	나쏘
방글라데시	다카	방글라데슈	다카
베네수엘라	카라카스	베네수엘라	까라까스
베냉	포르토노브	베닌	뽀르또노브
베트남	하노이	웰남	하노이
벨기에	브뤼셀	벨지끄	브류셀
벨라루스	민스크	벨라루씨	민쓰크
벨리즈	벨모판	벨리제	벨모판
보스니아 헤르체고비나	사라예보	보스니아헤르쩨고비나	싸라예보
보츠와나	가보로네	보쯔와나	가보로네
볼리비아	라파스	볼리비아	라빠스
부룬디	부줌부라	부룬디	부줌부라
부르키나파소	와가두구	부르끼나파쏘	와가두구
부탄	팀부	부탄	팀푸
불가리아	소피아	벌가리아	쏘피아
브라질	브라질리아	브라질	브라질리아
브루나이	반다르스리브가완	브루네이	반다르세리베가완
사모아	아피아	사모아	아피아
사우디아라비아	리야드	사우디아라비아	리야드
산마리노	산마리노	싼마리노	싼마리노
상투메프린시페	상투메	산토메프린시페	산토메
세네갈	다카르	세네갈	다까르
세르비아	베오그라드	쓰르비아 및 쯔르나고라	베오그라드
세이셸	빅토리아	세이셸	빅토리어
세인트빈센트 그레나딘	킹스타운	쎈트빈쎈트 그레너딘즈	킹스타운
세인트키츠 네비스	바스테르	쎈트키츠 네비스	바쓰떼르

소말리아	모가디슈	소말리아	모가디쇼
솔로몬 제도	호니아라	솔로몬 제도	호니아라
수단	하르툼	수단	하르툼
수리남	파라마리보	수리남	파라마리보
스리랑카	콜롬보	스리랑카	콜롬보
스와질란드	음바바네	스워질랜드	음바바네
스웨덴	스톡홀름	스웨르예	스톡홀름
스위스	베른	스위스	베른
슬로바키아	브라티슬라바	슬로벤스꼬	브라찌슬라바
슬로베니아	류블랴나	슬로베니아	류블랴나
시리아	다마스쿠스	수리아	다마스끄
토고	로메	또고	로메
파나마	파나마	빠나마	빠나마
파라과이	이순시온	빠라과이	이쑨씨온
파키스탄	이슬라마바드	파키스탄	이슬라마바드
파푸아 뉴기니	포트 모스비 (포트모르즈비)	파푸아뉴기니아	포트모레스비
팔라우	코로르	팔라우	꼬로르
페루	리마	뻬루	리마
포르투갈	리스본	뽀르뚜갈	리스봉
폴란드	바르샤바	뽈스까	와르샤와
프에르토리코	산후안	뿌에르또리꼬	싼후안
프랑스	파리	프랑스	빠리
피지	수바	피지	수바
핀란드	헬싱키	핀란드	헬싱키
필리핀	마닐라	필리핀	마닐라

4. 북과 남의 단어 첫머리의 [ㅇ, ㄴ, ㄹ] 표기

[남]	[북]
[ㄴ]	[ㄹ]
나병(癩病)	라병
나졸(羅卒)	라졸
나주(羅州)	라주
나체(裸體)	라체
나침반(羅針盤)	라침판
나한(羅漢)	라한
낙과(落果)	락과
낙관주의(樂觀主義)	락관주의
낙농(酪農)	락농
낙뢰(落雷)	락뢰
낙담(落膽)	락담
낙동강(洛東江)	락동강
낙망(落望)	락망
낙산사(洛山寺)	락산사
낙서(落書)	락서
낙심(落心)	락심
낙엽(落葉)	락엽
낙오자(落伍者)	락오자
낙원(樂園)	락원
낙인(烙印)	락인
낙제(落第)	락제
낙착(落着)	락착
낙천적(樂天的)	락천적
낙태(落胎)	락태
낙하산(落下傘)	락하산

낙화(落花)	락화
난발(亂發)	란발
난사(亂射)	란사
난소(卵巢)	란소
난시(亂視)	란시
난자(卵子)	란자
난초(蘭草)	란초
난투(亂鬪)	란투
난형(卵形)	란형
낭만(浪漫)	랑만
낭비(浪費)	랑비
낭설(浪說)	랑설
낭패(狼狽)	랑패
낭하(廊下)	랑하
냉장고(冷藏庫)	랭장고
노고(勞苦)	로고
노골적(露骨的)	로골적
노독(路毒)	로독
노동(勞動)	로동
노두(露頭)	로두
노량진(露梁津)	로량진
노력(勞力)	로력
노모(老母)	로모
노상(路上)	로상
노숙(露宿)	로숙
노인(老人)	로인
노자(路資)	로자
노점상(露店商)	로점상
노조(勞組)	로조

노출(露出)	로출
노파(老婆)	로파
노형(老兄)	로형
노환(老患)	로환
녹각(鹿角)	록각
녹용(鹿茸)	록용
녹음(錄音)	록음
녹음(綠陰)	록음
녹지(綠地)	록지
녹태(鹿胎)	록태
녹화(錄畵)	록화
논객(論客)	론객
논단(論壇)	론단
논리(論理)	론리
논문(論文)	론문
논산(論山)	론산
농구(籠球)	롱구
농락(弄絡)	롱락
뇌성(雷聲)	뢰성
누각(樓閣)	루각
누명(陋名)	루명
누진세(累進稅)	루진세
누차(屢次)	루차
능묘(陵墓)	릉묘
능직(綾織)	릉직

[ㅇ]	[ㄹ]
약력(略歷)	략력
약식(略式)	략식

약탈(掠奪)	략탈
양가(良家, 兩家)	량가
양곡(糧穀)	량곡
양극(兩極)	량극
양마(良馬)	량마
양면주의(兩面主義)	량면주의
양반(兩班)	량반
양심(良心)	량심
양호(良好)	량호
여관(旅館)	려관
여로(旅路)	려로
여행(旅行)	려행
역기(力技)	력기
역사(歷史)	력사
역설(力說)	력설
연관(聯關)	련관
연대(聯隊)	련대
연락(連絡)	련락
연맹(聯盟)	련맹
연석회의(聯席會議)	련석회의
연속(連續)	련속
연애(戀愛)	련애
연인(戀人)	련인
연합(聯合)	련합
열등(劣等)	렬등
열전(列傳)	렬전
열차(列車)	렬차
염가(廉價)	렴가
염치(廉恥)	렴치

엽기(獵奇)	렵기
영도(領導)	령도
영동(嶺東)	령동
영수(領袖)	령수
영장(令狀)	령장
영해(領海)	령해
영혼(靈魂)	령혼
영활(靈活)	령활
예의(禮儀)	례의
예절(禮節)	례절
예포(禮砲)	례포
요리(料理)	료리
요법(療法)	료법
요양(療養)	료양
용두(龍頭)	룡두
용호(龍虎)	룡호
유동(流動)	류동
유랑(流浪)	류랑
유배(流配)	류배
유별(類別)	류별
유산(硫酸)	류산
유실(流失)	류실
유통(流通)	류통
유학생(留學生)	류학생
유행(流行)	류행
유혈(流血)	류혈
유형(流刑)	류형
유황(硫黃)	류황
육감(六感)	륙감

육군(陸軍)	륙군
육지(陸地)	륙지
윤간(輪姦)	륜간
윤리(倫理)	륜리
율동(律動)	률동
율법(律法)	률법
융성(隆盛)	륭성
융숭(隆崇)	륭숭
이과(理科)	리과
이면(裏面)	리면
이발(理髮)	리발
이산가족(離散家族)	리산가족
이성(理性)	리성
이순신(李舜臣)	리순신
이유(理由)	리유
이윤(利潤)	리윤
이익(利益)	리익
이임(離任)	리임
이자(利子)	리자
이적행위(利敵行爲)	리적행위
이지적(理智的)	리지적
이질(痢疾)	리질
이탈(離脫)	리탈
이해(理解)	리해
인근(隣近)	린근
인산(燐酸)	린산
인색(吝嗇)	린색
인읍(隣邑)	린읍
인회석(燐灰石)	린회석

임시정부(臨時政府)	림시정부

[ㅇ]	[ㄴ]
여걸(女傑)	녀걸
여기자(女記者)	녀기자
여사(女史)	녀사
여자(女子)	녀자
연보(年譜)	년보
연부(年賦)	년부
요소(尿素)	뇨소
이탄(泥炭)	니탄

▲ 박사학위 지도교수인 김영황 선생과 함께

▲ 북에서 주는 학위는 대학에서 주는 〈대학학위〉가 아니고 국가가 주관하는 〈국가학위〉이다

▲ 김일성종합대학을 처음 방문했을 때 대학 정문 앞에서

▲ 김일성종합대학 교문(후문) 앞에서

▲ 사회과학원에서 있었던 공개심의 모습

▲ 만수대의사당에서 실시한 학위수여식 모습

▲ 학위수여식 날 김일성종합대학 문학대학 교수들과 함께

▲ 곽범기 교육부총리와 함께

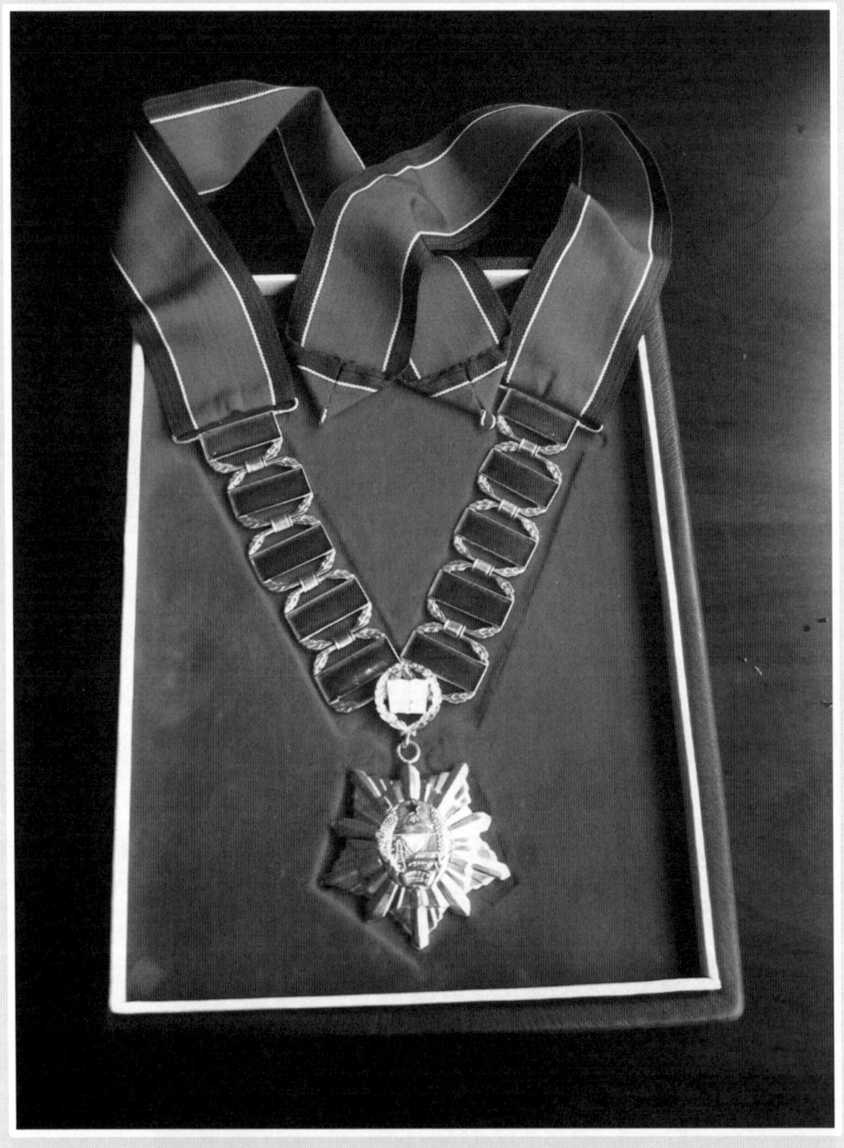

▲ 조선민주주의인민공화국 국가학위학직수여위원회로부터 받은 박사메달

▲ 김일성종합대학 문학대학 교수들과 본관건물 앞에서

▲ 백두산 천지에서 소녀들과 함께

▲ 분수대 앞에서 소년들과 함께

▲ 김일성종합대학 후문 언덕길 입구에 세워진 돌비 앞에서

▲ 대동강의 일출 장면

저자 박기석(朴起奭)

박기석 박사는 현 오스트레일리아 우리말 연구소 소장으로 일하고 있으며 김일성 종합대학 문학대학의 연구교수(Research Professor)로 있다. 그는 통일조국의 염원을 안고 우리말을 연구한 전문가이다. 그는 분단의 아픔을 가슴에 품고 수년에 걸쳐 서울과 평양을 수시로 오가면서 실제적인 우리말을 깊이 있게 연구하였다. 저자의 한결같은 일념은 샘물과 같은 우리 민족어를 어떻게 하면 지켜낼 수 있을지를 고민하면서 지금도 연구를 계속하고 있다.

그의 주요논문으로는 <민족어의 통일적발전을 위한 토대에 대한 연구>와 <날개에 나타난 이상의 작품세계에 대한 연구>, 현시대의 가정의 문제를 교육적으로 접근하여 쓴 <The study of Preventing Divorce Beforehand> 등이 있다.

저자 연락처: Email: snk2b1@gmail.com, ks-2u@hotmail.com

샘물 같은 평양말

- 초판 인쇄　2009년 6월 2일
- 초판 발행　2009년 6월 8일

- 지은이　박기석
- 펴낸이　이대현
- 편 집　이태곤·권분옥·이소희·추다영
- 펴낸곳　도서출판 역락 / 서울 서초구 반포4동 577-25
　　　　　문창빌딩 2층
- 전 화　02-3409-2058(대표) 3409-2060(편집부) FAX 3409-2059
- 이메일　youkrack@hanmail.net
- 등 록　1999년 4월 19일 제303-2002-000014호
- ISBN　978-89-5556-708-3 93710

- 정 가　13,000원

* 잘못된 책은 교환해 드립니다.